创新型素质教育精品教材

互联网+教育改革新理念教材

大学生国防理论与训练指导

主编 范 广 吴道全

航空工业出版社

北 京

内 容 提 要

本书以国防教育为主线，紧扣教育部、中央军委国防动员部 2019 年颁发的《普通高等学校军事课教学大纲》，注重吸收近年来军事科学研究的最新成果，着眼于素质教育和技能形成的规律，严格按照课程目标和课程体系的规定安排教学内容。本书内容包括中国国防、国家安全、军事思想、现代战争、信息化装备、共同条令教育与军训、射击与战术训练、防卫技能与战时防护训练、战备基础与应用训练。

本书既可作为普通高等学校军事课程的通用教材，也可作为广大干部、青年的国防教育知识读本。

图书在版编目（ＣＩＰ）数据

大学生国防理论与训练指导 ／ 范广，吴道全主编
. -- 北京 : 航空工业出版社，2020.12（2023.8 重印）
ISBN 978-7-5165-1942-4

Ⅰ．①大… Ⅱ．①范… ②吴… Ⅲ．①国防教育－高等学校－教材 Ⅳ．①G641.8

中国版本图书馆 CIP 数据核字（2020）第 264518 号

大学生国防理论与训练指导
Daxuesheng Guofang Lilun yu Xunlian Zhidao

航空工业出版社出版发行
（北京市朝阳区京顺路 5 号曙光大厦 C 座四层　100028）
发行部电话：010-85672663　　010-85672683

北京同文印刷有限责任公司印刷　　　　全国各地新华书店经售
2020 年 12 月第 1 版　　　　　　　　　2023 年 8 月第 4 次印刷
开本：787×1092　　1/16　　　　　　　字数：337 千字
印张：15　　　　　　　　　　　　　　定价：45.00 元

编者的话

国防和军队建设，在新时代中国特色社会主义事业总体布局中具有重要地位。建设与我国国际地位相称，与国家安全与发展利益相适应的巩固国防和强大军队，是我国现代化建设的战略任务。国防教育是巩固国防和建设强大军队的基础，是按照国家捍卫领土和主权的完整、防御外来侵略和颠覆的目的和要求，对公民的品德、智力和体质等方面有计划地施以影响的活动。在普通高等学校开设军事课程，是适应国家人才培养战略和加强国防后备力量建设的需要。

根据教育部、中央军委国防动员部于 2019 年 1 月联合印发的《普通高等学校军事课教学大纲》（以下简称《大纲》），为适应普通高等学校对在校大学生开展军事课教育训练的需要，咸阳师范学院与中国人民解放军陆军边海防学院联合编写了《大学生国防理论与训练指导》。本书包括军事理论和军事技能两个部分，以习近平强军思想和习近平总书记关于教育的重要论述为遵循，全面贯彻党的教育方针、新时代军事战略方针和总体国家安全观，围绕立德树人根本任务和强军目标根本要求，着眼培育和践行社会主义核心价值观，以提升学生国防意识和军事素养为重点，为实施军民融合发展战略和开展国防后备力量建设服务。编者严格按照《大纲》设置的课程目标、课程体系和知识内容编写本书，弘扬爱国主义精神，传承红色基因，让学生学习并掌握军事基础知识和基本军事技能，增强学生的国防观念、国家安全意识和忧患危机意识，提高学生的综合国防素质。

全书结构合理，内容完整，重点突出，既符合军事教育规律和育人目标的要求，又适应了高校军事学科教育的实际。总体来说，本书具有以下特点：

一是体现时代性，以习近平强军思想为指导，紧跟新国防和军队改革发展形势，运用新资料和研究成果，反映了国内外军事发展新动态。

二是体现体系性，依照《大纲》合理设置军事理论知识和军事技能训练的内容，结构体系完整。

三是体现通俗性，本书编写人员均为长期从事军事理论教学和军事技能训练的一线教师。编者本着教师精讲有据、学生自学可循的原则，减少了冗长陈述，用通俗的语言阐述抽象的军事理论知识，使内容简明易懂。

四是体现延展性，本书通过二维码拓展教学内容，学生只需拿起智能手机"扫一扫"，即可观看视频资料，获得全方位的学习体验。

为学习贯彻党的二十大精神，提升课程铸魂育人效果，本书专门在扉页"教•学资源"二维码中设计了相应栏目，以引导学生践行社会主义核心价值观，涵养学生奋斗精神、敬业精神、奉献精神、创新精神、工匠精神、法制精神、绿色环保意识等。

本书由咸阳师范学院范广和中国人民解放军陆军边海防学院吴道全担任主编，咸阳师范学院于龙、王静、种云成任副主编，咸阳师范学院贠征、陈弈文、张宁、穆武超，中国人民解放军陆军边海防学院胡科峰参与编写。本书由范广和吴道全编列提纲并统稿，第一章由范广、吴道全共同编写，第二章由于龙编写，第三章由王静编写，第四章由胡科峰编写，第五章由种云成编写，第六章由贠征编写，第七章由陈弈文编写，第八章由张宁编写，第九章由穆武超编写。

本书在编写过程中，参考、吸收和引用了有关专家、学者的研究成果，借鉴了部分军事理论专著、教材和论文，同时也得到了相关部门的大力支持，在此一并表示衷心感谢！

由于作者水平有限，书中难免有错漏和不当之处，敬请广大读者不吝指正，以便今后进一步修改和完善。

本书编委会

主　　编：范　广　吴道全

副主编：于　龙　王　静　种云成

参　　编：贠　征　陈弈文　张　宁

　　　　　穆武超　胡科峰

目　　录

第一章　中国国防

第一节　国防概述

自古以来，有国必有防，国无防不立，这是历史和现实告诉我们的经验和教训。国防是指国家为防备和抵抗侵略，制止武装颠覆和分裂，保卫国家主权、统一、领土完整、安全和发展利益而进行的军事活动，以及与军事有关的政治、经济、外交、科技、教育等方面的活动。国防是国家生存与发展的安全保障，也是国家固有的职能。

从国防的含义可以看出，国防是国家的防务，是全民族的防务，与国家的各部门、各组织及全体公民息息相关。加强国防建设，进行国防斗争，必须依靠国家各个方面的综合力量。

一、国防的基本要素

国防的基本要素包括国防的主体、国防的目的、国防的手段和国防的对象4个方面。

（一）国防的主体

国防的主体，即国防活动的实行者，通常为国家。任何国家，从诞生之日起，都要防备和抵御各种外来侵略，以保障国家安全，维系国家生存。

（二）国防的目的

国防的目的主要是捍卫国家的主权、统一、领土完整、安全和发展利益。

1. 捍卫国家主权

国家主权是一个国家存在的根本标志，是一国不受外来控制的自由，它是完整无缺、不可分割而独立行使的，是最高的权力和尊严。如果一个国家的主权被剥夺，其他的一切，包括国家的独立、领土完整、传统的生活方式、基本的政治制度、社会准则和国家荣誉等都将无从谈起。因此，捍卫国家主权，是国防的首要目的和任务。

2. 保卫国家的统一和领土完整

国家统一是指国家由一个中央政府对领土内一切居民和事务行使完整的管辖权，不允许另立政府或分割国家的管辖权。保卫国家统一、反对分裂，历来是国防的重要任务。

领土是指国家主权管辖下的一切陆地、水域及其底土和上空，包括领陆、领水和领空。领陆指国家主权管辖下的陆地及其底土，包括边界以内的大陆和岛屿，是国家领土的基本组成部分。没有领陆就不能称为国家。领水指国家主权管辖下的全部水域及其底土，是国家领土的重要组成部分。领水包括内水和领海两部分。内水指国家领陆内的水域和领海基线陆地一侧的水域，包括河流及其河口、湖泊、港口、港湾和内海等。领海是从领海基线量起向海洋方向延伸一定宽度的水域。领空指国家领陆和领水上的大气空间。

领土是国家和民族存在和发展的自然物质前提，是构成国家的基本要素之一。国家主权与国家领土有着密切的联系，领土既是国家行使主权的空间，也是国家行使主权的对象。没有领土，主权就失去了存在的空间和行使的对象。

领土完整的含义如下：凡属本国的领土，决不能丢失，决不允许被分裂、肢解和侵占。任何国家不得破坏别国的领土完整；任何集团或个人不得搞旨在分裂本国（或别国）领土完整的活动。国家的领土被侵占，主权必然要遭到侵犯。国防捍卫国家主权的独立，必然要保卫国家领土的完整。

3. 维护国家的安全与发展利益

维护国家的安全与发展利益，是国防的主要目的之一。国家想要正常地生存与发展，必须有一个和平安全的外部环境和稳定的内部环境。一旦国家遭到外来侵略和颠覆，安全受到威胁，国防力量就必须履行自己的职能，抵御和挫败外来侵略和颠覆，确保国家的和平与稳定。当前，我国正处于实现中华民族伟大复兴的关键时期，前进的道路上必定会面临各种风险和挑战，这就需要国防为我国的发展利益提供强大的力量支撑。

（三）国防的手段

国防的手段是指为达到国防目的而采取的方法与措施。根据《中华人民共和国国防法》（以下简称《国防法》）第二条的规定，我国的国防手段包括军事活动及与军事有关的政治、经济、外交、科技、教育等方面的活动。由此可知，与军事有关的诸方面的活动，只要有利于捍卫国家的主权，保卫国家的统一、领土完整、安全和发展利益，都是国防的重要手段。

（四）国防的对象

国防的对象是指国防所要防备、抵抗和制止的行为。根据《国防法》的界定，国防的对象一是侵略，二是武装颠覆和分裂。

1. 国防要防备和抵抗侵略

《国防法》对国防对象的这一法律界定，既有国际法理依据，又符合国防的实际需要，与国家安全所面临的威胁相一致；不仅表述方法合理恰当，而且意义深远重大，具体表现如下。

（1）与国际约定接轨。联合国 1974 年通过的《关于侵略定义的决议》对"侵略"做了非常详尽的定义。凡属于决议所指的侵略，均属于运用国防力量防备和抵抗的对象。

（2）与国家的根本大法《中华人民共和国宪法》（以下简称《宪法》）的提法相一致。我国《宪法》第二十九条规定了武装力量的任务，第五十五条规定了公民的国防义务，它们都采用了"抵抗侵略"的提法。

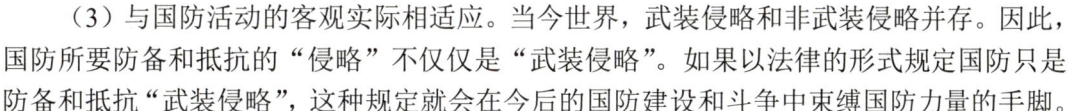

（3）与国防活动的客观实际相适应。当今世界，武装侵略和非武装侵略并存。因此，国防所要防备和抵抗的"侵略"不仅仅是"武装侵略"。如果以法律的形式规定国防只是防备和抵抗"武装侵略"，这种规定就会在今后的国防建设和斗争中束缚国防力量的手脚。

2. 国防要制止武装颠覆和分裂

《国防法》规定，"武装颠覆和分裂"是国防的对象，"制止武装颠覆和分裂"是国防的一项重要职能。武装颠覆包括武装叛乱、武装暴乱等，须动用国防力量进行处理。我国国防坚决维护国家主权和领土完整，绝不允许任何分裂国家的活动。

二、国防的基本类型

国防的类型是由国家的社会制度和国家政策决定的。目前，世界上主要的国防类型有扩张型、联盟型、自卫型和中立型 4 种。

（一）扩张型国防

扩张型国防是指有些国家为了本国自身的利益，以本国安全和防卫需要为幌子，奉行霸权主义、强权政治，把其他国家和地区纳为自己的势力范围，对别国进行侵略、颠覆和渗透。其特点是把本国的"安全"建立在别国屈服的基础上，把"国防"作为侵犯别国主权和领土、干涉他国内政的代名词。

（二）联盟型国防

联盟型国防是指以结盟形式联合他国进行防卫，以弥补自身国防力量的不足。联盟型国防可分为一元体联盟和多元体联盟：一元体联盟是指由一个大国做盟主，其他国家处于从属地位的联盟形式；多元体联盟是指联盟诸国为伙伴关系，共同协商防卫大计的联盟形式。

（三）自卫型国防

自卫型国防是指在国防建设上以防止外敌入侵为目的，主要依靠本国力量，广泛争取国际上的同情和支持，以维护本国安全、周边地区和世界的和平与稳定。我国是社会主义国家，奉行独立自主的和平外交政策和防御性国防政策，始终不渝地走和平发展道路，坚持和平自主的防卫方针，公开向世界承诺：永远不称霸，不做超级大国，不首先使用核武器或以核武器相威胁，不对无核国家和地区使用核武器，不侵略别国。

（四）中立型国防

中立型国防是指为保障本国的繁荣和安全，奉行和平中立的国防和外交政策，实施总体防御的战略和寓兵于民的防御体系。中立并不等于放弃武力，有些奉行中立型国防政策的国家也拥有较强的国防实力。

三、中国国防历史回顾

中国国防历史悠久，给我们留下丰富的国防遗产，积累了极其宝贵的历史经验，也给我们留下了对历史的无限感慨、深思和启迪。

（一）中国古代的国防

从第一个奴隶制王朝——夏朝建立，直至 1840 年鸦片战争爆发，我国古代国防随着朝代的兴衰更替和社会制度的演变而不断发展。这种完整一贯的历史延续，培育了民族的向心力和凝聚力，锤炼了民众维护国家统一和民族团结、勇于抵御外患的精神。

1. 中国古代国防的兵制建设

兵制，即军事制度，现在称为军制。它包括武装力量体制、军事领导体制和兵役制度等方面的内容。兵制建设是中国古代国防的一个重要方面。

夏朝之初，王控制着军事大权，这个时期已有对参战人员进行编组和奖惩的规定。至商朝和西周，王是军事的最高统帅，军事领导职务由贵族大臣和地方首领担任，士卒主要由奴隶主和平民充当，奴隶一般只随军服杂役；车兵为主要兵种，师为最高建制单位。

春秋时期，随着奴隶制的解体，各诸侯国开始实行兵制变革：废除奴隶不能充当士卒的限制，开始实行武官任免制度；车兵地位逐渐下降，步兵地位逐渐上升；依户籍定军队的编制，军为最高建制单位；开始出现郡县征兵制。

战国时期，封建制度开始确立，社会处于大动荡、大变革、大发展时期，诸侯国之间不断发生大规模的兼并战争，加速了兵制的变革与发展。这一时期，步兵、骑兵、水师逐渐分离为独立兵种；兵役制度打破了世袭兵制，开始实行募兵制和郡县征兵制；剥夺了私属武装，集中军权，统一军队，文武分职，凭玺印和虎符任将发兵；建立了按军功晋爵升赏的制度；战争指挥复杂、要求高，将帅专职化。另外，在这一时期，学术上的百家争鸣，也有力地促进了我国古代兵学的发展。以《孙子兵法》（见图 1-1）为代表的一大批兵书的诞生，标志着我国古代军事思想的逐渐成熟和军事制度体系的形成。

图 1-1 《孙子兵法》

自秦始皇统一六国到清朝末年，历代封建王朝根据各自的需要，在专制主义中央集权制度的基础上加强了帝王的军权，从中央到地方建立了便于帝王控制的统帅指挥系统；常备军成为武装力量的主体，它具体又分为中央军、地方军、边防军和地方私人武装；以步兵或骑兵为主要兵种。明朝开始出现专门装备火器的部队，建立了武库制度、粮储制度和运输制度，主要武器装备和军需物品由国家监制和供给；采用征兵制、募兵制和世兵制等兵制，农民为军队的主要成分。

在中国古代，兵制的许多内容都通过法律形式颁布执行。例如，唐朝的《卫禁律》《擅兴律》《军防令》等，对军队的组织编制、番上宿卫、屯田戍边、兵役军赋、军队调动、军需补给、驿站管理、武器制造和配发等都做了具体的规定。

2. 中国古代的国防工程建设

边防、海防建设是国防建设的重要内容。中国古代的边防建设主要是修筑防御工程和实行实边固边政策。万里长城（见图 1-2）是中国古代以长城城墙为主体，与其他工程设施相结合的连续线式防御工程体系。它是城池筑城体系的发展和运用。历史上先后有8 个诸侯国和 10 多个王朝构筑、修缮过长城。到明代，形成了东起辽东山海关、西至甘肃嘉峪关，全长 5 000 多千米的长城。长城据险筑墙，关堡相连，烽燧相望，敌台林立，层层布防，在中国战国时期各诸侯国之间、秦统一之后国内各民族之间的战争中，曾发挥过重要的防御作用。

图 1-2　万里长城

西汉文景时期，朝廷为了防御匈奴的一再侵犯，积极推行实边固边的政策。一是在边关要地配置边防军，包括边境上的郡国兵和屯田兵，依靠边郡太守和都尉率兵防堵匈奴的进攻。二是输粟实边。汉文帝时，晁错曾提出鼓励百姓输粟实边，依输粟多少，赐予一定的爵位，或赦免罪过，并令入粟者将粟运至长城沿线，待边境一带粮食充足后，再运至内地郡县收藏。这一政策的实行，有效地巩固了边防。三是徙民治边。晁错提出，在边境要害之处，组织徙民建立城邑，由有才能、习风俗、知民心者充任首领。首领平时组织徙民

训练,战时则率徙民抗击敌人。每一个城邑都成为坚固的军事要塞,有效地加强了边境地区的防御。

汉武帝驱逐匈奴之后,在西北边境地区大量增设新郡,并实行大规模的军事屯田政策,使数十万边境驻守士兵有警则战、无事则耕,戍卒无饥馁之忧,国家无转运之劳。屯戍军队与大量移民共同守边,且耕且守,较之"徙民实边"更为扎实有效。

中国古代的海防建设是从明代开始的。为防止倭寇的偷袭、骚扰,明王朝一方面下令禁海;另一方面在沿海的主要地段陆续修建了以卫城、所城为骨干,堡、寨、墩、烽堠和障碍物相结合的防御工程体系,从而有效地抗击了倭寇的侵扰。

3. 古代"富国强兵"的国防思想

"富国强兵"是中国古代各朝代都十分重视的国防思想。早在春秋战国时期,许多统治者和军事家就已经认识到国防与经济的关系,明确提出"国不富则无称雄之本,兵不强则无争霸之力"的政治主张,强调"富国强兵",视"富国"为强兵之本、之先、之急,十分重视发展经济和充实武备。春秋时期著名的军事家孙武在《孙子·作战篇》中指出"带甲十万""日费千金",强调军队进行战争必须要有物资保证。齐国著名的政治家管仲也说,"甲兵之本,必先于田宅",进一步阐明了强大的国防必须依赖经济的发展,加强国防建设的根本,首先是发展生产。秦始皇能统一六国成就帝业,正是秦国推行"富国强兵"思想的结果。

此后,各朝各代的统治者都十分强调这一思想,并围绕这一思想采取了一系列有效的政策,努力把发展生产与加强国防建设统一起来。例如,汉高祖得天下后,实行裁军赐爵、与民生息、重视农业的政策,为尽快恢复和发展生产、增强国家的军事实力奠定了基础。

(二)中国近代的国防

19世纪上半期,西方资本主义国家为了开辟新的销售市场和原材料产地,加紧对外侵略扩张。

从1840年鸦片战争开始到中华人民共和国成立的100多年间,由于国力日趋衰微,国防每况愈下,中国屡遭外敌的侵略、欺侮。1840年,英国首先挑起了第一次鸦片战争。1856年,英法联军又发动了第二次鸦片战争。接着,帝国主义列强又相继挑起了1883年的中法战争、1894年的中日甲午战争、1900年的八国联军侵华战争。20世纪三四十年代,日本帝国主义又发动了残酷的侵华战争。至抗日战争结束,先后有20多个国家的侵略者践踏过中国国土,抢掠过中国人民的财物,屠杀过中国同胞,参与过损害中国主权的罪恶活动。

从鸦片战争开始,中国人民为反抗外敌和改革现状,同外国侵略势力和本国封建势力进行了长期的英勇顽强的斗争。无数志士仁人,前仆后继,抛头颅洒热血,显示出中国人民不屈不挠的反侵略、反压迫的坚强意志和斗争精神,在中华民族革命斗争史上写下了可歌可泣的悲壮篇章。

正是由于中华儿女的不屈不挠和浴血奋战,列强企图把中国变成其殖民地、附属国的阴谋始终未能得逞。从这个意义上说,中国的近代国防史是中华民族从漫漫长夜中迎接黎明、不断觉醒、不断斗争的历史。

四、国防历史的启示

我国数千年的国防历史，有过声威远播、天下归附的辉煌，有过引而不发、强虏驻足的宁静，有过遍体鳞伤、不堪回首的屈辱，也有过抗敌卫国的巨大胜利。这些漫长的国防历史给我们留下了不少启示。

（一）经济强盛是国防强大的基础

经济是国防的物质基础，强大的国防依赖于经济的发展，这是我国国防历史给予我们的一个深刻启示。早在春秋战国时期，统治者就认识到国富才能兵强，自强方可自立，无不把发展经济作为巩固国防、争夺霸权的重要措施。例如，春秋时期，晋国本是一个国贫兵弱的小国，晋文公即位后，通过整顿内政、发展经济、扩充军队等一系列综合治理，使晋国实力急剧提升，一跃成为中原霸主。秦国重用商鞅进行变法，推行了"开阡陌""废井田"等一系列土地改革措施，极大地解放了生产力，促进了经济的发展，这对秦军南征北战，最终吞并六国，完成统一大业起到了重要的作用。而唐朝的"贞观之治"使封建社会进入鼎盛时期，更是当时的统治者注重发展经济的结果。

与此相反，一个王朝走向衰亡，被另一个新生的王朝取代，或遭受外敌入侵而不能自保，几乎都是由于这个王朝后期政治腐败，经济落后，从而动摇了国防的根基，进而导致政权易主。由此可见，只有经济强盛，才能有强大的国防，从而确保政权稳固、国家安全。

（二）政治昌明是国防巩固的根本

纵观中国几千年的国防兴衰史，不难看出，当统治阶级处于上升阶段时，政治昌明，经济发展，民族团结，国家统一，国防就强盛；反之，当统治阶级处于下降阶段时，政治腐败，经济凋敝，民族分裂，国内混乱，国防就衰弱。因此，国家政策的正确与否直接关系到国防的兴衰。这是国防历史给予我们的另一个深刻启示。

春秋战国时期，各诸侯国就十分注意昌明政治，变法图强，把尊贤厚士、举贤任能、选拔优秀人才治理国家作为强国的根本大计。例如，齐国得管仲、孙膑、孟尝君、邹忌等而崛起争霸；越国得范蠡、文种而复国称雄；汉高祖刘邦得天下后，实行"文武"政策，建立法制，此后，文帝、景帝至武帝时期，正是由于实行了比较开明的治国方略，才出现国家昌盛、国力强盛的局面，这种局面为西汉长达 200 多年的安定奠定了基础。

相反，秦朝实行暴政，激起农民起义，最终导致秦始皇梦想千秋万年、子孙相继的基业被推翻；宋朝由于机构臃肿，官员奢侈腐化，国力衰竭不堪，无力抵抗外侵，最终为元兵所灭；明朝由于皇帝昏庸，宦官专政，结党营私，终被起义军所败，后清兵入关，政权沦丧；等等。

总之，国防的兴衰，王朝的更替，近代中国的百年国耻，都深刻地告诉我们：政治的昌明，是国防巩固的基础，是国家得以长治久安的根本保证。

（三）国家统一和民族团结是国防强大的关键

我国国防史给予我们的另一个重要启示是，在外敌入侵、国家危亡的紧要关头，只有国家统一、民族团结、共同抵抗，筑起一道坚不可摧的国防长城，才能取得反侵略战争的胜利。

近代西方列强对中国发动的一系列侵略战争，使中国逐渐沦为半殖民地半封建的国家。山河破碎、有国无防的一个重要原因是，清朝统治者在侵略者面前，不仅不发动和依靠广大人民进行反侵略的正义战争，反而认为"患不在外而在内"，甚至在义和团奋起抗击八国联军的时候，企图借外国侵略者之手消灭义和团。由于统治者选择了与人民对立的立场，两者没有形成一致对外的合力，因而最终没能改变战争的局面。

相反，在抗日战争时期，中国共产党主张全国军民团结起来，建立广泛的抗日民族统一战线，共同抵抗日本的侵略。同时，坚持人民战争的战略指导方针，放手发动群众，团结一切可以团结的力量共同抗击敌人，开辟了广大的抗日敌后根据地，运用人民战争的战略战术，有效地打击了日本侵略者，最终取得了抗日战争的全面胜利。

历史证明，国家的统一，民族的团结，全国军民团结一致、共同抵抗侵略的精神和意志，才是国防真正的"钢铁长城"。这是把一切侵略者淹没在人民战争的汪洋大海的基础，是让一切侵略者都望而生畏的真正的"铜墙铁壁"，是民族自强的根本，国防力量的源泉。

（四）科技进步是国防强大的重要保证

回顾历史，自鸦片战争敲开我国的大门后，中华民族就开始了用血泪写成的屈辱史。清朝政府的腐败无能、闭关自守和对科学技术的不重视，致使中国武器装备发展得十分缓慢。与此同时，西方资本主义国家在工业革命中后来居上，用所谓的洋枪洋炮对付清军的大刀长矛和低劣火炮等武器装备，造成了交战双方科技水平上的"代差"。"落后就要挨打！"这就是近代中国历史给我们留下的最深刻的教训，我们应当永远牢记。以史为鉴，我们可以从中看出科技进步对国防强大的重要性。在新的世纪，科技进步和创新在国防现代化建设中的作用越来越突出。

第二节　国防法规

健全的国防法规是加强国防建设，实现国防现代化目标的客观要求，对于调节和发展国防机制，充分发挥国防威力和活力有着十分重要的意义。同时，健全的国防法规也是一个国家的国防具备现代化水平的重要标志之一。

一、国防法规概述

（一）国防法规的含义

国防法规是由国家立法机关以宪法为依据制定并以国家强制力保证其实施的，用于调整国防和武装力量建设领域各种社会关系的法律规范的总和。其主要任务是维护国家的军事利益，保证国防和军队建设方针、政策的贯彻执行，提高国防和军队建设的法治化水平，确保军队革命化、现代化、正规化建设总目标的实现。

国防法规的内容十分广泛，主要包括国防领导体制、武装力量的体制编制、战争准备和动员、全面防御、国防建设、军费开支、国防教育、国防科研、国防生产、公民兵役义务、武装力量建设、军队人事管理、军事犯罪惩治等方面的法律规定。

（二）我国现行国防法规的层次

《宪法》是我国的根本大法，其第二十九条规定："中华人民共和国的武装力量属于人民。它的任务是巩固国防，抵抗侵略，保卫祖国，保卫人民的和平劳动，参加国家建设事业，努力为人民服务。国家加强武装力量的革命化、现代化、正规化的建设，增强国防力量。"

除《宪法》外，我国现行的专门的国防法规如下：规范国防建设基本任务、方针原则、领导体制及制度的《国防法》；规范兵役和兵役制度的《中华人民共和国兵役法》（以下简称《兵役法》）；规范全民国防教育的《中华人民共和国国防教育法》（以下简称《国防教育法》）；规范武装力量作战、训练、管理等内容的行政法规；规范军官和士兵服役、军衔等内容的国防人事法规；规范发展武器装备、保护军事设施的《中华人民共和国军事设施保护法》（以下简称《军事设施保护法》）等。

根据立法机构的不同，我国现行的国防法规可以分为以下 5 个层次。

一是全国人民代表大会及其常务委员会制定的法律。例如，《国防法》《兵役法》等是由国家最高权力机关——全国人民代表大会——制定的，处于国家基本法的地位；《中华人民共和国现役军官法》《中国人民解放军军官军衔条例》等是全国人民代表大会常务委员会制定的，属于基本法之外的其他法律。

二是国务院、中央军事委员会（以下简称"中央军委"）制定的行政法规、军事法规。例如，《军人抚恤优待条例》《退役士兵安置条例》《征兵工作条例》《中国人民武装警察部队实行警官警衔制度的具体办法》等。

三是国务院各部委和中央军委原部委各总部制定的行政规章、军事规章及法规性文件，如《应征公民体格检查标准》《交通战备科研管理工作暂行规定》等。

四是各军兵种和战区制定的法规细则。例如，陆军颁布的《战斗条令》，海军颁布的《舰艇条令》，空军颁布的《飞行条令》等。

五是各省、自治区、直辖市人民代表大会和政府制定的地方性法规和规章，如《××省征兵工作若干规定》《××省国防教育条例》等。

二、我国主要的国防法规

（一）《中华人民共和国国防法》

为了适应社会主义民主与法制建设迅速发展的新形势，加快国防建设的步伐，保障改革开放和经济建设的顺利进行，保证国家长治久安，第八届全国人民代表大会第五次全体会议于 1997 年 3 月 14 日审议通过了《国防法》，同日由中华人民共和国主席第 84 号令公布，并自公布之日起施行。根据 2009 年 8 月 27 日第十一届全国人民代表大会常务委员会第十次会议通过的《全国人民代表大会常务委员会关于修改部分法律的决定》，《国防法》进行了修正。2020 年 12 月 26 日，第十三届全国人民代表大会常务委员会第二十四次会议对《国防法》进行了修订。

《国防法》是中华人民共和国国防方面的基本法，是指导、规范国防和军队建设的基本依据，在国家法律体系中占有重要位置。《国防法》包括总则，国家机构的国防职权，武装力量，边防、海防、空防和其他重大安全领域防卫，国防科研生产和军事采购，国防经费和国防资产，国防教育，国防动员和战争状态，公民、组织的国防义务和权利，军人的义务和权益，对外军事关系，附则，共 12 章 73 条。《国防法》对下列内容做出了规定。

1. 《国防法》的适用范围

凡是国家为防备和抵抗侵略、制止武装颠覆和分裂，保卫国家主权、统一、领土完整、安全和发展利益所进行的军事活动，以及与军事有关的政治、经济、外交、科技、教育等方面的活动，均适用本法。

2. 国防的地位、性质和原则

国防是国家生存与发展的安全保障。中华人民共和国独立自主、自力更生地建设和巩固国防，实行积极防御战略，坚持全民自卫原则。国家对国防活动实行统一的领导。国家在集中力量进行经济建设的同时，加强国防建设，促进国防建设与经济建设的协调发展。

3. 国家机构的国防职权

《国防法》明确规定了全国人民代表大会及其常务委员会、国家主席、国务院、中央军委及地方各级人民代表大会等的国防职权。

4. 武装力量的组成、性质、任务和建设方针、原则及目标、要求

中华人民共和国的武装力量由中国人民解放军、中国人民武装警察部队、民兵组成。中华人民共和国的武装力量属于人民，受中国共产党领导。它的任务是巩固国防，抵抗侵略，保卫祖国，保卫人民的和平劳动，参加国家建设事业，全心全意为人民服务。它的规模应当与保卫国家主权、安全、发展利益的需要相适应。国家禁止任何组织或者个人非法建立武装组织，禁止非法武装活动，禁止冒充军人或者武装力量组织。

5. 公民、组织的国防义务和权利

中华人民共和国公民应当依法履行国防义务，保卫祖国、抵抗侵略是中华人民共和国每一个公民的神圣职责。依照法律服兵役和参加民兵组织是中华人民共和国公民的光荣义务。公民应当接受国防教育，公民和组织应当保护国防设施，遵守保密规定，支持国防建

设。企事业组织和个人承担国防科研生产任务或者接受军事采购，应当按照要求提供符合质量标准的武器装备或者物资、工程、服务；应当按照国家规定，在与国防密切相关的建设项目中贯彻国防要求，依法保障国防建设和军事行动的需要。

公民和组织有对国防建设提出建议的权利，有对危害国防利益的行为进行制止或者检举的权利。公民和组织因国防建设和军事活动在经济上受到直接损失的，可以依照国家有关规定获得补偿。

6. 军人的义务和权益

军人必须忠于祖国，忠于中国共产党，履行职责，英勇战斗，不怕牺牲，捍卫祖国的安全、荣誉和利益；必须模范地遵守宪法和法律，遵守军事法规，执行命令，严守纪律；应当发扬人民军队的优良传统，热爱人民，保护人民，积极参加社会主义现代化建设，完成抢险救灾等任务。军人应当受到全社会的尊崇。国家采取有效措施保护军人的荣誉、人格尊严，依照法律规定对军人的婚姻实行特别保护。军人依法履行职责的行为受法律保护。

国家和社会优待军人，建立与军事职业相适应、与国民经济发展相协调的军人待遇保障制度。国家建立退役军人保障制度，妥善安置退役军人，维护退役军人的合法权益。国家和社会抚恤优待残疾军人，对残疾军人的生活和医疗依法给予特别保障。国家和社会优待军人家属，抚恤优待烈士家属和因公牺牲、病故军人的家属。

7. 对外军事关系

中华人民共和国积极推进国际军事交流与合作，维护世界和平，反对侵略扩张行为；坚持互相尊重主权和领土完整、互不侵犯、互不干涉内政、平等互利、和平共处五项原则，维护以联合国为核心的国际体系和以国际法为基础的国际秩序，坚持共同、综合、合作、可持续的安全观，推动构建人类命运共同体，独立自主地处理对外军事关系，开展军事交流与合作。

中华人民共和国遵循以联合国宪章宗旨和原则为基础的国际关系基本准则，依照国家有关法律运用武装力量，保护海外中国公民、组织、机构和设施的安全，参加联合国维和、国际救援、海上护航、联演联训、打击恐怖主义等活动，履行国际安全义务，维护国家海外利益。

此外，《国防法》还对边防、海防、空防和其他重大安全领域防卫，国防科研生产与军事采购，国防经费和国防资产，国防教育，国防动员和战争状态等重大问题做出了规定。

（二）《中华人民共和国兵役法》

为了加强国防和军队建设，依法开展兵役工作，依法保障军人的合法权益，2021年8月20日，第十三届全国人民代表大会常务委员会第三十次会议对《中华人民共和国兵役法》（以下简称《兵役法》）进行了修订。修订后的《兵役法》共11章65条，其主要内容包括以下几个方面。

1. 兵役制度

兵役制度是《兵役法》的核心。《兵役法》第三条规定："中华人民共和国实行以志愿兵役为主体的志愿兵役与义务兵役相结合的兵役制度。"这是我国现行兵役制度最突出、

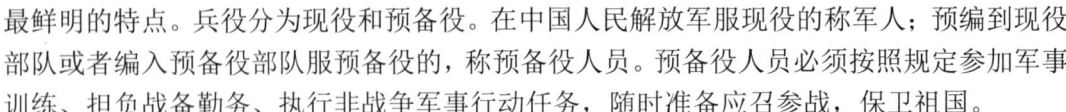

最鲜明的特点。兵役分为现役和预备役。在中国人民解放军服现役的称军人;预编到现役部队或者编入预备役部队服预备役的,称预备役人员。预备役人员必须按照规定参加军事训练、担负战备勤务、执行非战争军事行动任务,随时准备应召参战,保卫祖国。

2. 兵员的平时征集

全国每年征集服现役的士兵的人数、次数、时间和要求,由国务院和中央军委的命令规定。年满 18 周岁的男性公民,应当被征集服现役;当年未被征集的,在 22 周岁以前仍可以被征集服现役。普通高等学校毕业生的征集年龄可以放宽至 24 周岁,研究生的征集年龄可以放宽至 26 周岁。

根据军队需要,可以按照前款规定征集女性公民服现役。

3. 士兵的现役和预备役

现役士兵包括义务兵役制士兵和志愿兵役制士兵,义务兵役制士兵称义务兵,志愿兵役制士兵称军士。义务兵服现役的期限为 2 年。义务兵服役期满后,根据军队需要和本人自愿,经批准可以选改为军士;服现役期间表现特别优秀,经批准可以提前选改为军士。

军士实行分级服现役制度。军士服现役的期限一般不超过 30 年,年龄不超过 55 周岁。根据军队需要,可以直接从非军事部门具有专业技能的公民中招收军士。

士兵服现役期满,应当退出现役。退出现役的士兵自退出现役之日起 40 天内,到安置地县、自治县、不设区的市、市辖区人民政府兵役机关进行兵役登记信息变更;其中,符合预备役条件,经部队确定需要办理预备役登记的,还应当办理预备役登记。

4. 军官的现役和预备役

现役军官从下列人员中选拔、招收:① 军队院校毕业学员;② 普通高等学校应届毕业生;③ 表现优秀的现役士兵;④ 军队需要的专业技术人员和其他人员。

战时根据需要,可以从现役士兵、军队院校学员、征召的预备役军官和其他人员中直接任命军官。

预备役军官包括下列人员:① 确定服军官预备役的退出现役的军官;② 确定服军官预备役的退出现役的士兵;③ 确定服军官预备役的专业技术人员和其他人员。

5. 军事院校从青年学生中招收学员

根据军队建设的需要,军事院校可以从青年学生中招收学员。招收学员的年龄,不受征集服现役年龄的限制。学员完成学业达到军队培养目标的,由院校发给毕业证书;按照规定任命为现役军官或者军士。

(三)《中华人民共和国国防教育法》

《国防教育法》于 2001 年 4 月 28 日正式颁布实施,这标志着中国国防教育事业走上了法制化轨道。2018 年 4 月 27 日,第十三届全国人民代表大会常务委员会第二次会议对《国防教育法》进行了修正。

1. 国防教育的目的、方针与原则

国家通过开展国防教育,使公民增强国防观念,掌握基本的国防知识,学习必要的军事技能,激发爱国热情,自觉履行国防义务。国防教育贯彻全民参与、长期坚持、讲求实

效的方针，实行经常教育与集中教育相结合、普及教育与重点教育相结合、理论教育与行为教育相结合的原则，针对不同对象确定相应的教育内容分类组织实施。

2．国防教育的对象和执行机构

中华人民共和国公民都有接受国防教育的权利和义务。普及和加强国防教育是全社会的共同责任。一切国家机关和武装力量、各政党和各社会团体、各企业事业组织及基层群众性自治组织，都应当根据各自的实际情况组织本地区、本部门、本单位开展国防教育。国务院领导全国的国防教育工作。中央军事委员会协同国务院开展全民国防教育。地方各级人民政府领导本行政区域内的国防教育工作。驻地军事机关协助和支持地方人民政府开展国防教育。

3．学校国防教育

学校的国防教育是全民国防教育的基础，是实施素质教育的重要内容。教育行政部门应当将国防教育列入工作计划，加强对学校国防教育的组织、指导和监督，并对学校国防教育工作定期进行考核。

4．国防教育的保障

各级人民政府应当将国防教育纳入国民经济和社会发展计划，并根据开展国防教育的需要，在财政预算中保障国防教育所需的经费。国家机关、事业单位、社会团体开展国防教育所需的经费，在本单位预算经费内列支；企业开展国防教育所需经费，在本单位职工教育经费中列支；学校组织学生军事训练所需的经费，按照国家有关规定执行。

全民国防教育使用统一的国防教育大纲，该大纲由国家国防教育工作机构组织制定。适用于不同地区、不同类别教育对象的国防教育教材，由有关部门或者地方依据国防教育大纲并结合本地区、本部门的特点组织编写。中国人民解放军和中国人民武装警察部队应当根据需要和可能，为驻地有组织的国防教育活动选派军事教员，提供必要的军事训练场地、设施及其他便利条件。

（四）《中华人民共和国军事设施保护法》

2021年6月10日，第十三届全国人民代表大会常务委员会第二十九次会议对《军事设施保护法》进行了修订。修订后的《军事设施保护法》共8章72条，其内容主要包括军事设施的保护范围，军事设施保护主管机关及其保护方针，军事设施保护区域的划定等级及其保护措施，军事禁区、军事管理区范围的划定或调整原则，对违反本法的处置，破坏、危害军事设施的各类违法犯罪行为的法律责任等。

（1）军事设施保护范围如下：① 指挥机关，地上和地下的指挥工程、作战工程；② 军用机场、港口、码头；③ 营区、训练场、试验场；④ 军用洞库、仓库；⑤ 军用信息基础设施，军用侦察、导航、观测台站，军用测量、导航、助航标志；⑥ 军用公路、铁路专用线，军用输电线路，军用输油、输水、输气管道；⑦ 边防、海防管控设施；⑧ 国务院和中央军事委员会规定的其他军事设施。

（2）国务院、中央军委按照职责分工，管理全国的军事设施保护工作。地方各级人民政府会同有关军事机关，管理本行政区域内的军事设施保护工作。设有军事设施的地方，有关军事机关和县级以上地方人民政府应当建立军地军事设施保护协调机制，相互配合，监督、检查军事设施的保护工作，协调解决军事设施保护工作中的问题。

（3）军事设施保护措施如下：国家根据军事设施的性质、作用、安全保密的需要和使用效能的要求，划定军事禁区、军事管理区；没有划入军事禁区、军事管理区的军事设施，军事设施管理单位也应当采取保护措施予以保护。军事禁区和军事管理区由国务院和中央军事委员会确定，或者由有关军事机关根据国务院和中央军事委员会的规定确定。

（4）军事禁区、军事管理区范围的划定或调整原则：在确保军事设施安全保密和使用效能的前提下，兼顾经济建设、生态环境保护和当地居民的生产生活。

三、我国公民的国防权利和义务

《宪法》第五十五条第一款规定："保卫祖国、抵抗侵略是中华人民共和国每一个公民的神圣职责。"

（一）公民的国防义务

公民的国防义务是指由宪法和法律规定的公民在国防活动中必须履行的责任。国家运用法律强制力来保证这种责任的落实。根据《国防法》的规定，公民有以下 5 个方面的国防义务。

陆军 2018 年
征兵宣传片

1. 服兵役义务

兵役是指国家关于公民参加武装组织或在武装组织之外承担军事任务、接受军事训练的制度。兵役义务是公民最重要的一项国防义务。《国防法》第五十三条第一款规定："依照法律服兵役和参加民兵组织是中华人民共和国公民的光荣义务。"《兵役法》第五条第一款规定："中华人民共和国公民，不分民族、种族、职业、家庭出身、宗教信仰和教育程度，都有义务依照本法的规定服兵役。"公民主要可以通过两种形式履行兵役义务，即服现役和服预备役。

（1）服现役。现役是公民在军队中所服的兵役，参加中国人民解放军和武装警察部队都是服现役。按照《兵役法》的规定，年满 18 周岁的男性公民，应当被征集服现役；当年未被征集的，在 22 周岁以前仍可以被征集服现役。根据军队需要，也可以征集 18～22 岁的女性公民服现役。

根据军队现代化建设需要高素质兵员的实际，近年来国务院、中央军委决定在普通高等学校开展征集兵员的工作。同时采取一定的措施，对应征入伍大学生予以鼓励。例如，在大学生服现役期间，地方政府要发给他们优抚金；对于退伍后复学的大学生，学校在专升本、本考研、调整专业、减免学费、增加奖学金等方面都给予优惠等。

除了征集新兵，军队平时还采取其他一些方式从适龄公民中选拔人员：① 军事院校从应届高中毕业生中招收学员；② 军队招收普通高等学校毕业生入伍，从非军事部门具

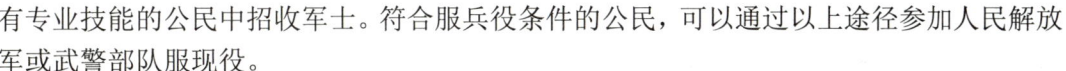

有专业技能的公民中招收军士。符合服兵役条件的公民，可以通过以上途径参加人民解放军或武警部队服现役。

战时，预备役人员应随时准备应召服现役，在接到通知后，必须准时到指定的地点报到。遇有特殊情况，国务院和中央军委可以适当放宽征召男性公民服现役的年龄上限，可以决定延长公民服现役的期限。

（2）服预备役。预备役是公民在军队以外所服的兵役，是国家储备后备兵员的形式。根据《兵役法》的规定，预备役分为士兵预备役和军官预备役。公民服士兵预备役的年龄为 18～35 岁，预备役士兵达到服预备役最高年龄的，退出预备役。

公民服预备役有下列 3 种形式。

一是登记服预备役。每年 9 月 30 日之前，兵役机关要对到年底满 18 岁的男性公民进行兵役登记。

二是参加民兵组织。民兵是不脱离生产的群众武装组织，是国家武装力量的重要组成部分，是中国人民解放军的助手和后备力量。民兵分为基干民兵和普通民兵。28 岁以下退出现役的士兵和经过军事训练的人员，以及选定参加军事训练的人员，编为基干民兵；其余 18 岁至 35 岁的男性公民，编为普通民兵。根据需要，可吸收女性公民参加基干民兵。中国实行民兵与预备役相结合的制度，所有的民兵同时都是预备役人员，参加民兵组织也是服预备役。

三是编入预备役部队。预备役部队是以现役军人为骨干，以预备役军人为基础，按照军队的编制体制建立起来的军事组织，是战时成建制快速动员的重要形式。

此外，接受军事训练是学生应履行的义务。高校学生军事训练依据教育部、中央军委国防动员部联合制定的《普通高等学校军事课教学大纲》组织实施。

2. 接受国防教育的义务

《国防法》第五十五条第一款规定："公民应当接受国防教育。"也就是说，接受国防教育是公民的一项义务，每一个公民都要按照国家的规定，通过一定的形式接受国防教育，增强国防观念，并把这项义务当作自己的光荣职责。具体地说，就是中国公民有义务接受国防理论、国防常识、国防法制、国防历史、国防精神和国防体育等内容的教育。对拒绝接受国防教育的义务主体，要进行批评教育；对批评教育后不改的，要强制其接受教育，或给予行政处分。

3. 保护国防设施的义务

国防设施是国家直接用于国防目的的建筑、场地和设备。战时，它是打击敌人、抵抗侵略的重要依托；平时，它具有制约敌对力量的威慑作用。因此，保护国防设施，确保国防设施效能的实现，是巩固国防、维护国家安全利益的具体体现，也是我国《国防法》的要求所在。根据国防设施的性质、作用、安全保密的需要和使用效能的特殊要求，可将国防设施分为 3 类：① 需要划定军事禁区予以保护的国防设施；② 需要划定军事管理区予以保护的国防设施；③ 不便于划定保护区域，但同样需要采取有效措施加以保护的国防设施。中国公民和组织对这 3 类国防设施要履行不同的保护义务，不履行国防设施保护义务的，将被追究法律责任。

4. 保守国防秘密的义务

国防秘密是指关系到国家防卫安全和利益，依照法定程序确定，在一定时间内或只限一定范围的人员知悉的军事或与军事有关的政治、经济、外交、科技、文化等方面的事项。《中华人民共和国保守国家秘密法》第三条第二款规定："一切国家机关、武装力量、政党、社会团体、企事业单位和公民都有保守国家秘密的义务。"《国防法》第五十五条第三款规定："公民和组织应当遵守保密规定，不得泄露国防方面的国家秘密，不得非法持有国防方面的秘密文件、资料和其他秘密物品。"泄露国防秘密、危害国防安全与利益者，应当承担相应的法律后果。

5. 协助国防活动的义务

《国防法》第五十六条第一款规定："公民和组织应当支持国防建设，为武装力量的军事训练、战备勤务、防卫作战、非战争军事行动等活动提供便利条件或者其他协助。"根据这一规定，中国公民和组织协助国防活动的主要义务如下。

（1）开展经常性的拥军优属工作，特别是对现役军人及其家属的优待。

（2）为武装力量活动提供便利条件。例如，为武装力量执行任务的人提供必需的饮食、住宿、医疗、卫生等保健；为民兵、预备役人员、高等学校和高级中学学生的军事训练，提供必需的时间、场地和物资的保证等。

（3）支前参战。

课堂互动

> 当代大学生应当如何自觉履行国防义务？

（二）公民的国防权利

公民的国防权利是指宪法、法律规定的公民在国防活动中享有的权利或利益，国家从法律和物质上保障公民享有这种权利的可能性。国防是国家生存和发展必不可少的条件，每一个公民都享有相应的国防权利。根据《国防法》的规定，公民享有以下 3 个方面的国防权利。

1. 对国防建设提出建议的权利

根据《国防法》第五十七条的规定，"公民和组织有对国防建设提出建议的权利"。这一规定是公民依照宪法享有对国家事务的建议权在国防建设方面的体现。

2. 制止、检举危害国防利益行为的权利

根据《国防法》第五十七条的规定，公民和组织"有对危害国防利益的行为进行制止或者检举的权利"。这是《宪法》关于公民有维护国家安全、荣誉和利益的义务和公民检举权的规定在国防方面的体现。

3. 在国防活动中因经济损失得到补偿的权利

《国防法》第五十八条第二款规定："公民和组织因国防建设和军事活动在经济上受到直接损失的，可以依照国家有关规定获得补偿。"这一规定体现了我国一切为了人民利益的社会主义本质，既保护了公民和组织经济权利，又有利于调动公民和组织依法积极参

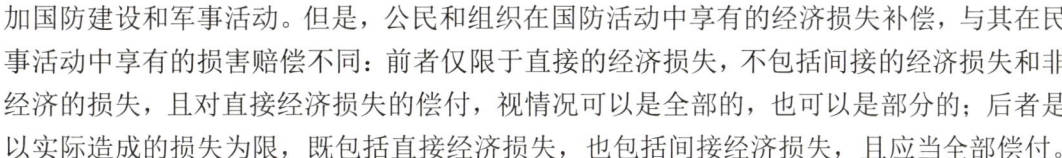

加国防建设和军事活动。但是，公民和组织在国防活动中享有的经济损失补偿，与其在民事活动中享有的损害赔偿不同：前者仅限于直接的经济损失，不包括间接的经济损失和非经济的损失，且对直接经济损失的偿付，视情况可以是全部的，也可以是部分的；后者是以实际造成的损失为限，既包括直接经济损失，也包括间接经济损失，且应当全部偿付。

第三节　国防建设

中华人民共和国的成立，标志着中国从此开始了由人民当家作主的新纪元，同时也使中国的国防性质发生了根本的变化。70 多年来，在中国共产党的领导下，中国国防建设取得了举世瞩目的巨大成就。

一、国防体制

国防体制是国家的国防组织形式、国防机构设置、领导隶属关系和管理权限划分等方面制度的总称，通常受国家政治、经济、军事及外交等方面制度和政策的制约。

（一）国防领导体制

1. 中共中央的国防领导职权

根据《国防法》第二十一条的规定，"中华人民共和国的武装力量受中国共产党领导"。有关国防建设、武装力量建设和国防动员的重大问题，都由中共中央、中央军事委员会、中央政治局及其常务委员会做出决策，并通过法定程序，作为党和国家的统一决策贯彻执行。

2. 全国人民代表大会及其常务委员会的国防职权

中华人民共和国全国人民代表大会是国家最高的权力机关，其国防职权如下：① 选举中央军委主席，根据中央军委主席的提名，决定中央军委其他组成人员的人选；② 决定战争与和平的问题；③ 宪法规定的国防方面的其他职权。

全国人民代表大会常务委员会的国防职权如下：① 监督中央军委的工作；② 在全国人民代表大会闭会期间，根据中央军委主席的提名，决定中央军委其他组成人员；③ 任免军事法院院长和军事检察院检察长；④ 规定军人的衔级制度和其他专门衔级制度；⑤ 在全国人民代表大会闭会期间，如果遇到国家遭受武装侵犯或者必须履行国际间共同防止侵略的条约的情况，决定战争状态的宣布；⑥ 决定全国总动员或者局部动员；⑦ 全国人民代表大会授予的国防方面的其他职权。

 拓展阅读

全国人民代表大会每年召开一次，一般都在 3 月 4 日或 5 日开始，持续十几天。除了全国人民代表大会开会的时间外，其余时间即为全国人民代表大会闭会期间。

3. 国家主席的国防职权

国家主席的国防职权如下：① 根据全国人民代表大会的决定和全国人民代表大会常务委员会的决定，宣布进入紧急状态，宣布战争状态，发布动员令；② 行使宪法规定的国防方面的其他职权。

4. 国务院的国防职权

国务院的国防职权如下：① 编制国防建设的有关发展规划和计划；② 制定国防建设方面的有关政策和行政法规；③ 领导和管理国防科研生产；④ 管理国防经费和国防资产；⑤ 领导和管理国民经济动员工作和人民防空、国防交通等方面的建设和组织实施工作；⑥ 领导和管理拥军优属工作和退役军人保障工作；⑦ 与中央军委共同领导民兵的建设，征兵工作，边防、海防、空防和其他重大安全领域防卫的管理工作；⑧ 法律规定的国防建设事业方面的其他职权。

5. 中央军事委员会的国防职权

中央军事委员会是国家军事最高领导机关，负责领导全国武装力量。其国防职权主要如下：① 统一指挥全国武装力量；② 决定军事战略和武装力量的作战方针；③ 领导和管理中国人民解放军、中国人民武装警察部队的建设，制定规划、计划并组织实施；④ 向全国人民代表大会或者全国人民代表大会常务委员会提出议案；⑤ 根据宪法和法律，制定军事法规，发布决定和命令；⑥ 决定中国人民解放军、中国人民武装警察部队的体制和编制，规定中央军事委员会机关部门、战区、军兵种和中国人民武装警察部队等单位的任务和职责；⑦ 依照法律、军事法规的规定，任免、培训、考核和奖惩武装力量成员；⑧ 决定武装力量的武器装备体制，制定武器装备发展规划、计划，协同国务院领导和管理国防科研生产；⑨ 会同国务院管理国防经费和国防资产；⑩ 领导和管理人民武装动员、预备役工作；⑪ 组织开展国际军事交流与合作；⑫ 法律规定的其他职权。

中央军委由军委主席一人、副主席若干人、委员若干人组成，实行主席负责制。

地方各级人民代表大会和县级以上地方各级人民代表大会常务委员会在本行政区域内，保证有关国防事务的法律、法规的遵守和执行。地方各级人民政府的国防职权主要如下：依照法律规定的权限，管理本行政区域内的征兵、民兵、国防教育、国民经济动员、人民防空、国防交通、国防设施保护、退出现役的军人的安置和拥军优属等工作。

（二）国防动员体制

建立和完善国防动员体制，对于加强民兵和预备役部队建设，发展高技术条件下人民战争的战略战术具有十分重大的意义。

1. 国务院和中央军委共同领导国防动员工作

《国防法》第五十条第一款规定："国家国防动员领导机构、中央国家机关、中央军事委员会机关有关部门按照职责分工，组织国防动员准备和实施工作。"

第四十八条规定："国家将国防动员准备纳入国家总体发展规划和计划，完善国防动员体制，增强国防动员潜力，提高国防动员能力。"

2. 国防动员委员会

国防动员委员会是在国务院、中央军委领导下，主管全国国防动员工作的议事协调机构。战区和省（自治区、直辖市）、地区、县（市、区）人民政府均设立相应的国防动员委员会，负责主管本区域的动员工作。

国家国防动员委员会的主要职责如下：① 贯彻党中央、国务院、中央军委有关国防动员工作的方针、政策和指示；② 组织拟订国防动员工作的法律、法规和措施；③ 组织编制国防动员规划、计划；④ 检查监督国防动员法规的实施和国防动员计划的执行；⑤ 协调军事、经济、社会等方面的重大国防动员工作；⑥ 组织领导全国的人民武装动员、国民经济动员、人民防空、交通战备和国防交通工作；⑦ 行使党中央、国务院、中央军委赋予的国防方面的其他职权。

二、国防建设成就

国防建设是国家为提高国防能力而进行的各方面的建设，主要内容如下：武装力量建设，边防、海防、空防、人防建设，国防科技与国防工业建设，国防法规与动员体制建设，国防教育，以及与国防相关的交通运输、邮电、能源、水利、气象、航天等方面的建设等。

自中华人民共和国成立以来，在党中央、中央军委的领导下，中国国防和军队建设取得了巨大成就，具体体现在以下几个方面。

（一）建立了一支正规化的、诸军兵种合成的人民军队

军队是国防力量的主体，中国根据国防的实际需要和国家的基本承受能力，建设了一支诸军兵种相结合的具有现代化作战能力的革命化、现代化、正规化的军队。

中国先后建立了陆军、海军、空军、火箭军、战略支援部队和联勤保障部队。

陆军按照机动作战、立体攻防的战略要求，实现区域防卫型向全域作战型转变，加快小型化、多能化、模块化发展步伐，适应不同地区、不同任务需要，组织作战力量分类建设，构建适应联合作战要求的作战力量体系，提高精确作战、立体作战、全域作战、多能作战、持续作战能力。

海军按照近海防御、远海护卫的战略要求，逐步实现近海防御型向近海防御与远海护卫型结合转变，构建合成、多能、高效的海上作战力量体系，提高战略威慑与反击、海上机动作战、海上联合作战、综合防御作战和综合保障能力。

空军按照空天一体、攻防兼备的战略要求，实现国土防空型向攻防兼备型转变，构建适应信息化作战需要的空天防御力量体系，提高战略预警、空中打击、防空反导、信息对抗、空降作战、战略投送和综合保障能力。

火箭军以陆基战略核导弹和常规导弹为基本装备，主要遂行战略威慑、核反击和常规导弹打击任务，按照核常兼备、全域慑战的战略要求，加快推进信息化转型，依靠科技进步推动武器装备自主创新，增强可信可靠的核威慑和核反击能力，加强中远程精确打击力量建设，增强战略制衡能力。

战略支援部队是维护国家安全的新型作战力量，是新质作战能力的重要增长点，按照体系融合、军民融合的战略要求，推进关键领域跨越发展，推进新型作战力量加速发展、一体发展。

联勤保障部队是实施联勤保障和战略战役支援保障的主体力量，是中国特色现代军事力量体系的重要组成部分，按照联合作战、联合训练、联合保障的要求，加快融入联合作战体系，提高一体化联合保障能力。

（二）形成了综合的国防工业和国防科研体系

国防科技是衡量一个国家综合国防实力的重要标志之一，也是国防现代化建设的一个重要方面。中华人民共和国成立以来，在党中央、国务院、中央军委的领导下，经过70多年的建设和发展，中国的国防科技工业从无到有，从小到大，从落后到先进，逐步建立起了包括电子、船舶、兵器、航空、航天和核能等门类齐全、综合配套的科研实验生产体系，取得了一大批具有国内或国际先进水平的科研成果，为加强我军的现代化建设、增强中国的综合国防实力做出了重要贡献。

（1）在军事电子方面，逐步发展了具有相当规模、门类齐全的新兴工业部门，特别是在指挥自动化、情报侦察、预警探测、电子对抗和通信等方面，为我军提供了各种新式装备和产品，进一步增强了部队侦察、通信、指挥和作战能力。

（2）在船舶工业方面，先后自行研制建造了核动力舰艇、常规舰艇、导弹驱逐舰、导弹护卫舰、导弹快艇等作战舰艇，以及各种辅助船舶和新型鱼雷、水雷和反水雷等新装备。

（3）在兵器工业方面，研制生产了一大批具有先进性能的坦克、装甲车辆、火炮、弹药、轻武器、军用光电器材和综合火控、指挥系统等新型武器装备，为我军现代化做出了重要贡献。

（4）在航空工业方面，已能够生产歼击机、轰炸机、直升机、运输机和教练机等，基本满足了海军、空军作战和飞行训练的需要。

（5）在航天科技工业方面，已拥有地地、地空、海空和空空导弹武器系统，运载火箭、各种应用卫星的研制和实验能力及各种应用卫星的发射能力，在世界高新技术领域占有一席之地。

（6）在核工业方面，我国不仅可以生产制造原子弹、氢弹，还掌握了核潜艇制造技术，形成了有效的核威慑力量。

21世纪初，我国尖端武器技术和航天技术都取得了可喜的成就，标志着我国国防科学技术在某些方面已经达到或接近世界先进水平。

（三）进一步完善了国防动员体制

完善国防动员体制的主要目的是要建立一支雄厚的国防后备力量。为了能在战时有效而迅速地展开动员，我国在完善国防动员体制方面做了大量工作。

1. 建立了国防动员机构

依照宪法和有关法律，我国国家和县级以上人民政府均设立了国防动员委员会。国家国防动员委员会在国务院、中央军委的领导下负责组织、指导、协调全国的国防动员工作。县级以上地方各级国防动员委员会负责组织、指导、协调本区域的国防动员工作。2016 年，中央军委下设国防动员部，负责组织指导国防动员和后备力量建设。这些动员机构的建立，为战时动员工作的顺利开展奠定了良好的基础。

2．建立了雄厚的国防后备力量

全国实行民兵制度，明确规定了社会主义革命和建设时期民兵工作的方针和任务，自上而下建立了人民武装的领导机构，加强民兵工作的领导。党的十一届三中全会以来，国家颁布了新的《兵役法》，实行民兵和预备役相结合的制度。这对建立雄厚的国防后备力量，进一步完善国防动员体制，具有重要的战略意义。现在全国的民兵组织，已由单一的步兵发展成为包括高炮、地炮、通信、工兵、防化、侦察及海、空军等专业技术在内的强大的群众武装力量。

3．依托地方高校培养国防优秀人才

为了进一步适应高新技术在军事领域广泛运用的新形势，拓宽选拔培养高素质军队建设人才的途径，培养和造就大批军政兼优、掌握现代科学文化知识的新型军事人才，2000 年5 月，国务院与中央军委颁布了《关于建立依托普通高等教育培养军队干部制度的决定》。其主要内容如下。

（1）军队从普通高等学校低年级在校生中确定培养对象，保证其在完成大学学业的同时，接受必要的军政训练，毕业后选拔担任军队干部。

（2）军队从普通高等学校的应届毕业生（含研究生）中，择优挑选热爱国防事业，全面素质高的学生，直接接收入伍担任军队干部。

（3）普通高等学校按照国家和军队有关部门下达的招生计划，招收品学兼优的高中生，保证其在完成大学学业的同时，进行必要的军政训练，毕业后定向分配到军队工作。

（4）采取军地院校联合培养人才、选送现役干部到普通高等学校学习深造等方式。军队在普通高等学校设立国防奖学金，享受国防奖学金的学生，毕业后应到军队工作。

三、国防政策

国防政策是国家在一定时期内所制定的关于国防建设和国防斗争的行动准则。2019 年 7 月，国务院新闻办公室发表《新时代的中国国防》白皮书，对中国现行国防政策进行了全面表述。

中国的社会主义国家性质，走和平发展道路的战略抉择，独立自主的和平外交政策，"和为贵"的中华文化传统，决定了中国始终不渝奉行防御性国防政策。

（一）坚决捍卫国家主权、安全、发展利益

坚决捍卫国家主权、安全、发展利益是新时代中国国防的根本目标。

慑止和抵抗侵略，保卫国家政治安全、人民安全和社会稳定，反对和遏制分裂势力，保卫国家主权、统一、领土完整和安全。维护国家海洋权益，维护国家在太空、电磁、网

络空间等安全利益，维护国家海外利益，支撑国家可持续发展。

中国坚定维护国家主权和领土完整。南海诸岛、钓鱼岛及其附属岛屿是中国固有领土。中国在南海岛礁进行基础设施建设，部署必要的防御性力量，在东海钓鱼岛海域进行巡航，是依法行使国家主权。中国致力于同直接有关的当事国在尊重历史事实和国际法的基础上，通过谈判协商解决有关争议。中国坚持同地区国家一道维护和平稳定，坚定维护各国依据国际法所享有的航行和飞越自由，维护海上通道安全。

解决台湾问题，实现国家完全统一，是中华民族的根本利益，是实现中华民族伟大复兴的必然要求。中国必须统一，也必然统一。中国有坚定决心和强大能力维护国家主权和领土完整，决不允许任何人、任何组织、任何政党、在任何时候、以任何形式、把任何一块中国领土从中国分裂出去。

（二）坚持永不称霸、永不扩张、永不谋求势力范围

坚持永不称霸、永不扩张、永不谋求势力范围是新时代中国国防的鲜明特征。

国虽大，好战必亡。中华民族历来爱好和平。近代以来，中国人民饱受侵略和战乱之苦，深感和平之珍贵、发展之迫切，决不会把自己经受过的悲惨遭遇强加于人。中华人民共和国成立70多年来，没有主动挑起过任何一场战争和冲突。改革开放以来，中国致力于促进世界和平，主动裁减军队员额。中国由积贫积弱发展成为世界第二大经济体，靠的不是别人的施舍，更不是军事扩张和殖民掠夺，而是人民勤劳、维护和平。中国既通过维护世界和平为自身发展创造有利条件，又通过自身发展促进世界和平，真诚希望所有国家都选择和平发展道路，共同防范冲突和战争。

中国坚持在和平共处五项原则基础上发展同各国的友好合作，尊重各国人民自主选择发展道路的权利，主张通过平等对话和谈判协商解决国际争端，反对干涉别国内政，反对恃强凌弱，反对把自己的意志强加于人。中国坚持结伴不结盟，不参加任何军事集团，反对侵略扩张，反对动辄使用武力或以武力相威胁。中国的国防建设和发展，始终着眼于满足自身安全的正当需要，始终是世界和平力量的增长。历史已经并将继续证明，中国决不走追逐霸权、"国强必霸"的老路。无论将来发展到哪一步，中国都不会威胁谁，都不会谋求建立势力范围。

（三）贯彻落实新时代军事战略方针

贯彻落实新时代军事战略方针是新时代中国国防的战略指导。

新时代军事战略方针，坚持防御、自卫、后发制人原则，实行积极防御，坚持"人不犯我、我不犯人，人若犯我、我必犯人"，强调遏制战争与打赢战争相统一，强调战略上防御与战役战斗上进攻相统一。

贯彻落实新时代军事战略方针，服从服务党和国家战略全局，落实总体国家安全观，强化忧患意识、危机意识、打仗意识，积极适应战略竞争新格局、国家安全新需求、现代战争新形态，有效履行新时代军队使命任务。根据国家面临的安全威胁，扎实做好军事斗争准备，全面提高新时代备战打仗能力，构建立足防御、多域统筹、均衡稳定的新时代军

事战略布局。坚持全民国防，创新人民战争的战略战术和内容方法，充分发挥人民战争整体威力。

中国始终奉行在任何时候和任何情况下都不首先使用核武器、无条件不对无核武器国家和无核武器区使用或威胁使用核武器的核政策，主张最终全面禁止和彻底销毁核武器，不会与任何国家进行核军备竞赛，始终把自身核力量维持在国家安全需要的最低水平。中国坚持自卫防御核战略，目的是遏制他国对中国使用或威胁使用核武器，确保国家战略安全。

（四）坚持走中国特色强军之路

坚持走中国特色强军之路是新时代中国国防的发展路径。

建设同国际地位相称、同国家安全和发展利益相适应的巩固国防和强大军队，是中国社会主义现代化建设的战略任务，是坚持走和平发展道路的安全保障，是总结历史经验的必然选择。

新时代中国国防和军队建设，深入贯彻习近平强军思想，深入贯彻习近平军事战略思想，坚持政治建军、改革强军、科技兴军、依法治军，聚焦能打仗、打胜仗，推动机械化信息化融合发展，加快军事智能化发展，构建中国特色现代军事力量体系，完善和发展中国特色社会主义军事制度，不断提高履行新时代使命任务的能力。

新时代中国国防和军队建设的战略目标是，到 2020 年基本实现机械化，信息化建设取得重大进展，战略能力有大的提升。同国家现代化进程相一致，全面推进军事理论现代化、军队组织形态现代化、军事人员现代化、武器装备现代化，力争到 2035 年基本实现国防和军队现代化，到 21 世纪中叶把人民军队全面建成世界一流军队。

（五）服务构建人类命运共同体

服务构建人类命运共同体是新时代中国国防的世界意义。

中国人民的梦想与世界人民的梦想息息相通。一个和平稳定繁荣的中国，是世界的机遇和福祉。一支强大的中国军队，是维护世界和平稳定、服务构建人类命运共同体的坚定力量。

中国军队坚持共同、综合、合作、可持续的安全观，秉持正确义利观，积极参与全球安全治理体系改革，深化双边和多边安全合作，促进不同安全机制间协调包容、互补合作，营造平等互信、公平正义、共建共享的安全格局。

中国军队坚持履行国际责任和义务，始终高举合作共赢的旗帜，在力所能及的范围内向国际社会提供更多公共安全产品，积极参加国际维和、海上护航、人道主义救援等行动，加强国际军控和防扩散合作，建设性参与热点问题的政治解决，共同维护国际通道安全，合力应对恐怖主义、网络安全、重大自然灾害等全球性挑战，积极为构建人类命运共同体贡献力量。

四、军民融合

进入 21 世纪，中国共产党着眼于解决深层次矛盾，创造性地提出军民融合发展的思想。特别是党的十八大以来，习近平敏锐洞察和深刻把握新形势下经济建设和国防建设协调发展规律，对军民融合发展做出一系列重要论述和重大决策，并将其上升为国家战略，明确了"为什么融""融什么""怎么融"等一系列根本性、全局性、方向性问题。

（1）在战略定位上，强调把军民融合发展上升为国家战略，是党中央从国家发展和安全全局出发做出的重大决策，是在全面建成小康社会进程中实现富国和强军相统一的必由之路。

（2）在发展阶段上，指出中国军民融合发展刚进入由初步融合向深度融合的过渡阶段，还存在思想观念跟不上、顶层统筹统管体制缺乏、政策法规和运行机制滞后、工作执行力度不够等问题。

南部战区空军探索军民融合保障新模式

（3）在奋斗目标上，提出要加快形成全要素、多领域、高效益的军民融合深度发展格局，构建军民一体化的国家战略体系和能力。

（4）在总体要求上，强调贯彻落实总体国家安全观和新形势下军事战略方针，坚持党的领导、强化国家主导、注重融合共享、发挥市场作用、深化改革创新，着力在"统"字上下功夫，在"融"字上做文章，在"新"字上求突破，在"深"字上见实效。

（5）在实现途径上，指出要向军民融合发展重点领域聚焦用力，以点带面推动整体水平提升，从需求侧、供给侧同步发力，强化大局意识、改革创新、战略规划、法治保障。

这些重要论述和决策，赋予军民融合发展新的时代内涵，形成了完善、系统的中国特色军民融合发展战略思想，是习近平新时代中国特色社会主义思想的重要组成部分，把军民融合发展提升到了新高度、新境界、新水平。

军民融合是国家战略，关乎国家发展和安全全局，既是兴国之举，又是强军之策。深入贯彻军民融合发展战略，更好把国防和军队建设融入国家经济社会发展体系，是统一富国和强军两大目标，统筹发展和安全两件大事，统合经济和国防两种实力，促进国家发展、保障国家安全的可靠支撑。

课堂互动

随着军民融合发展国家战略的深入实施，高校作为科技第一生产力、人才第一资源、创新第一动力的结合点，人才培养方式多元，基础研究能力突出，学科布局全面，参与军民融合的程度不断加深。

作为新时代大学生，我们可以为军民融合做出哪些努力？

第四节　武装力量

武装力量是国家或政治集团所拥有的各种武装组织的统称。武装力量一般以军队为主体，由军队和其他正规的、非正规的武装组织构成。

一、中国武装力量的构成与领导体制

根据《宪法》第二十九条第一款的规定，"中华人民共和国的武装力量属于人民"。这个规定准确表述了我国武装力量的性质和宗旨。

（一）中国武装力量的组成

《国防法》第二十二条第一款规定："中华人民共和国的武装力量，由中国人民解放军、中国人民武装警察部队、民兵组成。"

1. 中国人民解放军

中国人民解放军由现役部队和预备役部队组成，在新时代的使命任务是为巩固中国共产党领导和社会主义制度，为捍卫国家主权、统一、领土完整，为维护国家海外利益，为促进世界和平与发展，提供战略支撑。

现役部队是国家的常备军，由陆军、海军、空军、火箭军、战略支援部队和联勤保障部队组成，主要担负防卫作战任务，按照规定执行非战争军事行动任务。

预备役部队是国防后备力量的重要组成部分，组建于1983年，是以现役军人为骨干，以预备役军官、士兵为基础，按规定的体制编制组成的部队。预备役部队按照规定进行军事训练、执行防卫作战任务和非战争军事行动任务；根据国家发布的动员令，由中央军委下达命令转为现役部队。

2. 中国人民武装警察部队

中国人民武装警察部队（以下简称"武警部队"），成立于1982年6月19日，前身是中国人民公安中央纵队，始建于1949年8月。根据《国防法》第二十二条第三款的规定，中国人民武装警察部队担负执勤、处置突发社会安全事件、防范和处置恐怖活动、海上维权执法、抢险救援和防卫作战以及中央军委赋予的其他任务。

自2018年1月1日零时起，中国人民武装警察部队由党中央、中央军委集中统一领导，实行"中央军委—武警部队—部队"领导指挥体制。2018年3月，中共中央印发了《深化党和国家机构改革方案》（简称《方案》），《方案》对武警部队改革做出部署，按照军是军、警是警、民是民原则，将列武警部队序列、国务院部门领导管理的现役力量全部退出武警，将国家海洋局领导管理的海警队伍转隶武警部队，将武警部队担负民事属性任务的黄金、森林、水电部队整体移交国家相关职能部门并改编为非现役专业队伍，同时撤收武警部队海关执勤兵力，彻底理顺武警部队领导管理和指挥使用关系。

3. 中国民兵

民兵是中国共产党领导下的不脱离生产的群众武装组织，是中华人民共和国武装力量的组成部分，是中国人民解放军的助手和后备力量。

民兵分为基干民兵和普通民兵。基干民兵组织是民兵组织的骨干力量，主要由退出现役的士兵以及经过军事训练和选定参加军事训练或者具有专业技术特长的未服过现役的人员组成。基干民兵组织可以在一定区域内从若干单位抽选人员编组。普通民兵组织，由符合服兵役条件未参加基干民兵组织的公民按照地域或者单位编组。

民兵的任务如下：① 参加社会主义现代化建设；② 执行战备勤务，参加防卫作战，抵抗侵略，保卫祖国；③ 为现役部队补充兵员；④ 协助维护社会秩序，参加抢险救灾。

（二）中国武装力量的领导体制

中国武装力量的领导体制是中央军委领导对各战区、各军种、武装警察部队和民兵实施领导指挥的领导体制。经过 2015 年年底的国防和军队改革，我军形成了军委管总、战区主战、军种主建的格局。

1. 中央军委

中央军事委员会，简称"中央军委"，是中华人民共和国武装力量的最高领导机关和最高统帅部。

中央军委由军委主席一人、副主席若干人、委员若干人组成，实行主席负责制。中央军事委员会下设 7 个部（厅）、3 个委员会、5 个直属机构，这些部门在军队领导指挥体制中居于承上启下、协调左右的重要位置。图 1-3 所示为解放军领导管理体系。

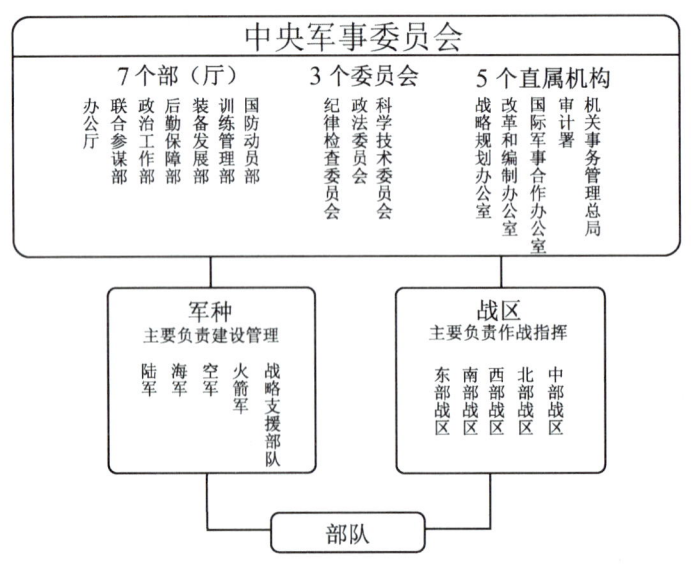

图 1-3　解放军领导管理体系

拓展阅读

7个部（厅）

中央军委办公厅：主要履行综合协调职能，为军委、战区、军种和官兵服务，维护和贯彻军委主席负责制是其第一位的政治任务和工作职责。

中央军委联合参谋部：主要履行作战筹划、指挥控制和作战指挥保障，研究拟制军事战略和军事需求，组织作战能力评估，组织指导联合训练、战备建设和日常战备工作等职能。

中央军委政治工作部：主要履行全军党的建设、组织工作、政治教育和军事人力资源管理等职能。

中央军委后勤保障部：主要履行全军后勤保障规划计划、政策研究、标准制定和检查监督等职能。

中央军委装备发展部：主要履行全军装备发展规划计划、研发试验鉴定、采购管理和信息系统建设等职能。

中央军委训练管理部：主要负责统一筹划和组织领导全军的军事训练并对部队进行管理。

中央军委国防动员部：主要履行组织指导国防动员和后备力量建设职能，领导管理省军区。

3个委员会

中央军委纪律检查委员会：主要发挥纪检监督作用，推动纪委双重领导体制落到实处，强化纪检监督的独立性、权威性。

中央军委政法委员会：主要履行军委对军队政法工作的领导职能，更好地发挥政法部门职能作用，防范和查处违法犯罪活动，保持部队的纯洁和巩固。

中央军委科学技术委员会：主要履行加强国防科技战略管理，推动国防科技自主创新，协调推进科技领域军民融合发展等职能。

5个直属机构

中央军委战略规划办公室：主要履行完善全军战略规划体制机制，强化军委战略管理功能，加强军队战略规划集中统管，提高国防和军队建设质量和效益等职能。

中央军委改革和编制办公室：主要履行国防和军队改革筹划协调职能，指导推动重大改革实施，负责全军组织编制管理等工作。

中央军委国际军事合作办公室：主要负责对外军事交流合作，管理和协调全军外事工作等。

中央军委审计署：主要履行军队审计监督职能，组织指导全军审计工作。

中央军委机关事务管理总局：统一负责军委机关及有关直附属单位管理保障工作。

2. 战区

战区是指为实现战略计划、执行战略任务而划分的作战区域。战区作为本战略方向的唯一最高联合作战指挥机构，按照平战一体、常态运行、专司主营、精干高效的要求，履行海、陆、空联合作战指挥职能，担负应对本战略方向安全威胁、维护和平、遏制战争、打赢战争的使命。

目前，中国设有五大战区，即东部战区、南部战区、西部战区、北部战区和中部战区。各战区作为本战略方向的唯一最高联合作战指挥机构，根据中央军委赋予的指挥权责，能够对所有担负战区作战任务的部队实施统一指挥和控制。

 拓展阅读

五大战区划分

东部战区：负责领导和指挥江苏、福建、浙江、上海、安徽、江西的所属武装力量。司令部驻南京，陆军机关驻福州。

南部战区：负责领导和指挥广东、广西、湖南、云南、贵州、海南的所属武装力量及解放军驻港、澳部队。司令部驻广州，陆军机关驻南宁。

西部战区：负责领导和指挥四川、重庆、甘肃、宁夏、青海、新疆、西藏的所属武装力量。司令部驻成都，陆军机关驻兰州。

北部战区：负责领导和指挥辽宁、山东、黑龙江、吉林、内蒙古的所属武装力量。司令部驻沈阳，陆军机关驻济南。

中部战区：负责领导和指挥北京、天津、河北、河南、山西、陕西、湖北的所属武装力量。司令部驻北京，陆军机关驻石家庄。

3. 军种

中国人民解放军由陆军、海军、空军、火箭军、战略支援部队和联勤保障部队构成。各军种在中央军委的领导下主管相应军种的建设。后面将详细讲解中国人民解放军的军种体制。

4. 省军区

省军区（卫戍区、警备区）是中国行政区划的省（自治区、直辖市）的军队一级组织。它是中国共产党省（自治区、直辖市）委员会的军事工作部门和政府的兵役工作机构，由军委国防动员部领导。

新形势下，省军区系统承担的使命任务艰巨而繁重。通过近年来省军区系统履行职能使命的丰富实践，从一定意义上讲，可以概括为"五部"：

一是应急应战的指挥部。在应急上，积极协同配合地方党委、政府，组织民兵预备役人员遂行抢险救灾、反恐维稳、处置突发事件等行动；在应战上，在军队指挥机构的统一指挥下，组织指挥民兵预备役部队担负防卫作战、消除空袭后果、维护社会稳定等任务。

二是地方党委的军事部。为同级地方党委履行抓武装工作、管武装工作职能当好参谋助手，协调抓好落实。

三是后备力量的建设部。坚持党管武装根本原则，组织领导民兵、预备役部队建设，打造过硬的后备力量。

四是同级政府的兵役部。协调有关部门抓好兵员征集、退役军人安置等方面工作。

五是军民融合的协调部。贯彻军民融合发展战略，为加快形成全要素、多领域、高效益的军民融合深度发展格局搭桥铺路。

二、中国人民解放军军兵种体制

军兵种体制是指军队按军种、兵种构成的组织体系。中国人民解放军的每个军种都是一个多系统和多层次有机结合的整体，不仅有战斗兵种、战斗保障兵种及专业部队，还设有各级领导机构、后勤保障系统和院校培训体系。各军兵种还建有相当规模的预备役部队。

（一）陆军

中国人民解放军陆军是指在陆地上作战的军种，是军队的主要组成部分。它具有强大的火力、突击力和高度的机动能力，既能独立作战，又能与海军、空军协同作战，是决定陆地战场胜负的主要力量。

陆军领导机构成立于 2015 年 12 月 31 日，领导班子包括司令员、政治委员、纪委书记、参谋长等，由中央军委直接领导。

陆军由步兵、炮兵、装甲兵、防空兵、陆军航空兵、电子对抗兵、工程兵、通信兵、防化兵、侦察兵、测绘兵和汽车兵等兵种组成。

1. 步兵

步兵（见图 1-4）是徒步或搭乘装甲输送车、保障车辆等装备，遂行地面突击任务的兵种，是地面作战的主要兵种，担负着直接歼灭敌人，坚守和夺取重要目标和地区的作战任务。以运输方式的不同分为徒步步兵、摩托化步兵和机械化步兵。

图 1-4　步兵

步兵武器装备简单、轻便，具有夜战、近战和独立战斗的能力；受地形的限制、气象的影响较小，能在各种艰险困难的条件下独立持久地作战，具有很强的灵活性和顽强性；又能在其他军兵种的协同下联合作战，善于扼守阵地。

目前，我军步兵的机动能力有了很大的提高，由过去只能徒步冲击，发展到能乘车直接冲击，还能从空中垂直加入战斗。在火力方面，既有打击摩托化步兵的能力，又有较强的打击装甲目标的能力，还有一定的对敌空中目标进行攻击的能力。

2. 炮兵

炮兵是以火炮、反坦克火炮、反坦克导弹和战役战术导弹为基本装备，遂行地面火力突击任务的兵种，是陆军的重要组成部分和主要火力突击力量。它通常与其他军兵种协同作战，也可单独遂行火力突击任务。炮兵由地面炮兵、高射炮兵和战术导弹部（分）队组成。

炮兵具有强大的火力、较远的射程、良好的射击精度和较高的机动能力。火炮射程远、射程广，能及时广泛地实施火力机动，杀伤敌人，摧毁敌武器装备和工程设施，且能在一段时间内集中火力对敌实施猛烈突击。但是，炮兵易受气象、地形和道路等条件的限制和影响，有装备复杂，补给困难，射击准备时间长等弱点。

3. 装甲兵

装甲兵（见图1-5）是以坦克及其他装甲战车、保障车辆为基本装备，遂行地面突击任务的兵种，是陆军中一支重要的突击力量。在协同作战中，它可以配合步兵作战，也可在其他军兵种的协同下单独遂行战斗任务。

图 1-5　装甲兵

装甲兵具有较强的火力、较好的通行能力、快速的机动能力和一定的夜战能力，但其战斗行动易受天气、气候和地形的影响。此外，装甲兵有车辆多、目标大、难以隐蔽和伪装、物资供应和技术保障较为繁重和复杂的缺点。

4. 防空兵

防空兵是以高射炮、地空导弹武器系统为基本装备，遂行野战对空作战任务的兵种，是陆军对空作战的主要力量。防空兵由高射炮兵、地空导弹兵和雷达兵等部（分）

队组成。

防空兵具有较强的火力、较远的射程、良好的射击精度、较高的机动能力和快速反应能力，能在昼夜和复杂气象条件下持续地打击来自高、中、低空的敌飞行器。

5. 陆军航空兵

陆军航空兵是以直升机（如中国陆军航空兵直 10 型武装直升机，见图 1-6）、无人机为主要装备的陆军前沿性主战兵种，是陆军实施非线式、非接触、全纵深机动作战的骨干力量，用以支援地面部队作战。陆军航空兵既可担负运输和机动作战任务，也可以实施强有力的近距火力支援或突击。

图 1-6　中国陆军航空兵直 10 型武装直升机

陆军航空兵具有强大火力、超越突击能力，以及精确打击能力，且隐蔽性好，不受地形的影响，具有超低空、"贴地"飞行的本领，能在地形复杂的条件下遂行多种作战任务，能快速地从各个方位将兵力集中于主要作战方向，令敌人防不胜防。它在侦察、运输、空降作战、反坦克、布雷、电子战等方面，将发挥愈来愈大的作用。

6. 电子对抗兵

电子对抗兵是对敌实施电子战的主要力量，通常协同其他兵种作战，也可单独遂行电子侦察、电子干扰和电子摧毁任务。

电子对抗兵以电子设备或器材为武器，以电子斗争为主要作战形式，作战双方通过电磁波在空间中的传播进行斗争，通常作战双方并不接触，斗争具有很强的技术性、谋略性和欺骗性。

7. 防化兵

防化兵是担负防化保障任务的专业兵种，是对核生化武器防护的技术骨干力量。防化兵由防化（观测、侦察、洗消）、喷火和发烟等部（分）队组成，其主要任务包括：指导部队对核武器、化学武器和生物武器的群众性防护，实施核观测、化学观察和化学、辐射侦察，实施剂量、沾染检查，实施消毒和消除沾染，组织实施烟幕保障，并以喷火分队直接配合步兵战斗。

防化兵专业性、技术性和完成任务的时效性强,执行任务分散,保障目标多,具有较强的独立性、机动性和灵活性。

8. 通信兵

通信兵是担负军事通信联络任务、保障军队指挥的专业兵种,具有在各种战斗情况下遂行通信保障任务和提高指挥效率的能力。通信兵主要由通信、通信工程、通信技术保障、指挥自动化、无线电通信对抗、航空兵导航和军邮等专业部(分)队组成。

通信兵具有装备复杂,通信联络手段多,技术性、专业性、保密性和时效性强等特点。

(二)海军

中国人民解放军海军是以舰艇部队和海军航空兵为主体,在海洋上作战的军种,是中华人民共和国的海上武装力量。海军具有在水面、水下、空中和岸上实施攻防作战和战略袭击的能力,既能独立在海上作战,又能协同陆军、空军作战,具有常规作战能力和战略核打击能力,是海上作战的主力。

中国人民解放军海军的前身是 1949 年 4 月 23 日组建的中国人民解放军华东军区海军。经过几十年的发展,海军不断发展壮大,尤其是 2012 年 9 月,中国第一艘航空母舰——"辽宁"号航空母舰(简称"辽宁舰",见图 1-7)交接入列后,大大提高了中国海军的综合作战能力。目前,中国海军已成为一支装备复杂、技术密集、由多兵种合成、具有现代化作战能力的近海防御力量。

图 1-7 "辽宁舰"

海军主要由水面舰艇部队、潜艇部队、海军航空兵、海军岸防兵、海军陆战队等兵种及各种专业保障部队组成。其作战部队——除了海军总部直辖外,分布于北海、东海、南海三支舰队中。

1. 水面舰艇部队

水面舰艇部队(见图 1-8)是指在水面遂行作战任务的兵种,是海军的基本作战兵力,主要分为战斗舰艇部队和辅助舰船部队两大类。水面舰艇部队具有在广阔海域进行反舰、反潜、防空、水雷战和对岸攻击等作战能力,主要用于攻击敌海上兵力和岸上目标,支援登陆、抗登陆作战,保护或破坏海上交通线,进行海上封锁、反封锁作战,运送作战兵力和物资,参加夺取制海权和海洋制空权的斗争等。

图 1-8　水面舰艇部队

水面舰艇部队有以下特点：装备种类多，武器和技术装备复杂，装载力较大；执行任务范围广；可遂行多项作战和保障任务，可以担任攻击、保障、防御任务，也可执行海上运输任务；可以对沿海目标、水面目标和水下目标实施攻击，还可以反击空中目标；既可单独编成舰队独立遂行作战任务，又可以与其他军兵种协同进行作战任务；既可长期在远洋活动，又可在近岸、浅水、岛礁区活动。

2．潜艇部队

潜艇部队是海军在水下遂行作战任务的兵种，是海战的重要突击力量。

潜艇部队按潜艇动力可分为常规动力潜艇部队、核动力潜艇部队；按武器装备可分为鱼雷潜艇部队、导弹潜艇部队和战略导弹潜艇部队。携带战略导弹的核潜艇是国家战略核反击力量的重要组成部分。

潜艇的主要战术技术特点如下。

（1）有良好的隐蔽性。潜艇主要活动在水下，有较大的下潜深度，不易被水面舰艇、飞机和卫星侦察发现，这是潜艇区别于其他舰艇的主要特点和优点。声呐是探测潜艇最为有效的器材，但其作用距离有限，难以探测到在大洋深处活动的潜艇。然而，潜艇却能对水面和空中的反潜兵力实施隐蔽的搜索观察，做到先发现敌目标，及早主动采取避防措施。一旦被敌发现，还可以使用各种伪装和干扰器材欺骗和迷惑敌人。

（2）有较强的突击威力。潜艇可在水下发射鱼雷、导弹和布放水雷，突然地对敌各种舰船和岸上目标实施攻击，命中精度高，破坏威力大，并可实施多次攻击。

（3）有较大的续航力和自持力。潜艇在水下航速高，续航时间长，常规动力潜艇续航力在 5 000～10 000 海里（1 海里=1.85 千米），自持力可达数十个昼夜；核动力潜艇的续航力和自持力更大。因此，潜艇可远离基地到中、远海区长时间游弋，独立地遂行作战任务。

 拓展阅读

　　舰艇自持力，亦称"舰艇自给力"，是舰艇一次装足按设计规定的燃油、淡水、食品等，中途不进行补给，连续在海上活动的最长时间。自持力以昼夜为单位计量，是舰艇战术技术性能的要素之一。

3．海军航空兵

海军航空兵是在海上遂行作战任务的一个重要兵种，是海军重要的突击和保障力量之一。海军航空兵可以单独地或协同海军其他兵种完成海上多种作战任务，是夺取和保卫海洋战区制空权的重要力量。

4．海军岸防兵

海军岸防兵是指海军部署于沿海重要地段、岛屿，以火力遂行海岸防御任务的兵种，是海岸防御的主要火力。它能充分利用岛、岸的有利条件，预先构筑多种阵地，储备大量作战物资，进行持久作战，是近岸坚守防御战中的主要兵力之一。

海军岸防兵通常由海岸导弹部队和海岸炮兵组成。其基本任务包括：封锁海峡、航道，消灭敌舰船，掩护近岸海区的己方交通线和舰船；支援海岸、岛屿守备部队作战，保卫基地、港口和沿海重要设施的安全。

5．海军陆战队

海军陆战队是指海军中担负渡海登陆作战任务的兵种，是实施两栖作战的快速突击力量。它是一支由诸兵种合成的，能实现快速登陆或担任海岸、岛屿任务的两栖作战部队，是海军对岸作战的重要力量，是国家海上威力的重要组成部分，是实现国家海洋战略的重要兵力。海军陆战队通常由陆战步兵、炮兵、装甲兵、工程兵及侦察、通信等部（分）队组成，其基本任务是独立或协同陆军实施登陆作战、抗登陆作战。

海军陆战队具有两栖化、装甲化、自动化和轻型化的特点，具有强大的火力，以及较强的机动能力、突击力和保障能力。

（三）空军

中国人民解放军空军是主要进行空中作战的军种，具有快速反应、高速机动、远程作战和猛烈突击的能力，既能协同其他军种作战，又能独立遂行战役、战略任务，是现代立体作战的重要力量，能对战争的进程和结局产生重大影响，在现代国防和现代战争中具有重要的地位和作用。

中国人民解放军空军成立于1949年11月11日，主要由航空兵、地空导弹兵、高射炮兵、空降兵、雷达兵及通信、电子对抗、气象等部队组成。

1．航空兵

航空兵是指装备军用飞机在空中遂行作战任务的兵种，是空军的主要组成部分。按照装备的飞机不同，可分为歼击航空兵、强击航空兵、轰炸航空兵、侦察航空兵和运输航空兵等。

（1）歼击航空兵是担负歼灭敌空中飞机和飞航式空袭兵器任务的兵种。其任务是争夺制空权，掩护和保障各军兵种的作战行动，对保障航空兵本身各机种的战斗行动均具有特殊的意义。

（2）强击航空兵是担负攻击敌地面部队或其他目标任务的兵种。其任务是压制敌战场目标；消灭敌有生力量；阻滞敌交通运输；突击敌航空基地，压制敌防空兵器，争夺制空权；必要时，实施航空侦察和歼灭空中目标。

（3）轰炸航空兵是担负对地面、水面目标实施轰炸进攻任务的兵种。其任务是破坏敌纵深政治、经济、军事等目标；消灭敌有生力量；突击敌航空兵基地，夺取制空权；阻滞敌交通运输；遂行航空侦察、空中布雷及反潜等任务。

（4）侦察航空兵是以侦察机为基本装备，担负从空中获取情报任务的兵种。其任务是查明敌兵力部署；查明敌政治、经济、军事、交通等重要目标情况；查明敌电子技术设备的性能和配置；发现敌实施突然袭击和使用核武器的征兆；检查我军的伪装情况和对敌突击的效果。

（5）运输航空兵（见图1-9）是装备军用运输机和直升机，遂行空中输送任务的兵种，具有远程、快速的运输能力和广泛的机动能力，对保障军队机动和补给具有重要的作用。其任务是保障地面部队实施空中机动；协同其他航空兵转场；输送空降兵实施空降作战；空运武器装备和物资器材；实施空中救援。

图 1-9　运输航空兵

2. 地空导弹兵

地空导弹兵是装备地空导弹武器系统（如东风-10 巡航导弹，见图 1-10）、遂行防空作战任务的兵种。它是国土防空的重要力量，具有较强的战斗力、较高的射击精度和一定的机动能力，能在昼夜间各种天气和气候条件下遂行作战任务，通常与歼击航空兵、高射炮兵共同行动。

图 1-10　东风-10 巡航导弹

地空导弹兵的主要任务包括歼灭来袭的敌空袭兵器，掩护国家要地；歼灭敌侦察机，制止敌航空侦察；歼灭敌运输机，制止敌空运、空投和空降；必要时，掩护陆、海军的主要部署。

3. 高射炮兵

高射炮兵是以高射炮为基本装备，遂行防空作战任务的兵种。高射炮兵具有迅猛的火力和较强的机动能力，能在昼夜间各种天气和气候条件下持续地进行战斗，特别是对于中低空目标，更能发挥其战斗威力。

高射炮兵的主要任务包括歼灭来袭的敌空袭兵器，掩护国家要地；歼灭敌侦察机，制止敌航空侦察；歼灭敌运输机和伞降、机降的空降兵；必要时，掩护陆、海军的主要部署和歼灭敌地面、水面目标。

地空导弹兵与高射炮兵是空军两个地面防空作战的兵种，两者既有分工，又密切协同，通常在要地周围按远、中、近（程）和高、中、低（空）构成严密的防空火力网。

4. 空降兵

空降兵（见图1-11）是以伞降或机降方式投入地面作战的兵种，具有作战空间范围大、机动能力强、行动隐蔽、速度快、应急作战能力强等特点，是一支具有空中快速机动，能实施远程奔袭、全纵深作战的突击力量。

图1-11　空降兵

我军的空降兵主要由步兵、装甲兵、炮兵、工程兵、通信兵及其他专业部（分）队组成。其主要任务包括夺取敌纵深区域的重要目标或地域，断敌后路，阻敌增援，配合地面进攻部队歼敌或夺取登陆场，配合登陆部队登陆；摧毁或破坏敌指挥机构、导弹、核武器、电子设备、机场、交通枢纽和后方供应设施等重要目标；应急部署，掩护正面部队的机动和展开；支援敌后作战的部队和游击队；参加反空降作战和担负其他特殊作战任务。

 拓展阅读

登陆场是指登陆兵在敌岸攻占的具有一定正面和纵深的地域，通常由数个登陆点连接和扩大形成。登陆场一般选在易于步兵和机械上岸的地域，用以保障后续梯队上陆，发展陆上进攻。

5. 雷达兵

雷达兵是以雷达获取空中情报的兵种，是国土防空预警系统的主体和指挥、引导的主要保障力量，具有全天候搜索、探测和监视空中目标的能力。随着装备的不断更新，雷达探测范围不断扩大，中国现在已建成了覆盖全国的雷达预警网，在国土防空、飞行管制等方面均发挥着巨大的作用。

雷达兵的主要任务包括实施对空警戒侦察，及时提供防空作战和协同登陆、海上作战及人民防空所需的空中情报；提供空中敌、我机的活动情况，保障空军各级指挥人员正确引导我机的战斗活动；保障航空管制部门实施飞行管制，并将有关违反飞行规划、偏航、迷航、遇险等情况及时通知有关部门，对经批准在中国领空飞行的一切飞行器进行监察。

（四）火箭军

火箭军成立于 2015 年 12 月 31 日，由第二炮兵（成立于 1966 年 7 月 1 日）更名而来，是中国人民解放军陆基战略导弹部队的代称，由中央军委直接领导指挥。火箭军主要担负遏制他国对中国使用核武器、遂行核反击和常规导弹精确打击任务，是中国战略威慑的核心力量，是中国大国地位的战略支撑，是维护国家安全的重要基石。

火箭军的主要任务是平时发挥威慑作用和遏制敌人可能对中国发动的核战争；战时则主要遏制将常规战争升级为核战争，遏制核战争升级，实施核反击。

（五）战略支援部队

进入 21 世纪，新军事革命的冲击波汹涌而来。特别是随着信息、智能、隐身、纳米等战略新兴技术的持续突破，新型作战力量成为军事能力跨越式发展的"增长极"，成为军事强国竞争的新"宠儿"。2016 年，一支新型作战力量——战略支援部队加入中国人民解放军序列，表明了我军对未来战争中信息战的重视程度。

战略支援部队提升新质战斗力

战略支援部队不是一支单独的作战力量，它将与陆军、海军、空军和火箭军等军兵种的行动融为一体，形成一体化的联合作战行动，战略支援部队贯穿于作战的全过程，渗透到每一个作战行动中，将成为战争制胜的关键力量。

（六）联勤保障部队

联勤保障部队成立于 2016 年 9 月 13 日，是实施联勤保障和战略战役支援保障的主体力量，是中国特色现代军事力量体系的重要组成部分。联勤保障部队直属于中央军委，在体制上与陆军、海军、空军、火箭军、战略支援部队等平行，为副战区级。

组建联勤保障基地和联勤保障中心，是党中央和中央军委着眼于全面深化国防和军队改革做出的重大决策，是深化军队领导指挥体制改革、构建具有中国军队特色的现代联勤保障体制的战略举措，对把中国军队建设成为世界一流军队、打赢现代化局部战争具有重大而深远的意义。

三、中国人民军队发展历程

中国人民军队自 1927 年诞生至今，从一支以步兵为主体的农民军队逐渐建设发展成为当前由陆军、海军、空军、火箭军、战略支援部队、联勤保障部队及诸兵种合成的高度集中统一的现代化军队。回顾我军建设的发展历程，可以说是一部不断寻求自我超越的历史。

（一）革命战争时期

中国共产党从人民军队创建伊始就关心其建设发展。1927 年 8 月 1 日南昌起义后，同年 9 月，毛泽东领导湘赣边界秋收起义，随后对起义部队进行"三湾改编"，开始了对革命军队的政治建设，强调党对军队的领导，规定部队民主制度，实行官兵待遇平等，并把支部建在连上。这些原则至今仍是我军坚持的政治传统。1929 年 12 月，古田会议顺利召开，正式规定了人民军队的性质、宗旨和任务，确立了思想建党、政治建军的根本原则，为把我军建设成为新型人民军队初步奠定了基础。

1937 年 7 月 7 日，中日全面战争爆发。中国共产党从大局出发，毅然同意把主力红军和南方八省游击队分别改编为国民革命军第八路军（以下简称"八路军"）和国民革命军陆军新编第四军（以下简称"新四军"），坚决贯彻统一领导、"精兵简政"、整顿三风，以及发展生产、拥政爱民等各项任务，实行官兵一致、军民一致、瓦解敌军和宽待俘虏等原则，构建起了主力军、地方武装和民兵自卫队三结合的武装力量体制，在抗日斗争中边打边建，力量迅速发展壮大。

抗战胜利后，八路军和新四军改称中国人民解放军，逐步理顺编制，建立了集中统一的指挥机构，初步建立起了一支能在较大范围内实施机动作战的正规兵团与地方部队、民兵游击队相结合的武装力量，并使长期以来一直指导人民军队建设的毛泽东建军思想也得到了进一步丰富和发展。

（二）和平建设时期

中华人民共和国成立后，人民军队迅速从革命战争转向和平建设，开始向革命化、现代化和正规化迈进，包括整顿军队编制体制，调整各战略区域部署，并以精简整编为主要内容进行了多次改革，奠定了军队领导管理指挥体制的基础和现代化军队的基本框架，初步实现了由单一军种向诸军兵种合成军队的转变，完成了由革命战争时期向和平建设时期的全面转型。

1953 年 12 月，中央召开全国军事系统党的高级干部会议，确定了把人民解放军建设成为一支优良的现代化革命军队的总方针和总任务。1978 年 12 月，党的十一届三中全会召开，坚持把军事训练摆到战略地位，贯彻军队建设要面向现代化、面向世界、面向未来的方针，有效地提高了部队在现代条件下诸军兵种合同作战、快速反应、电子对抗、后勤保障及野战生存的能力。

从整体上来看，人民军队在和平建设期间所取得的成果有目共睹，硕果累累，在整体军力建设上缩短了与世界先进国家军队的距离，有效提高了中国的国际地位。

（三）全面转型时期

20世纪80年代末，随着冷战的结束和苏联的解体，国际形势发生重大变化，和平与发展成为世界两大主题，科学技术迅猛发展并在军事领域广泛应用。我军开始对军队建设指导思想实施战略性转变，力图通过深化改革，完善体制，从根本上推动人民军队从数量型军队向质量型军队转变，迈开了中国特色精兵之路的坚实步伐。

进入21世纪以来，争夺信息优势成为各国军队建设的焦点，人民军队迎来了迈向信息化的重要机遇期。针对现代战争出现的新特点和新要求，我军坚定不移地把信息化作为发展方向，不断提高武器装备的信息技术含量，积极推进机械化条件下的军事训练向信息化条件下的军事训练转变，坚持国防建设与经济建设协调发展，已经基本构建起了一个以打赢信息化战争为目标的立体化军事体系。

第五节　国防动员

国防动员是指国家为应对战争或其他安全威胁，使社会诸领域的全部或部分由平时状态转入战时状态或紧急状态的活动，通常包括武装力量动员、国民经济动员、人民防空动员、科学技术动员和政治动员等。2010年2月，全国人民代表大会常务委员会审议通过《中华人民共和国国防动员法》，规范了国防动员平时准备和战时实施的基本内容，规定了公民和组织在国防动员活动中的义务和权利，完善了国防动员的基本制度。这标志着中国国防动员建设进入了法制化、规范化发展的新阶段。

一、国防动员的产生与发展

国防动员与战争紧密相连，是战争活动的重要组成部分和前提条件，因此最早被称为"战争动员"。

战争动员产生于奴隶社会时期，发展于封建社会和资本主义社会时期。自资本主义工业革命后，战争动员进入全面发展时期。尤其是20世纪规模空前的两次世界大战的发生，为战争动员的进一步发展提供了客观条件。

在中国现代革命史上，中国共产党人成功地领导了多次战争动员活动。历次革命战争中，在毛泽东关于动员和武装群众、进行人民战争的战略思想指导下，中国共产党实行全党动员、全民动员的方针，成功地实施了军事、政治、经济、文化等动员，为壮大人民军队、夺取革命战争的胜利发挥了巨大作用。1937年8月，中国共产党发表了《抗日救国十大纲领》，号召全国各族人民和社会各阶层、各民主党派团结起来，积极参加抗日战争，形成了全国的抗日民族统一战线，出现了全面抗战的总动员局面。各抗日根据地广泛动员人民群众参军参战，开展游击战争，在敌后战场给日寇以沉重打击。

中华人民共和国成立后，在历次局部战争的作战中，都进行了不同规模的战争动员。抗美援朝战争前，中国在全国内深入进行了抗美援朝、保家卫国的宣传教育，激发了广大军民的爱国热情，在全国迅速动员了 200 多万民兵、青年参加中国人民志愿军，还动员了大批汽车司机、铁路员工和医务、通信人员担负战争勤务。与此同时，在全国开展的捐献运动，共捐献人民币 5.56 亿元，为保障战争的胜利做出了重要贡献。

二、国防动员的内容

（一）武装力量动员

武装力量动员，是指国家为应对战争或其他安全威胁，将武装力量由平时状态转入战时状态所进行的活动。武装力量动员在国防动员中处于核心地位，通常包括现役部队动员、预备役部队动员和民兵动员。

1. 现役部队动员

现役部队动员是指将中国人民解放军各军兵种部队和武装警察部队从平时编制转为战时编制，按动员计划进行扩编，达到齐装满员的活动。现役部队动员的主要活动包括。

（1）进入临战状态。接到动员命令后立即召回外出人员，停止转业、复员、退伍、探亲和休假等活动，启封库存的武器装备，做好战斗准备。

（2）实行战时编制。不满编的部队迅速按战时编制补充兵员和装备，达到齐装满员。

（3）扩建现役部队。扩建部队以现役部队为基础，扩建时的兵员空缺，由预备役官兵补充。

（4）组建新的部队。按照动员计划和部队编制方案，从现役部队或军事院校抽调官兵，搭建部队的架子，同时征召预备役官兵，组成新的部队。

2. 预备役部队动员

预备役部队动员是指预备役部队成建制转服现役的活动，是战时快速动员的一种重要方式。《国防法》规定，预备役部队"战时根据国家发布的动员令转为现役部队"。

3. 民兵动员

民兵动员是指组织发动民兵担负参战支前任务的活动。民兵是保卫祖国的一支重要力量，战时可配合军队作战和担负支援保障任务，也可独立担负后方防卫作战和维稳任务。

（二）国民经济动员

国民经济动员，是指国家根据国防需要，将有关经济部门、经济活动及其经济关系由平时状态转入战时状态或紧急状态的活动，通常包括工业、农业、财政金融、信息通信、交通运输和医疗卫生等方面的动员。国民经济动员是国防动员的基础和重要内容，对于充

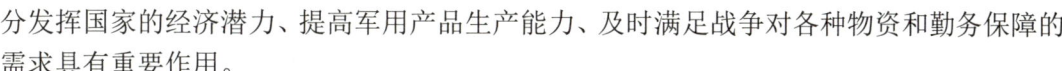

分发挥国家的经济潜力、提高军用产品生产能力、及时满足战争对各种物资和勤务保障的需求具有重要作用。

1. 国民经济动员的基本政策

根据国家发展战略，依托国民经济实力发展国民经济动员，把国防经济建设寓于国家的经济发展之中；发挥国民经济动员在国家经济建设与国防常备能力之间的桥梁纽带作用，在国家经济结构调整中统筹考虑军需民用、平战衔接，使平时的国防经济保持在合理的水平上；加强高新科学技术和军民两用技术的开发利用，注重高科技产品的动员和高技术储备，从整体上提高国民经济动员基础的科技水平；按照平时服务、急时应急、战时应战的功能定位，构建与社会主义市场经济相适应的应战、应急结合的国民经济动员体制、机制、法制；坚持全民自卫原则，提高适应信息化条件下防卫作战需要的国民经济动员能力。

2. 国民经济动员的主要目标

国民经济动员的主要目标是建成比较完善的应付战争兼顾应对突发事件双重功能的国民经济动员体系，形成与国民经济有机融合的国民经济动员基础，能够从经济上保障和应付局部战争及突发事件的需要。

（三）人民防空动员

人民防空动员是指国家发动和组织人民群众防备敌人空袭、消除空袭后果所进行的活动，主要包括人防预警动员、群众防护动员、重要经济目标防护动员、人防专业队伍动员等。在现代战争中，远距离精确打击成为重要的作战样式，大、中城市和经济基础设施面临的空袭威胁日益严重。人民防空动员对于减轻空袭危害、减少人民群众生命财产损失、保持后方稳定和保存战争潜力具有重要作用。

人民防空与要地防空、野战防空共同构成中国三位一体的国土防空体系。新时期的人民防空，战时担负保护人民生命财产安全和国家经济建设成果任务，平时担负防灾救灾和处置突发公共事件任务。为了有效地组织人民防空，保护人民的生命和财产安全，保障社会主义现代化建设的顺利进行，国家颁布了《中华人民共和国人民防空法》，各级人民政府制定完善了相配套的人民防空法规及规章。县级以上人民政府将人民防空建设纳入国民经济和社会发展规划。

近年来，人民防空战备水平、城市整体防护能力和应付突发公共事件能力明显提升。初步建立起省、市、县三级互联互通的指挥通信和警报通信专用网，健全了城市防空预警报知网络，多数人民防空重点城市建成人民防空指挥所。各大、中城市组建了抢险抢修、医疗救护、消防、治安、防化防疫、通信、运输等防护救援队伍，组织短期脱产集训及重大灾害事故应急救援演练，对人民群众进行人民防空知识教育和技能培训，将人民防空教育列入学校教学计划和教学大纲，一些厂矿、企业和社区还组建了民防志愿者队伍。

（四）科学技术动员

科学技术动员是指国家根据国防需要，统一组织科学技术力量从事科学技术开发的活动。

科学技术动员的主要任务包括动员一切科研力量，根据战争中的科技问题和科技需求，加速已有科研成果的转化，研发新的科研成果，满足相应需求。科学技术动员准备要注重加强与作战部队对口的专业技术分队建设；要大力培养信息化人才队伍，建立军地一体、纵横相接的人力信息资源数据库，不断提高动员的科技含量。

（五）政治动员

政治动员是指国家为进行战争而开展的宣传、教育、组织工作和外交活动。政治动员是国防动员的一项重要内容，并为其他领域的动员活动提供思想和组织保证。政治动员对于充分调动和发挥本国军民的精神力量，尽可能地争取国际社会的同情和支持，瓦解敌方的战斗意志，具有重要作用。

政治动员分为平时政治动员和战时政治动员。平时政治动员主要表现为国防教育。其内容主要包括国防观念、国防知识、军事技能和国防法规等方面的教育，目的是增强国防观念和维护国家安全意识，提高履行国防义务的自觉性。国防教育以全民为对象，重点是国家机关工作人员、武装力量编成人员和青年学生。

战时政治动员主要包括国内政治动员和外交舆论宣传。国内政治动员，是政府、军队和社会团体等，运用各种宣传舆论工具，对全国军民进行以爱国主义和革命英雄主义为核心的国防教育，使之增强国防观念，坚定打败敌人、夺取胜利的信心。外交舆论宣传，是国家通过各种外交活动和对外宣传，揭露敌人的战争阴谋，控诉敌人的战争暴行，瓦解敌方的战斗意志，争取各国的声援和支持，建立国际统一战线或建立战略协作关系的活动。

三、国防动员的地位与作用

国防动员是国防活动的重要内容之一，是准备和实施战争的重要措施。无论是古代战争还是现代战争，全面战争还是局部战争，常规战争还是非常规战争，都离不开国防动员。国防动员在保障、赢得战争胜利等诸多方面，都具有十分重要的地位与作用。

（一）国防动员是打赢战争的基础环节

遏制战争爆发并为夺取战争的胜利积聚强大的战争力量，是国防动员的基本功能与任务。现代战争的巨大破坏性，使人们不得不把制止战争的爆发作为降服战争这个"恶魔"的重大步骤予以重视，因此，在这种情况下，国防动员所积聚的巨大能量成为战略家们所倚重和借助的力量。实践中，有许多国家通过积聚力量和显示使用力量的决心，有效地制止了战争的爆发。

战争是实力的较量，任何不具备强大实力的国家，要赢得战争的胜利都是难以想象的。国防动员不仅能够通过平时的准备，为战争实施积聚强大的战争潜力，而且可以通过建立一套平战转换机制，使这种潜力在战争爆发后迅速转化为实力，从而为保障战争的胜利奠定必要而坚实的物质基础。

（二）国防动员是应对紧急突发事件的有效措施

国防动员的最初功能是应对战争的需要，但现代条件下，随着各种灾难事故和突发事件的频繁发生，人们已把国防动员的功能予以拓展，让它同样可以在应对和处置各类突发事件中发挥应有的作用。因此，当国家遇到此类突发事件时，国防动员活动可以凭借自身的准备和特有的机制，使国家或地区在需要时进入应急状态，动员国家、军队和社会力量，抗御自然灾害、处置各种自然和人为的事故与灾难，使国家和社会处于正常运转状态，维护人民群众的生命财产安全。

（三）国防动员是支援经济建设和社会发展的重要力量

国防动员实行"平战结合、军民结合、寓军于民"的原则，在和平时期，国防动员建设的成果可以直接为经济建设服务。寓军于民可节约国防开支，有利于国家集中力量发展经济。要用有限的国防经费，获得尽可能强的国防力量，其有效办法是建设精干的常备军，大力加强后备力量建设，健全完善动员体制，做到"平时少养兵，战时多出兵"。这样，不仅可以经常保持较强的国防整体威力，为国家提供可靠的安全保障，而且可以减轻国家负担，促进经济和社会发展。

思考题

1. 什么是国防？其目的和手段是什么？
2. 现代国防的基本类型和特征有哪些？
3. 国防法规的含义是什么？中国现行的国防法规的层次是如何划分的？
4. 中国公民的国防义务和权利有哪些？
5. 中国的武装力量由哪几部分组成？其职能分别是什么？
6. 中国的国防建设取得了哪些成就？
7. 中国国防政策的主要内容有哪些？
8. 武装力量动员包括哪些内容？
9. 国防动员的地位和作用是什么？

第二章　国家安全

第一节　国家安全概述

当今世界，全球化浪潮风起云涌，世界各国之间的经济、政治和军事关系日益密切，世界的各个部分已经成为一个相互联系的统一体。世界主要力量间的关系在不断调整，国际战略格局和国际秩序处于不断变革之中，中国也面临着充满矛盾纷争的周边安全环境。认识和把握我国地缘环境的特征，分析和研究当下我国的地缘安全环境、国家安全现状及国际战略形势，对于维护我国国家安全有着无比重要的意义。

一、国家安全的内涵

国家安全是指国家政权、主权、统一和领土完整、人民福祉、经济社会可持续发展和国家其他重大利益相对处于没有危险和不受内外威胁的状态，以及保障持续安全状态的能力。

国家安全工作应当坚持总体国家安全观，以人民安全为宗旨，以政治安全为根本，以经济安全为基础，以军事、文化、社会安全为保障，以促进国际安全为依托，维护各领域国家安全，构建国家安全体系，走中国特色国家安全道路。国家安全工作应当坚持中国共产党对国家安全工作的领导，建立集中统一、高效权威的国家安全领导体制。维护国家安全，应当遵守宪法和法律，坚持社会主义法治原则，尊重和保障人权，依法保护公民的权利和自由。维护国家安全，应当与经济社会发展相协调。应当统筹内部安全和外部安全、国土安全和国民安全、传统安全和非传统安全、自身安全和共同安全。维护国家安全，应当坚持预防为主、标本兼治，专门工作与群众路线相结合，充分发挥有关机关维护国家安全的职能作用，广泛动员公民和组织，防范、制止和依法惩治危害国家安全的行为。维护国家安全，应当坚持互信、互利、平等、协作，积极同外国政府和国际组织开展安全交流合作，履行国际安全义务，促进共同安全，维护世界和平。中华人民共和国公民、一切国家机关和武装力量、各政党和各人民团体、企业事业组织和其他社会组织，都有维护国家安全的责任和义务。中国的主权和领土完整不容侵犯和分割。维护国家主权、统一和领土完整是包括港澳同胞和台湾同胞在内的全中国人民的共同义务。每年 4 月 15 日为全民国家安全教育日。

二、总体国家安全观

总体国家安全观是以习近平同志为核心的党中央对国家安全理论的重大创新，旨在更好地统筹安全与发展两件大事，更好地解决国家安全面临的新问题和新挑战。党的十九大报告强调："统筹发展和安全，增强忧患意识，做到居安思危，是我们党治国理政的一个重大原则。"

2014 年 4 月 15 日，习近平总书记在中央国家安全委员会第一次会议上首次提出了"总体国家安全观"，他强调，"增强忧患意识，做到居安思危，是我们治党治国必须始终坚持的一个重大原则。我们党要巩固执政地位，要团结带领人民坚持和发展中国特色社会主义，保证国家安全是头等大事"，"当前我国国家安全内涵和外延比历史上任何时候都要丰富，时空领域比历史上任何时候都要宽广，内外因素比历史上任何时候都要复杂，必须坚持总体国家安全观，以人民安全为宗旨，以政治安全为根本，以经济安全为基础，以军事、文化、社会安全为保障，以促进国际安全为依托，走出一条中国特色国家安全道路"。坚持人民安全、政治安全和国家利益至上的有机统一，是走出一条中国特色国家安全道路的必然要求，是维护和塑造中国特色大国安全的根本保证。

总体国家安全观体现的是辩证、全面、系统的安全理念，是对传统安全理念的超越，具有鲜明的时代特征。总体国家安全观统筹国内国际两个大局，统筹发展安全两件大事。既重视外部安全，又重视内部安全；既重视国土安全，又重视国民安全；既重视传统安全，又重视非传统安全；既重视发展问题，又重视安全问题；既重视自身安全，又重视共同安全，打造命运共同体，推动各方朝着互利互惠、共同安全的目标相向而行。总体国家安全观明确了国家安全的战略方针和总体部署，是指导我国国家安全工作的重要指针。

第二节　国家安全形势

国家安全形势，是国家在一定时期内所面临的影响和平稳定的外部及内部条件的总和。一个国家要经常进行安全形势判断，即对本国一定时期内面临的各种安全威胁及其应对能力进行综合分析与评估。国家安全形势对国防具有直接影响，同时，排除对国家安全的威胁，创建良好的国家安全形势，也是国防的基本任务。

一、中国地缘环境基本概况

（一）中国周边情况

我国位于亚欧大陆的东部、太平洋的西侧，是一个陆海兼备的国家，陆地边界线总长为 2.2 万余千米，海岸线总长为 1.8 万余千米。我国陆地与 14 个国家相接壤，与 8 个国家的大陆架或 200 海里（1 海里=1.85 千米）专属经济区相连接，还与美国等许多国家隔海

（洋）相望。我国既是一个陆地型大国，也是一个海洋型大国，陆地国土面积为 960 万平方千米，海洋国土面积约为 470 万平方千米，陆海相连，总面积达 1 430 万平方千米。

广袤的国土、辽阔的海洋，使中国成为一个大国的同时也造就了复杂的周边环境。随着中国的和平崛起，出现了很多新的影响中国周边情况的因素。目前来看，中国的周边安全情况比较复杂，来自海洋方向的威胁逐渐增多，陆地方向也有安全隐患，非传统安全威胁不断增多。

（二）中国海洋情况

我国濒临黄海、东海、南海，拥有内海渤海，还拥有漫长的海岸线和约 6 500 个岛屿。根据《联合国海洋法公约》，应划归中国管辖的海洋国土，除内海、领海、毗连区外，还包括大陆架和经济专属区。辽阔的海洋国土蕴藏着丰富的渔业资源、油气矿产资源和海洋能源。守护海洋国土，开发利用海洋资源是历史赋予我们的神圣职责和权利。2014 年 6 月，习近平总书记在第五次全国边海防工作会议上指出："边海防战线的全体同志要强化忧患意识、使命意识、大局意识，勇于作为，敢于担当，努力建设强大稳固的现代边海防。"

海权是国家的一种综合力量，是国家安全的门户。海洋及海洋国土是我国经济发展的战略资源，与中华民族今后的生存与发展息息相关。当今世界为争夺海洋国土和海洋权益的斗争日趋激烈，越来越多的国家将目光投向海洋，海洋上的经济争夺、军事斗争已向我们提出了严峻挑战。我们是社会主义国家，我们不要别人的一寸土地、一滴海水，但也决不容许他人侵占我国的滴水寸土！这就要求我国全体公民强化海洋国土意识，抓住机遇，经略海洋，不断增强我国的综合国力，在捍卫我国领土主权和海洋权益的斗争中，掌握主动权，在公正合理的基础上解决与有关国家的争端。

二、新兴领域的国家安全

从字面上看，新兴领域是指刚刚兴起的、国家可以行使主权的领域。但这仅仅是对新兴领域一般属性的揭示，作为与国家安全密切相关的新兴领域，还应具有三大特征：① 高技术性，即主导乃至形成新兴领域的主体技术代表当今时代最先进的技术水平；② 战略影响性，即该领域对于国家安全具有重要影响；③ 相对独立性，即这一领域与其他领域有比较清晰的界限，不能模糊或相互交融。只有同时满足这三大特征，才能称得上新兴领域。基于上述三个特征，可以认为，太空、网络、深海、生态等安全属于新兴领域的国家安全。

（一）太空安全

太空蕴藏着丰富的轨道、真空、微重力、太阳能和天体等战略资源，正成为世界大国综合国力新的增长点。政治上，由于航空航天事业技术密集、花费高昂、影响巨大，一个国家航空航天事业的水平与规模，已经成为国家综合国力的象征。经济上，开发利用外空资源，发展航天产业，可弥补本国资源的不足，形成新的经济增长点。此外，航空航天事业还可推动优化国家经济结构、促进国家经济建设转型升级。军事上，太空信息系统的应用已经成为各国兵种力量的倍增器、黏合剂和桥梁纽带，太空攻防力量不但可以破解敌作战体系、维护核威慑的可靠性，而且能成为新的威慑手段。科技上，航空航天技术是一个高新精尖技术群，具有突出的创新性、辐射性、引领性，其开发利用将极大地带动国家新兴学科和技术的发展。因此，太空国际竞争愈演愈烈。近年来，美国为寻求扩大太空优势，俄罗斯为保住太空大国地位，日本、印度、欧盟等为拥有太空一席之地，均展开了激烈竞争，其争夺焦点在于太空稀有资源、太空军事优势及太空规制主导权。

进入 21 世纪以来，我国国家利益呈全方位快速拓展趋势。太空作为世界最大的公共空域，已经成为我国国家利益延伸的重要方向和领域，是国际战略竞争的制高点。我国政治、经济、军事、科技活动和人民生活都离不开太空系统的支撑和保障。与此同时，我国面临的太空安全威胁日趋严峻。随着太空战技术的进步，公开或隐蔽地攻击太空设施可能成为少数大国对我国实施干预威胁的手段；一些国家和地区大力发展导弹防御系统，企图在我国周边竖起"导弹屏障"，使我国弹道导弹突防面临严峻威胁；境外敌对势力也可能通过信号干扰和转接等技术，干扰和破坏北斗卫星、通信卫星、电视转播卫星等太空设施，或插播非法宣传信号等，扰乱社会秩序。

（二）网络安全

网络空间是经济社会发展新支柱和国家安全新领域。近年来，网络安全热点频出，已经成为国家、集团甚至一些组织和个人达成政治经济军事目的的重要手段，对国家安全具有十分重要的影响。

如今，网络空间不仅是世界强国竞相争夺的战略制高点，而且是敌对势力渗透破坏的重要渠道，更是传统空间的延伸拓展，成为信息化条件下的全新战场。面对来自网络空间的威胁与挑战，我国需要以更宽阔的战略眼光审视战争形态的深刻变化，牢固确立加快转变战斗力生成模式的理念，将网络空间对抗能力作为体系作战能力的关键要素来抓；确立网络战略力量是新型战斗力的理念，着力构建侦察、进攻、防御、控制相结合的力量体系；确立技术是重要制胜因素的理念，在突破新技术、研发新手段上高敌一筹、先敌一步，同时，国家应建设网络与信息安全保障体系，提升网络与信息安全保护能力，加强网络和信息技术的创新研究和开发应用，实现网络和信息核心技术、关键基础设施和重要领域信息系统及数据的安全可控；加强网络管理，防范、制止和依法惩治网络攻击、网络入侵、网络窃密、散布违法有害信息等网络违法犯罪行为，维护国家网络空间主权、安全和发展利益。

（三）深海安全

深海一直是海洋国家努力探索和开发的一个重要领域。由于地球表面的 71% 是海洋，而且大多是深度超过 500 米的深海，因而深海空间广大，蕴藏着人类可持续发展所必需的资源，具有较强的军事价值。随着深海开发技术的快速发展，人类利用深海的自由度更大，深海在国家安全和发展中的地位越来越重要，在未来战争中的作用也将越来越显著。

近年来，世界大国对深海的争夺更趋激烈，各国纷纷通过制定海洋战略来争取国际公海和深海斗争的主动权。美国海军依据《美国海洋行动计划》《21世纪海洋蓝图》等海洋法规重新修订了关于深海军事行动和作战的相关条令，进一步明确了海军战略中深海控制作战的地位和作用；日本海上自卫队按照"海洋立国"的新战略，制定了重在夺取并控制利用海洋资源的深海军事行动和作战的具体措施；欧盟主要国家根据欧盟委员会的《21世纪海洋开发科技发展战略规划》等法律文件，纷纷制定本国海军迎接未来挑战的深海战略。这些战略不仅对未来深海的军事技术开发进行了规划，制定了路线图，而且以军事需求的方式对深海技术的应用提供了强有力的牵引，对深海军事化的进程产生深远影响。

随着深海军事价值的不断提高和海洋开发技术的创新突破，各国的深海军事化步伐正在加快，深海装备的军事化能力不断增强。为了保障国家安全，抢占未来海战的战略主动权，我国应以建设海洋强国战略目标为依据，科学制定深海的军事发展目标，尽快形成深海的战略能力：① 在国家技术发展战略中融入军事要素，尽快使深海技术能力向军事能力转移。形成良性互动的机制，融军事需求于深海科技发展战略之中；制定深海长期发展战略时，同步制定配套的军事能力开发战略；确立重大工程项目时，把军事功效作为一个主要衡量超标准；经费预算要预留军事能力转化费用。② 密切跟踪世界军事强国的深海技术发展动态，提前预研和技术预储相结合，确保深海技术发展的先进地位。瞄准我国深海技术的薄弱环节，深入开发关键技术研究，特别是军用技术、前沿技术、共性技术及基础性技术的攻关，力求在一些重点领域有所突破，提高我国深海技术的自主创新能力。③ 突破重大技术瓶颈，推进建立水下战略预警系统。水下建设不行，一定意义上也是有海无防。必须加快推进重要的港口、航道的相关建设，抓好水下侦察预警技术突破，推进海洋基础理论建设，加快技术研发与储备。④ 加强深海军事斗争理论研究，为技术发展提供需求牵引，为军事斗争提供理论指导。为此，要探讨未来深海军事斗争形势、深海作战样式、深海作战对海洋控制权的影响等，牵引深海战略力量建设，并为未来运用提供正确指导。

（四）生态安全

生态安全是指生态环境不受破坏与威胁，处于能够适应国家经济和社会持续发展需要的状态。生态是人类生存和发展的基础，生态安全一旦遭到破坏，不仅影响经济的可持续发展，而且直接威胁人们的基本生存条件，给经济社会发展带来难以估量的损失。因此，生态安全在国家安全大局中占有重要地位，是军事安全、政治安全、经济安全等其他安全的环境条件。

近现代工业革命以来，人类活动对生态环境的破坏日益加剧。人类使用自然资源的速度大大超过了可更新资源（生物）的再生速度和不可更新资源（矿物）的储备速度；人类向生态环境排放废物的速度，也大大超过了生态环境吸收和消化这些废物的速度；人类的生产生活方式使构成生态环境的基本要素——水、土壤、空气等资源逐渐恶化并通过它们影响其他资源。这些破坏的最终结果是使人类自身的健康水平和生存环境恶化，进而有可能危及人类的生存。目前，人类面临的突出生态问题有森林破坏加剧、土地资源丧失、淡水资源匮乏、大气质量恶化等。

生态安全问题已受到越来越多国家和国际组织的重视。为了保护生态环境、维护生态安全，我国应以积极的态度，采取各种有效的环境保护和治理措施：① 加强宣传教育，提高全民的环境保护意识；② 建立统一、集中的公害防治体制，采取经济、管理和工程技术相结合的综合防护措施；③ 倡导新的生产和生活方式，从源头入手减少或消除人类活动对生态环境的消极影响；④ 制定和完善相关法案，加强国际合作。根据《国家安全法》的规定，我国应完善生态环境保护制度体系，加大生态建设和环境保护力度，划定生态保护红线，强化生态风险的预警和防控，妥善处置突发环境事件，保障人民赖以生存发展的大气、水、土壤等自然环境和条件不受威胁和破坏，促进人与自然和谐发展。

第三节 国际战略形势

一、国际战略形势现状与发展趋势

当今世界正经历百年未有之大变局，世界多极化、经济全球化、社会信息化、文化多样化深入发展，和平、发展、合作、共赢的时代潮流不可逆转。国际力量加快分化组合，新兴市场国家和发展中国家力量持续上升，战略力量对比此消彼长、更趋均衡，促和平、求稳定、谋发展已成为国际社会的普遍诉求，和平力量的上升远超过战争因素的增长。但是，国际安全面临的不稳定性不确定性更加突出，世界并不太平。霸权主义、强权政治、单边主义时有抬头，地区冲突和局部战争持续不断，国际安全体系和秩序受到冲击。未来若干年，美国仍将保持世界超级大国地位，中美关系既存在体系性依存也存在结构性矛盾，总体上呈现出合作与竞争交织的态势，遏制与反遏制、围堵与反围堵的斗争将长期存在。从国家安全的角度考虑，国际战略形势的以下变化尤为值得关注。

（一）多极化趋势持续发展，"多强制衡"的战略格局正在形成

随着国际秩序重建重构加速，"多强制衡"将成为未来 10 年国际战略格局的主要特点。中国综合国力上升但并未全面超过美国，美国总体实力下降但未全面衰落。中美两国正在竞争与合作中共同对国际事务发挥主导性影响；俄罗斯、印度、日本、英国、法国、德国将成为多极化格局中的主要制衡力量。从经济上看，中美在世界经济比重中占有绝对优势，美国、中国、日本、印度经济规模位居世界前列，西方发达国家整体经济优势将被发展中国家取代，世界经济秩序将得到重塑。从政治上看，美国独自操纵世界事务的格局将被打破，中国在国际事务中的作用上升，但中美冲突的风险加大，俄、日、印、英、法、德等国在国际事务中发挥重要制衡作用，国际政治权力分散化走向明显。从军事上看，美、中、俄处于世界军事领域领先地位，美国仍然保持世界最强大军事实力，美、俄核大国地位难以撼动，中美总体军事实力差距不断缩小，印度、日本军事实力明显上升。从科技上

看，美国仍将在科学技术领域保持领先，德国、法国、日本等发达国家拥有相对优势，但世界科技中心由西方向东方转移加速，中国科技竞争力有望进入世界前列，俄罗斯、印度科技实力明显提高。

综合各种因素分析，未来10年世界仍处于多极化、民主化进程之中，世界由单一中心向多中心发展的趋势不会改变，但世界权力结构仍然具有层次性。预计到21世纪中叶以前，世界上还不可能出现一个能够在军事上与美国抗衡的国家。虽然美国经历了"9·11"事件、阿富汗战争、伊拉克战争和金融危机等，与欧洲、日本之间的矛盾和摩擦呈现新特点，在全球事务上的影响力进一步减弱，但是，美国等西方国家的总体优势依然存在，它们没有丧失世界和地区领导权，也没有放任战略竞争对手自由发展，而是积极调动包括军事在内的一切手段，以应对世界多极化的发展趋势。

（二）国际局势面临"总体稳定、局部动荡"的局面

一方面，国际社会"你中有我、我中有你"的命运共同体演进加速，各国一荣俱荣、一损俱损，任何大国乃至整个国际社会都难以经受世界大战的毁灭性恶果，也难以承担当年美苏冷战那样的大量资源消耗，从而有力地约束了大国间的恶性竞争，制约了大规模战争爆发的可能。

另一方面，大国争夺全球主导权的斗争依然激烈。竞争方式正在由以战争为主要手段的毁灭式竞争发展转变为以武力为后盾，融合政治、外交、经济、文化、法律等各种手段在内的综合竞争，竞争目的是由消灭和摧毁对手转变为遏制、削弱和颠覆对手；守成大国通过各种手段对新兴大国进行全领域、全方位的遏制，其采用的巩固战略同盟和地缘战略优势、争夺新兴领域制高点、发动代理人战争、引入颜色革命等手段，外溢效应将导致地区矛盾、恐怖主义及社会动乱明显增多；同时，宗教、文化、社会和意识形态领域冲突激化，增加了国际社会动荡因素。

总之，在多种因素影响下，世界面临"稳中有乱"的复杂局面。今后一段时期的国际战略形势很可能呈现出"大战不起、冲突不止，总体稳定、局部动荡"的特点。

（三）国际社会面临的共同威胁加剧

今后10年，人类社会面临的环境、社会、粮食、疾病及恐怖主义等多元威胁进一步加剧。根据国际组织报告，2030年世界人口将达到83亿，资源需求大大增加，而粮食增产速度远低于全球需求增长；气候变暖导致海平面加速上升，地震、火山、海啸、飓风等自然灾害频发，对人类构成严重威胁；环境恶化导致地球资源紧张、全球疫情加剧，也将引起连锁反应，如2020年受全球新冠肺炎疫情的冲击，世界经济严重衰退，产业链供应链循环受阻，国际贸易投资萎缩，大宗商品市场动荡。恐怖主义威胁更加多元化，除了极端宗教主义、种族主义、分裂主义带来的恐怖威胁外，非国家行为体、具有反社会倾向的个人也可能成为恐怖主义重要组成部分；核技术、黑客技术、生物技术通过网络扩散更加便利，可能使恐怖主义分子掌握毁灭性破坏手段，对国际社会构成更大威胁。

（四）全球经济发展持续"西降东升"趋势

世界地缘战略重心长期在欧洲，但自冷战结束以来，欧洲经济持续低迷，特别是2007年以后连续爆发金融危机和主权债务危机，经济两次陷于衰退，实力地位显著下降。而同时期的亚洲经济快速增长，近20年来，亚洲经济平均增速超过7%，约为欧洲经济平均增速的3倍。特别是亚洲发展中国家和新兴经济体，维持着较高的发展速度和较大的发展后劲，是全球经济增长的主引擎。其中，中国经济一直是世界经济发展的亮点，对世界经济增长的拉动作用明显。从长远看，全球经济发展将持续"西降东升、西慢东快"趋势，全球经济中心向亚太转移，西方发达国家越来越认识到亚太在世界战略格局中地位的提升，认识到亚太地区正在取代欧洲等地区成为影响和决定其发展与安全的战略重心。

二、世界主要国家军事力量及战略动向

（一）美国的战略动向

（1）美国正在将海军力量的60%调整到太平洋地区，从而历史性地把军力部署的重心转向亚太。同时，通过把伊拉克和阿富汗战场撤出的大量高效能武器转移到亚太盟国，使其驻亚太军力的质量水平得到进一步提升。

（2）美军提出"空海一体战"作战构想，以之为牵引，为未来可能在西太平洋地区爆发的大规模冲突进行预防性作战准备。虽然美国参联会联合参谋部主任于2015年1月签发备忘录，将"空海一体战"概念更名为"全球公域进入与机动联合"概念，但新旧概念本质上一脉相承，"空海一体战"的核心内容仍得以延续。

（3）美军以"空海一体战"构想为指导，在提升与盟国军事一体化程度的同时，进一步扩大战略纵深，优化军事部署，构建以关岛为枢纽，以日本、澳大利亚为南北支点，重心后置、两翼前张、大纵深、宽正面、多层次的布势，提升防范远程打击能力，增强由海向陆的联合作战能力。

（4）美军通过同有关国家加强军事关系，租借或取得其基地或设施的使用权，大举重返东南亚。目前，美军已获得菲律宾的苏比克湾与克拉克基地、新加坡的樟宜基地及泰国的乌塔堡基地的使用权，其军舰还可以在越南金兰湾停靠维修和补给，从而形成了一个以樟宜基地为中心的东南亚基地群，与南面的澳新基地群及北面的日韩基地群遥相呼应，构成了其太平洋舰队纵横整个西太平洋的基地网。

（二）俄罗斯的战略动向

俄罗斯突出其地域属性中的亚太一面，明确将自己界定为"欧洲/大西洋—亚洲/太平洋国家"，积极推进东进战略，力图在亚太地区经济发展及格局调整转换中扮演重要角色。

经济上，俄罗斯提出"新亚洲"观，强调"新亚洲"整体性快速持续发展，对俄罗斯亚洲领土乃至全局的发展至关重要，俄罗斯需要克服欧洲中心论，积极扩大在西太平洋地

区的战略影响，加快融入亚太经济圈。

军事上，俄罗斯奉行积极、主动、外向的防御性军事战略，坚持以美国和北约为主要战略对手，同时着眼应对亚太局势变化和配合实施"东进"国家战略，积极调整战略布势，着力加强在远东和太平洋地区的军事存在，常规力量逐步形成东西并重态势，海基核力量逐步改变以北方舰队为主的传统，部分向太平洋舰队转移。同时，为争夺军事战略优势，俄罗斯一面强力实施"武装力量新面貌"改革，推进军队从大战动员型向常备机动型的转型，一面加快武器装备升级换代，在确保核武器继续发挥战略遏制功能的同时，优先发展海、空军和空天防御武器，积极探索发展激光、等离子、电磁脉冲、高功率微波、次声波、超高频、非相干光源、网络新概念武器。

（三）印度的战略动向

印度以"大国崛起"为目标，加大实施东向政策步伐，范围从东南亚逐渐扩大到整个东亚和澳大利亚，政策重点向军事、安全等"高级政治"领域拓展。特别是军事中安全色彩有所增加。其一，印度一方面超越原有的经济层面，与越南、缅甸、马来西亚、新加坡、印度尼西亚、柬埔寨等东盟国家签订双边国防合作协议，在人员培训、联合军演和海上安全等方面加强合作；另一方面积极发展与日本、韩国、蒙古的战略关系。其二，印度近年来把"立足南亚，控制印度洋，争当世界一等强国"作为军事战略调整的基本依据，将战略关注重点由陆地为主向陆海并重转变——在印中、印巴边境强化兵力部署和战场建设，着力加强在印度洋的军事存在，发展一支既能控制印度洋又能远征太平洋的"蓝水海军"，企图在巩固印度洋战略优势的同时将影响力辐射至太平洋。

在陆上方向，大力推动弹道导弹现代化；加速推进 73 条边境公路修建计划，以解决洞朗事件中暴露的陆军机动能力不足的问题；加强山地打击军建设，紧急采购大量火炮、火箭炮、导弹等装备，以保障部队至少能进行 15 天的"高强度作战"。

在海上方向，提出了一个"控制"和两个"确保"的海军作战理论，即在控制整个印度洋地区、在该地区建立绝对海上军事优势的同时，确保海军具备"第二次核报复"打击能力和"远程力量投送"能力。

（四）日本的战略动向

在国家战略与政策层面，日本谋求突破"战后体制"，以强化日美同盟为战略主轴，以防华制华为战略基调，修改《日美防卫合作指针》，通过新安保法案，架空和平宪法，解禁"集体自卫权"，彻底抛弃了战后长期坚持的"专守防卫"安保政策。

在军事战略指导层面，日本以实现政治军事大国的"迷梦"为目标，以提升在亚太乃至全球的军事影响力为抓手，加速推进军事战略由"静态威慑"向"动态威慑"转变，强调以"日美安全保障体制"为核心，以朝中为主要对手，以机动防卫为基本取向，要求自卫队"根据各种事态的发展做到迅速严密应对"，将海上自卫队的任务由重点保护"海上生命线"扩大到保卫海洋国土和维护海洋权益。

在战略布局与建设层面，日本一方面加快推进军事改革，重点发展攻防兼备、大型化、远洋化、信息化海上力量；另一方面调整主要战略方向，兵力配置重心不断向西南方向转移，加强该方向的警戒监视、防空、反导、运输、指挥通信建设，并与菲律宾、澳大利亚等国加强双边军事合作。

思考题

1．什么是国家安全？
2．如何理解中国地缘环境的基本情况？
3．简述国际战略形势的现状与发展趋势。
4．世界主要国家有哪些战略动向？

第三章　军事思想

第一节　军事思想概述

军事思想是军事科学体系中的重要内容。它来源于军事实践，又给军事实践以指导，并伴随着战争和军事实践的发展而发展。军事思想具有鲜明的阶级性和时代性，不同的时代、国家和阶级及代表人物，有着不同的军事思想。

一、军事思想的内涵

军事思想是关于战争、军队和国防等基本问题的理性认识，是人们长期从事军事实践的经验总结和理论概括。

军事思想揭示的是战争的本质和基本规律，以及指导作战和军队建设的基本理论和原则，从总体上反映了研究战争和军事问题的成果。

军事思想的内容大体可以分为两个层次：一是军事哲学，主要包括战争观、军事问题的认识论和方法论；二是军事实践的基本方针和原则，主要包括指导战争的基本方针和原则、军队建设的基本方针和原则、国防建设的基本方针和原则等。

二、军事思想的发展历程

人类对战争和军队问题的认识是一个发展的过程。从社会历史发展的角度讲，军事思想可划分为古代、近代和现代三个发展阶段。

（一）古代军事思想

古代军事思想的产生、发展主要集中在两个相对独立的区域，即中国和地中海一带沿海国家，内容包括奴隶社会和封建社会两个时期的军事思想。中国古代军事思想最早出现在公元前21世纪至公元前8世纪，此时中国为奴隶社会时期，建立了军队，出现了真正意义上的战争，军事思想开始萌芽，并逐渐成为专门学科。

与中国古代军事思想相比，外国古代军事思想起步较晚，认识不够全面、深刻，其成果散见于当时的一些历史和文学著作中，缺乏系统论述。公元前8世纪至公元5世纪，是西方古代的奴隶制社会时期。在这个时期，古希腊、古罗马等奴隶制国家，为了扩张领土、建立霸权、掠夺奴隶和财物，频繁发动战争。在长期的战争实践中，涌现出许多著名

的将领，产生了丰富的古希腊和古罗马的军事思想。

（二）近代军事思想

1640 年至 1917 年为世界近代史时期。在这一时期，西方走向资本主义，并向帝国主义发展。在这一时期，各种不同性质的战争频繁发生，包括封建与反封建的战争、资本主义与反资本主义之间的战争、帝国主义国家之间的战争、殖民与反殖民的战争，为人们研究军事思想提供了实践依据；工业文明和科学技术的进步，使军队装备发生了较大变化，热兵器被广泛使用（火药为主），产生了与之相适应的军事思想。

（三）现代军事思想

1917 年，俄国十月革命成功。从此，无产阶级军事思想在世界范围内蓬勃发展起来。列宁在领导俄国十月革命和反对帝国主义武装干涉及国内战争中，创立了关于战争与革命、武装起义和建设工农红军、实现全民战争等无产阶级的军事理论和军事思想。斯大林在反对法西斯侵略、捍卫无产阶级政权和国家现代化建设中，继承和发展了马克思列宁主义军事理论，全面建立了苏联军事思想体系。

无产阶级军事思想在世界范围内的发展，使得世界其他一些国家的无产阶级政党在领导本国人民进行的革命武装斗争中，相继创立了各具特色的军事思想。在这个过程中，毛泽东把马克思列宁主义军事理论与中国革命实践相结合，创立了毛泽东军事思想，成为指导中国革命战争、军队建设、国防建设不断走向胜利的理论武器和行动指南。这个科学的军事思想体系中的人民战争思想、人民军队思想、人民战争的战略战术思想、国防建设思想及关于战争观、方法论的学说，不但深刻地揭示了中国革命的特殊规律，而且反映了军事领域的一般规律，是无产阶级军事思想发展史上的里程碑。

三、军事思想的特征

（一）鲜明的阶级性

军事思想来源于社会实践。在阶级社会中，人们为了各自阶级的利益所奉行和推崇的军事思想，必然要反映各个阶级对战争和军队建设的认识和立场。因此，不同阶级、国家或政治集团必然有不同的军事思想。

（二）强烈的时代性

军事思想来源于战争实践，不同历史时期的战争有着不同的形态和战略战术，有着不同的军队组织原则和编制。军事思想所反映的这些特征往往代表着这一时代的生产力水平。

（三）明显的继承性

在战争中，人们必须按事物的客观规律办事。中国古代军事家孙武曾说："先知者，不可取于鬼神，不可象于事，不可验于度，必取于人，知敌之情者也。"这是因为，只有这样才能做到"知彼知己，胜乃不殆，知天知地，胜乃不穷"。所以，历史上形成的具有规律性的军事原则、概念和范畴被流传下来为后人所用，并不断地加以丰富和发展。

四、军事思想的地位作用

（一）军事思想是军事实践的行动指南

军事思想是军事实践的能动反映和理论概括，揭示了军事领域的一般规律，所以能对军事实践起指导作用。军事思想对军事领域的规律反映得愈深刻、愈正确，它对军事实践的指导作用也就愈大，军队就可以在战争中掌握主动，少犯错误，多打胜仗。在战争史上，每一次取得伟大胜利的战争，都有正确的军事思想作为指导。毛泽东的军事思想，在中国半殖民地半封建社会性质的条件下，指导中国人民逐步壮大，以弱胜强，取得了革命战争的伟大胜利。没有正确的军事思想作为指导，即使具备取得战争胜利的物质条件，也难以赢得战争的胜利。战争实践证明，在客观物质条件许可的范围内，军事思想正确与否决定着战争的胜败。

（二）军事思想是研究各门具体军事学科的理论基础和根本方法

军事思想研究的是战争和军事领域的一般规律，而各门具体的军事学科所研究的是各自领域的特殊规律。如果只研究各自领域的特殊规律，而不懂得战争和军事领域的一般规律，脱离一般规律的指导，就不能从总体上把握战争，也就不能真正认识和把握各门具体学科所研究的各自领域的特殊规律。军事思想为各门具体军事学科的研究提供方法论。例如，军事思想关于保存自己、消灭敌人的论述，深刻地揭示了两军相争的战争目的和战争本质，它是一切战争行动的根据，从技术行动到战略行动，一切技术的、战术的、战役的、战略的原理原则，都要贯彻这个战争的军事目的和军事本质。它普及于战争的全体，贯彻于战争的始终。它对军队和国防建设、战争指导及其战略战术，都具有普遍的指导作用，因而对军事科学的各门具体学科的研究也具有普遍的指导作用。

（三）军事思想对其他社会实践有着重要的借鉴意义

先进的、科学的军事思想贯穿着唯物论和辩证法。学习和研究军事思想，不仅可以学到正确的观察和解决问题的方法，而且可以学到如何把军事的基本原理同现实实际情况相结合，正确地运用这些原理来解决实际问题，增强我们在工作中的原则性、系统性、预见性和创造性。例如，军事斗争最注重效益，要以最小的代价获取最大的胜利，经济工作也讲效益。孙武提出的"知彼知己，百战不殆"的战争指导规律，已成为政治、外交斗争和进行经济建设的座右铭。战略和战役、战术的关系，要求人们也必须正确处理全局和局部的关系。"战略"概念的运用，早已超出军事的范围，出现了政治战略、外交战略、经济发展战略、农业发展战略、城市发展战略等。体育比赛中重视对进攻和防御战术的研究和运用，市场竞争中借鉴军事思想提出许多巧妙的策略和艺术等，都说明了军事思想对其他领域具有广泛的借鉴意义。

第二节　外国军事思想

一、外国军事思想的主要内容

（一）外国古代军事思想

古希腊军事思想的主要内容包括：战争是由根本利害矛盾引起的；战争的目的是为了征服，谋求城邦、国家利益和霸主地位；战争的胜败取决于政治、军事、经济、精神等条件；作战前必须对双方的军力、财力、人力等方面的长处和短处进行认真的分析、对比；注意激励军队的士气，以优势力量建立己方胜利的信心；采取出乎敌人意料的行动使之惊慌失措等。

古罗马军事思想的主要内容包括：战争有正义与非正义之分；把军事作为实现政治目的的工具，而政治又是配合军事行动达成军事目的的手段；通过外交广泛联盟，孤立对手，恩威并举，实现自己的目的；主张以进攻为主、防御为辅；在被迫处于防御地位时，也总是通过向敌后等薄弱处进攻，力求改变攻防态势，变防御为进攻；主张建立一支忠于自己的部队，以金钱、土地、建筑等物质利益保证部队的忠诚，以精神鼓励、严格的纪律保持部队的战斗力。

封建社会后期，外国古代军事思想可概括为以下几个方面：战争被披上宗教的外衣，掩盖统治集团间的利益争夺；宣扬战争是人类一生中的一部分，是原始罪恶之果，也是教会权力的支柱；在战争中丧失生命的人，可以进入天国，赎免一切罪恶，这其实是对战争认识的倒退；重视军队建设，把军队看成国家的重要工具；对雇佣兵制的弊端有了初步认识，主张实行义务兵制；初步形成战略学、战术学概念；认识到了制海权的重要性，认为控制了海洋，可以赢得和守住巨大的海外领土。

（二）外国近代军事思想

资产阶级军事思想形成于 17 世纪中叶至 19 世纪中叶，代表人物及著作很多。其中，克劳塞维茨的《战争论》是外国近代军事思想的杰出代表作。著名军事家如拿破仑、库图佐夫等虽然没有给后人留下著作，但其丰富的军事实践也蕴藏着崭新的军事思想。

这一时期的资产阶级军事思想主要包括：反对战争认识问题上的不可知论，提出军事科学的概念；军事科学包括战略与战术两个重要组成部分；主张探讨战争的本质、规律，研究军队、装备、地理、政治和士气等因素在战争中的作用；重视对战争史的研究，认为战争无非是政治通过另一种手段的继续，是迫使敌人服从己方意志的一种暴力行为，具有盖然性和偶然性，是政治的工具；认识到民众武装在战争中的重要作用，但民众武装不是万能的，使用要有条件；重视建立一支反映资产阶级利益的部队；重视和平时期军队建设和战争准备，以随时应对战争；认识到新发明对于军队的组织、武器装备和战术的影响，装备的变化必然引起战术的变化；认识到作战中士气的作用，因而把思想教育放在重要位置；认为海权是推动国家乃至历史发展的决定因素，控制了海洋就控制了整个世界；树立歼灭战思想，军事行动的目的是在不设防的野战中消灭敌人的军队，而不是占领敌人的领土和要塞；与歼灭战相适应，大多数军事家都强调进攻，认为只有进攻才能消灭敌人；防御不能是单纯的防御，而是由巧妙的打击组成的盾牌；要在主要方向和重要时刻集中兵力，快速机动是集中兵力的重要途径；认为作战应确立打击重心、保持预备队等。

无产阶级军事思想的主要代表是马克思、恩格斯和列宁。马克思、恩格斯所处的时代是自由资本主义高度发展并开始走向反动的时代，无产阶级登上历史舞台。列宁生活于帝国主义和无产阶级革命的时代。他们坚持唯物论，以唯物辩证法研究军事，吸收资产阶级军事思想的有益成分，因而能对战争一系列重大问题有深刻认识。其军事思想的内容主要包括：认为战争和军事是一个历史范畴，随着私有制和阶级的产生而产生、消亡而消亡；战争是政治通过另一种手段的继续，要反对非正义战争，拥护正义战争；在帝国主义阶段，帝国主义是战争根源；无产阶级必须用暴力推翻资产阶级建立自己的统治；应以组织城市工人武装起义为中心，先占领城市，夺取国家政权；无产阶级夺取政权、巩固政权都必须要有自己的新型的军队；无产阶级代表人民利益，有能力、有条件把人民武装起来实行人民战争，并强调军队与人民群众相结合；认识到科学技术的进步必然引起战略、战术的变革；战争的奥妙在于集中兵力，主张积极防御、主动进攻，慎重决战，灵活机动。

二、外国军事思想代表性著作

外国军事思想代表人物及其著作主要包括：俄国苏沃洛夫的《制胜的科学》，瑞士若米尼的《战争艺术概论》《战略学原理》，普鲁士克劳塞维茨的《战争论》，比洛的《新战术》《最新战法要旨》，法国吉贝特的《战术通论》，美国马汉的《海权对历史的影响》《海军战略》等。其中，克劳塞维茨的《战争论》是外国近代军事思想的杰出代表。到了现代，外国军事思想影响至今的理论包括：意大利杜黑的"空中战争"理论、英国富勒的"机械化战争"理论、德国鲁登道夫的"总体战"理论，以及美苏的"核武器制胜"论。

（一）"空中战争"理论

"空中战争"理论，又称空军制胜论，其主要内容包括：由于飞机的广泛应用，将出现空中战争，空中战争的胜负决定战争结局，为此要建立与海军、陆军并列的独立空军；夺得制空权是赢得战争的必要条件，空军的首要任务是夺取制空权；空中战争是进攻性的，空军是轰炸机部队，要对敌国纵深政治、经济、军事目标实施战略轰炸，迫其屈服。

（二）"机械化战争"理论

"机械化战争"理论，又称坦克制胜论，英国的富勒、奥地利的艾曼斯贝格尔、法国的戴高乐、德国的古德里安、英国的利德尔·哈特是这一理论的倡导者。其主要内容包括：装甲坦克是战争的决定性力量，是陆军的主体；大量集中使用坦克和航空兵，实施突然有力的突击，可以迅速突破对方主要集团的防线，深入敌纵深，摧毁一个战备不足的国家；主张军队改革，建立少而精的机械化部队；机械化包括补给和战斗机械化。

（三）"总体战"理论

"总体战"理论的主要观点包括：现代战争是总体战，它既针对军队，也针对平民，战争具有全民性，强调民族的团结在战争中的重要性；主张实行国民经济军事化；要建设好一支平时就准备好的军队；重视统帅在总体战中的作用；战争的突然性意义重大，力求闪击对方。

（四）"核武器制胜"理论

冷战时期，美苏两国动辄进行核恫吓，此时的军事理论研究围绕核武器及高技术展开。例如，美国就以核实力确定军事战略，在杜鲁门时期，美国核力量处于绝对优势，提出遏制战略，对苏联及其他社会主义国家实施核讹诈；朝鲜战争后，为以最小的军事代价取得最大的威慑力量，采取大规模报复战略；在苏联打破核垄断及越南战争后，又推行灵活反应、现实威慑、新灵活反应等战略。在处于核优势时期，美国认为自己能打赢全面核战争，则主张削减常规力量，重点发展核武器和战略空军；而在苏联打破其核优势、局部战争不断发生时，美国在确保核威慑的前提下，不断发展常规力量。

第三节　中国古代军事思想

一、中国古代不同时期的军事思想

在世界古代军事历史上，中国最早创立了较为系统的军事思想，从先秦到清代前期，先后有 2 300 多部兵书问世，为研究古代军事思想提供了丰富的资料。

（一）奴隶社会时期的军事思想

大约从公元前 21 世纪至公元前 5 世纪初，中国经历了夏、商、西周及春秋 4 个时期。这是中国的奴隶社会时期，也是中国古代军事思想的产生时期。从夏王朝开始，私有制已经确立，阶级已经形成，国家已经产生，军队已经出现。这个时期的战争类型大体分为 3 种：一是旧的氏族部落势力反对新生的奴隶制的战争；二是扩大巩固奴隶制国家的战争；三是新兴奴隶主推翻腐朽奴隶主统治的战争。此外，还有少数是平民反抗奴隶主的起义。

通过战争实践，这个时期产生了"攻""守""战术""统帅"等军事概念，人们开始探讨军队的多寡、武器的数量和质量与战争胜负的关系，并初步认识到审势而动、量力而行、众可胜寡、强可胜弱的规律，反映了这时出现的军事思想已具有朴素的唯物主义的性质。但在奴隶社会时期，人们对于战争的认识还处于低级阶段，靠天命指导战争的宗教迷信观念在军事思想中占据重要地位，加之战争规模较小，作战形式单纯，因而军事思想也比较简单。

（二）由奴隶社会向封建社会过渡时期的军事思想

公元前 8 世纪至公元前 3 世纪末，是中国逐渐由奴隶社会进入封建社会的春秋战国时期，也是中国古代军事思想蓬勃发展的时期。这个时期的战争分为两种：一是奴隶制国家分封的诸侯国之间的兼并与争霸的战争；二是新兴的封建势力推翻奴隶主统治的战争。另外，当时的奴隶起义和"国人暴动"，也促使了奴隶社会的瓦解，为新兴地主阶级夺权创造了条件。

在社会大动荡、大变革的历史条件下，战争的胜败关系着各阶级、各国家、各政治集团的生死存亡，因此对军事问题的研究得到了整个社会的重视，军事思想和军事学术异常活跃。不但军事家谈兵，政治家、外交家及各种流派的思想家也都研究军事，大量的军事理论著作应运而生，新兴地主阶级军事思想的奠基作《孙子兵法》就是其中杰出的代表。它是现存最早的一部战争理论著作，对中国历代军事思想的发展起到重大作用，在世界军事史上享有盛名，并在当代战争和军事问题上显示出强大的生命力。

继《孙子兵法》之后，战国时期具有代表性的兵书还有《吴子》《司马法》《孙膑兵法》《尉缭子》《六韬》等。它们在继承《孙子兵法》军事思想的同时，又有所发展和创新，大致涉及战争观、谋略、战法、阵法、将帅修养和军队组织、训练、纪律、奖惩制度、指挥、侦察及通信等许多方面。

（三）封建社会时期的军事思想

从公元前 3 世纪末至公元 10 世纪中叶，中国主要经历了秦、汉、晋、隋、唐等几个大的封建王朝。这是封建社会发展的上升时期，也是中国古代军事思想的丰富和发展时期。这个时期的战争类型主要有 4 种：一是农民战争；二是封建王朝更迭的战争；三是封建割据与封建统一的战争；四是国内各民族之间的战争。期间出现了许多著名的军事家和将领，如韩信、霍去病、诸葛亮等。

总的来说，先秦的军事思想对这个时期的军事斗争仍然起着重要的指导作用，同时由于社会经济、政治、文化及战争的发展，军事思想也得到了进一步的丰富和发展，出现了许多总结军事斗争经验的兵书，流传下来的主要有《三略》《将苑》《淮南子·兵略训》《李靖兵法》《李卫公问对》《太白阴经》等。其中的《三略》和《李卫公问对》被后世列入将领必读的兵书，选入《武经七书》之中。

这个时期全面整理兵书，把兵书分为兵权谋、兵形势、兵阴阳、兵技巧四大门类（大体相当于现代的战略学、战役战术学、军事气象学、兵器学），对军事学术的研究也颇有益处。曹操注《孙子兵法》，开注先秦兵书的先河，用注释兵书的方法来表述自己的观点，逐渐成为古代军事著作的一种形式。

从公元 960 年到 1840 年，中国经历了宋、元、明、清 4 个朝代。这是封建社会的后期，也是中国古代军事思想继续发展的重要时期。在这个时期，由于武器装备的发展，军队和作战指挥等方面发生了相应变化。频繁而又规模巨大的战争，迫使统治阶级改变禁锢兵书的状态，从北宋中叶以后转而开始重视武学，撰写、汇编和著录的军事理论著作层出不穷，军事思想得到较大发展。

宋、元、明时期出现了春秋战国以后中国兵学发展的第二个高潮。这个时期的著名兵书有《武经总要》《何博士备论》《守城录》《历代兵制》《百战奇略》《武备志》《阵纪》《纪效新书》《练兵纪实》《海国图志》《读史方舆纪要》《三十六计》等。

总之，中国古代军事思想，是中华民族灿烂文化遗产的一个重要组成部分，它对中国近代至现代及外国军事思想的发展都产生过重要的影响。

二、中国古代军事著作

（一）《孙子兵法》

《孙子兵法》又称《孙武兵法》《吴孙子兵法》《孙子兵书》《孙武兵书》等，共有 6 000 字左右，是中国现存最早的兵书，也是世界上最早的军事著作，被誉为"兵学圣典"，其作者为春秋时祖籍齐国乐安的吴国将军孙武。

1.《孙子兵法》的主要内容

《孙子兵法》共 13 篇，分别是《计》《作战》《谋攻》《形》《势》《虚实》《军争》《九变》《行军》《地形》《九地》《火攻》《用间》。这 13 篇主题不同，但都是紧紧围绕着战争的准备和战争的实施这两大问题来论述的。

 拓展阅读

《孙子兵法》的一些基本指导原则仍适用于现代战争

2 500 多年前的孙武不可能预见到信息化战争时代的巨大变化，更不可能为当前军事斗争提供具体的"锦囊妙计"，但其书中许多思想观点反映了战争的基本规律。

虽然现在的战争形式发生了变化，新军事革命也好，信息化战争也罢，都未能改变战争的基本规律，只是制胜的相关因素、技术条件、方法手段和衡量标准发生了变化。例如，《孙子兵法》所提出的"先为不可胜"的战争准备原则、"知彼知己"的战争认识原则、"奇正相生"的战术变化原则等仍被遵循。

2. 《孙子兵法》的战争观

《孙子兵法》重在战争谋略，求得取胜之道，但它又不是孤立地就战争论战争，而是从国家的大势、政治经济的大局出发，阐述战争和用兵面临的种种情况和问题。也就是说，它有比较正确的战争观。

春秋时期是一个穷兵黩武、战祸连连的年代，作为军事战略家，孙武并不赞成无休止的战争，他对战争的核心思想，就是"安国全军"，即通过军事上的胜利保持国家的安定，也使军队获得生存和发展。

孙武的战争观的要义可以总结为两个字——"慎战"。《孙子兵法》开宗明义地指出："兵者，国之大事。死生之地，存亡之道，不可不察也。"把战争提升到国家和百姓生死存亡的高度来认识，要求人们必须慎重对待战争。

同这种"慎战"思想相联系，孙武还提出了"备战"的原则。从《孙子兵法》来看，这种备战原则主要表现在两个方面：一是着眼于战争的政治经济目的，要求做到"非利不动，非得不用，非危不战"，要"合于利而动，不合于利而止"，也就是说，要合乎自己的政治目的要求，要遵从胜利的原则。二是凡是战争都必须有严格的准备，指挥要合乎战争法则，要掌握战争制胜规律。孙武明确把"道"（政治）、"天"（天时）、"地"（地利）、"将"（将帅）、"法"（法制）5个要素作为制胜的条件。

他还通过对战争的研究，揭示了战争制胜的基本规律，如兵不厌诈，因敌制胜；先发制人，速战速决；避实击虚，攻其不备；兵贵胜，不贵久；以正合，以奇胜；集中兵力，以镒称铢；避其锐气，击其惰归；等等，成为古今用兵制胜的法则。

《孙子兵法》的杰出之处在于，它善于从全局出发，从事物的联系中把握事物的规律性，具有全局性的战略思维能力。

（二）《六韬》

《六韬》又称《太公六韬》《太公兵法》，其内容博大精深，思想精髓富赡，逻辑缜密严谨，是中国古代军事思想精华的集中体现。全书有6卷，共60篇，2万多字。

《六韬》的内容十分广泛，对有关战争和各方面问题，几乎都涉及了。其中，最精彩的部分是它的战略论和战术论。

（三）《李卫公问对》

《李卫公问对》，亦称《唐太宗李卫公问对》或《唐李问对》，以唐太宗李世民和卫国公李靖关于军事问题的问答形式编成。该书主要从"奇正""虚实""主客""攻守"等方面着重探讨争取作战主动权问题。

"奇"与"正"是中国古代军事思想的一对重要范畴。《李卫公问对》进一步充实了奇、正的内容，认为奇、正有着丰富的内涵。例如，书中认为，对敌进行政治声讨是正，进行军事打击是奇；公开出兵是正，奇袭是奇；主攻方向或主要防御方向是正，助攻方向或次要防御方向是奇；前进为正，后退为奇；等等。与此同时，它还提出了"正亦胜，奇

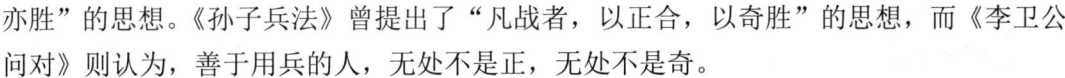

亦胜"的思想。《孙子兵法》曾提出了"凡战者，以正合，以奇胜"的思想，而《李卫公问对》则认为，善于用兵的人，无处不是正，无处不是奇。

在作战方法上，《李卫公问对》辩证地论证了进攻和防御的转化关系，"攻是守之机，守是攻之策，同归乎胜而已"。这是说，进攻是防御的转化，防御是为进攻创造条件的，两者都是为了战胜敌人。绝不能"攻不知守，守不知攻"，要攻中有防，防中有攻，才能取胜。强调以进攻为主，用兵作战最重要的是以进攻消灭敌人，而不仅是为了抗击敌人。

为了战胜敌人，书中强调集中兵力"合击"歼敌；强调夺取和掌握战争、战场上的主动权，以左右敌人、消灭敌人。

第四节　当代中国军事思想

一、毛泽东军事思想

（一）毛泽东军事思想的科学含义及本质特征

毛泽东军事思想是毛泽东关于中国革命战争、人民军队和国防建设，以及军事领域一般规律问题的科学理论体系。它是毛泽东思想的重要组成部分。它是马克思主义普遍原理与中国革命战争和国防建设实际相结合的产物，是中国革命战争和国防建设历史经验的升华，是中国共产党领导中国人民及其军队长期军事实践经验的科学总结和集体智慧的结晶，同时也多方面汲取了古今中外军事思想的精华，是中国共产党领导中国革命战争、军队建设、国防建设和反侵略战争的指导思想。这一定义不仅科学揭示了毛泽东军事思想的基本内涵，而且充分反映了毛泽东军事思想的本质特征。

（二）毛泽东军事思想的主要内容

毛泽东军事思想是一个内容极为丰富的科学体系，基本内容主要包括战争观和军事问题方法论、人民军队思想、人民战争思想、人民战争的战略战术思想及国防建设思想5个方面。

1. 战争观和军事问题方法论

毛泽东运用辩证唯物主义和历史唯物主义，研究并指导中国革命斗争问题而形成的战争观和军事问题方法论，是毛泽东军事思想的理论基础。毛泽东军事思想对战争起源、战争性质、战争目的、现代战争根源，以及对战争的态度、作战指导、国防与军队建设等问题做了唯物辩证的论述。

（1）在阶级社会中，战争是用以解决阶级和阶级、民族和民族、国家和国家、政治集团和政治集团之间在一定发展阶段上的矛盾的一种最高的斗争形式。战争是政治性质的行动，却又不等同于一般的政治。政治发展到一定的阶段，再也不能前进了，于是利用战争以扫清政治道路上的障碍。历史上的战争分为正义的和非正义的两大类：一切进步的、符合人民利益、推动社会向前发展的战争是正义战争；一切违背人民根本利益、阻碍社会向前发展的战争是非正义战争。共产党人反对一切阻碍进步的非正义战争，支持进步的正义战争，根本目的是最终消灭一切战争，实现人类永久和平。

（2）战争同其他客观事物一样，存在着内部矛盾运动发展的规律。战争规律分为一般规律和特殊规律：存在于一切战争之中的诸如敌我、攻防、进退、胜败等相互联结又相互斗争的矛盾运动发展的本质性规律，是战争的一般规律；不同时间、地域和性质的战争各有其特殊性，存在着不同于其他战争的特殊规律。一般战争规律寓于特殊战争规律之中。战争规律不是一成不变的，随着客观物质条件的发展，战争规律也不断发展变化。

（3）认识和掌握战争规律是为了解决指导战争的问题，使主观指导和客观实际相符合是正确指导战争的前提和基础。熟识敌我双方各方面的情况，找出其行动规律，并且运用这些规律于自己的行动，是正确进行作战指导的基本方法。

此外，毛泽东的战争观和军事问题方法论，还运用于正确处理国防建设和军队建设中的各种矛盾关系。经济建设是国防建设的物质基础。在相对稳定的和平时期，国防建设必须服从经济建设，国防建设与经济建设之间也需要正确解决需要与可能、战时与平时、军用与民用等方面的矛盾关系。这是搞好国防建设，促进国民经济协调发展的重要前提。

2. 人民军队思想

人民军队思想是以毛泽东为代表的老一辈无产阶级军事家，作为进行武装革命的首要问题提出来的。毛泽东从中国革命战争的实际需要出发，提出必须把建立一支人民的军队作为武装斗争的首要问题。要建设一支无产阶级性质的新型人民军队，必须确立和坚持一系列基本的建军原则。

（1）紧紧地和人民站在一起，全心全意为人民服务是人民军队的唯一宗旨。在建立全国政权之后，人民军队既是保卫社会主义制度的钢铁长城，又是建设社会主义物质文明和精神文明的重要力量。

 拓展阅读

"为人民服务"的提出

"为人民服务"这个词，最早出自毛泽东在中央警备团追悼张思德大会上的演讲。张思德生前是中央警备团战士，1933年参加革命，任劳任怨。1944年9月5日，他在陕北山中烧炭，炭窑崩塌，因奋力将战友推出窑外、自己被埋而牺牲。毛泽东在演讲中第一次从理论上深刻阐明了为人民服务的思想。

他在演讲中指出："我们的共产党和共产党所领导的八路军、新四军，是革命的队伍。我们这个队伍完全是为着解放人民的，是彻底地为人民的利益工作的。"这个演讲经整理后以"为人民服务"为题，发表在延安《解放日报》等报纸上。

在新的历史条件下，全心全意为人民服务，体现了社会主义道德的根本要求，是社会主义经济基础的客观需要，是建立和发展社会主义市场经济的必然要求，是履行职业职责的精神动力和衡量职业行为是非善恶的最高标准，已成为全党、全军、全国人民的共同行为准则。

（2）党对军队的绝对领导是人民军队建军的根本原则。中国人民解放军是中国共产党缔造和领导的执行革命政治任务的武装集团，在党与军队的关系上只能是党指挥枪，而绝不允许枪指挥党。

（3）强有力的革命政治工作是人民军队的生命线。政治工作应坚持以马克思列宁主义为指导，根据中国共产党在不同历史时期的总任务，以及由此规定的军队的具体任务而展开。政治工作应服务于军队的革命化、现代化、正规化建设，从思想上、政治上、组织上保证党对军队的绝对领导，保证军队内部的团结和军政、军民团结，保证军队战斗力的提高和各项任务的完成。

（4）加强军事建设是人民军队履行自身职责的重要保证。毛泽东强调，人民军队要由低级阶段不断向高级阶段发展。革新军制离不开现代化，要贯彻精兵的原则，以精简、统一、效能、节约和反对官僚主义为目的，使体制编制从带游击性的旧阶段逐步发展到更带正规性的新阶段；要高度重视武器装备的发展，适时进行整训，努力提高军队的文化素质及指挥员的军事理论和作战指挥水平，不断提高战斗力。

3．人民战争思想

毛泽东把马克思主义的历史唯物主义原理，创造性地运用于中国革命战争实践，创立了一整套具有中国特色的人民战争理论。

（1）依靠人民群众进行战争。毛泽东指出，革命战争是群众的战争，只有动员群众才能进行战争，只有依靠群众才能进行战争。

（2）建立农村革命根据地。毛泽东认为，在半殖民地半封建的中国，帝国主义、封建地主阶级和官僚资产阶级在很长一个时期内势力非常强大，并且控制着中心城市，实行法西斯统治，因此，中国革命的武装斗争首先从城市开始不能取得胜利。中国革命应当走先占领农村，以农村包围城市，最终夺取城市的道路。

（3）建立三结合的武装力量体制。人民军队是实行人民战争的骨干力量，必须按照无产阶级的建军原则，建立一支强大的人民军队。同时，根据不同的任务特点和要求，将人民军队划分为野战军和地方军，并同游击队与民兵有机地结合起来，形成三结合的武装力量体制。

（4）把武装斗争同其他斗争形式结合起来。只有武装斗争，而无其他斗争形式相配合，还不是全面的、彻底的人民战争，因此要在进行武装斗争的同时，在政治、经济、思想、文化、外交等多条战线上，以各种形式广泛、全面地展开对敌斗争。

4．人民战争的战略战术思想

毛泽东根据中国革命战争的规律和特点，领导人民军队和人民群众，在同强大敌人进行长期革命战争的实践中，为达到以弱胜强、克敌制胜的目的，创建了极具中国特色的、从实际出发、以机动灵活为主要特点的战略战术理论，其内容极为丰富精彩。

（1）战争的目的是保存自己，消灭敌人。毛泽东认为，保存自己，消灭敌人是战争的最高目的，古今中外，概莫能外。在二者的关系中，消灭敌人是主要的，保存自己是第二位的，只有大量地消灭敌人，才能有效地保存自己；保存自己的目的在于消灭敌人，而消灭敌人又是保存自己的最有效手段。

（2）战略上藐视敌人，战术上重视敌人。毛泽东指出，在战争中，要认识到反动势力是反人民的、落后的、腐朽的力量，是纸老虎，终究要走向灭亡，因而在战略上、在全局上藐视它，树立斗争的勇气和胜利的信心；但同时也要看到反动势力又是活生生的真老虎，暂时是强大的，并且不会自行灭亡，因而在战术上又要重视它，对每一个局部、每一场作战都要采取谨慎的态度，讲究斗争艺术，运用适当战法，集中全力战胜它。

（3）实行积极防御，反对消极防御。毛泽东指出，积极防御又叫攻势防御、决战防御，消极防御又叫专守防御、单纯防御。消极防御实际上是假防御，只有积极防御才是真防御，才是为了反攻和进攻的防御。中国革命战争应当采取积极防御的战略方针，在战略上把防御和进攻辩证地统一起来。

（4）集中优势兵力，各个歼灭敌人。毛泽东强调，在战略上敌强我弱、敌优我劣的条件下，为了改变敌我进退、攻防和内外线的形势，将被动转为主动，要贯彻在战略上"以一当十"，在战术上"以十当一"的思想，实行集中优势兵力，各个歼灭敌人的作战原则。

（5）适时进行战略转变，灵活运用各种作战形式。毛泽东指出，适时进行军事战略的转变，对于战争的坚持、发展和胜利具有重要意义。战略转变通常反映在运动战、阵地战和游击战3种作战形式的转换上。他强调，运用作战形式必须适时得体、巧妙结合，根据战争各时期、各阶段、各地区敌我力量的不同情况，灵活地选择主要作战形式，并且把3种作战形式有机地结合起来。

（6）不打无准备之仗，不打无把握之仗。毛泽东从中国革命战争敌强我弱的客观条件出发，把不打无准备之仗、不打无把握之仗，作为一条重要的军事原则，强调每仗均应力求充分准备，力求在敌我条件对比上确有胜利的把握。

（7）执行有利决战，避免不利决战。毛泽东指出，决战是解决两军之间胜负问题的根本方式，也是战争或战役中最激烈、复杂、多变的时节，要选准决战的时机，一切有把握的战役和战斗应坚决地进行决战，一切无把握的战役和战斗则应避免决战。

5. 国防建设思想

中华人民共和国成立以后，在社会主义革命和社会主义建设的过程中，毛泽东在正确分析国际战略形势和国家安全环境的基础上，提出了一系列关于加强国防建设和保卫国家安全的原则、目标、计划和措施等，逐步形成了关于建设现代化国防和保卫国家安全的理论，有力地指导了国防现代化建设和多次自卫反击作战。

（1）必须建立巩固的国防。为了有效地抵御外来反动势力的侵略，保卫人民的胜利果实，保证社会主义革命和社会主义建设事业的顺利进行，获得了胜利的中国人民不能不建立巩固的国防，在英勇的、经过考验的人民解放军的基础上，人民武装力量必须保存和发展起来，不仅要有强大的陆军，而且要有强大的海军和空军。

（2）实行积极防御的战略方针。中国是社会主义性质的国家，不会侵略别国。中国奉行和平外交政策，主张与不同社会制度的国家和平共处，以和平共处五项原则来建立国与国之间的关系，以谈判的方式而不是战争的方式来解决国际争端。据此，我们的国防执行的是积极防御的战略方针。

（3）建设强大的国防军。建设一支强大的国防军以保卫中国社会主义建设、抵御外来侵略，是和平时期人民军队建设的总方针和总任务。在相对稳定、和平时期，军队建设必须继承和发扬我军的优良传统，全面加强军队的现代化建设，建立正规化制度，发展现代军事理论，培养适应现代战争的合格人才。

（4）建立独立、完整的国防科技和国防工业体系。为了给军队现代化建设提供强大的技术和物质基础，必须建立独立、完整的国防科技和国防工业体系。

（5）建设强大的国防后备力量。从总体上加强国防后备力量建设，以适应未来战争的需要；民兵是巩固国家政权的重要力量之一，将民兵同预备役结合起来；大力开展国防教育，抓好对青少年的军训工作。

（三）毛泽东军事思想的历史地位

毛泽东军事思想深刻地揭示了战争的本质和基本规律，全面回答和解决了当代面临的一系列重大军事问题，创造性地丰富和发展了马克思列宁主义军事理论，指导中国革命战争取得了伟大的胜利。毛泽东军事思想在中国乃至世界军事史上独树一帜，占有极其重要的历史地位。

1. 创造性地丰富和发展了马克思列宁主义军事理论

中国革命战争是中外历史上最宏伟的一场人民革命战争。以毛泽东为代表的中国共产党人，为了正确指导这场战争，一方面完全忠实于马克思列宁主义的基本原理，用它的立场、观点、方法认识和解决革命战争中的实际问题；另一方面又完全从中国的实际情况出发，独立地、创造性地解决革命战争中的实际问题。因而，毛泽东军事思想是对马克思列宁主义军事理论创造性的运用和发展，极大地丰富和发展了马克思列宁主义军事理论。

2. 中国革命战争胜利的理论指南

先进的军事思想一旦被群众所掌握，就会产生巨大的物质力量。毛泽东军事思想是中国革命战争的光辉记录，中国革命战争的胜利正是在它的指引下取得的。发生在20世纪前叶的中国革命战争是中国历史上的一个伟大事件，要在这一场史无前例的革命战争中取得胜利，如果没有先进的军事理论作为指导，那是不可能的。

3. 仍是我党我军今后建军和作战的指导思想

《关于建国以来党的若干历史问题的决议》指出："毛泽东同志的重要著作，有许多是在新民主主义革命时期和社会主义改造时期写的，但仍然是我们必须经常学习的。这不但因为历史不能割断，如果不了解过去，就会妨碍我们对当前问题的了解；而且因为这些著作中包含的许多基本原理、原则和科学方法，是有普遍意义的，现在和今后对我们都具有重要的指导作用。因此，我们必须继续坚持毛泽东思想，认真学习和运用它的立场、观点和方法来研究实践中出现的新情况，解决新问题。"

同样，对于毛泽东军事思想的坚持和发展，必须在坚持中发展，在发展中坚持。坚持

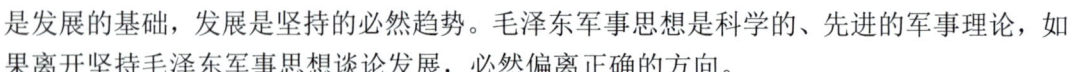

是发展的基础，发展是坚持的必然趋势。毛泽东军事思想是科学的、先进的军事理论，如果离开坚持毛泽东军事思想谈论发展，必然偏离正确的方向。

二、邓小平新时期军队建设思想

邓小平新时期军队建设思想，是毛泽东军事思想发展的一个新阶段，反映了新时期军事斗争的客观规律，抓住了新时期军队建设的关键，指明了新时期军事工作的方向，回答了新形势下军事实践迫切需要解决的理论问题，对于新时期军队建设和军事斗争准备，具有极其重要的现实意义和深远的历史意义。

（一）邓小平新时期军队建设思想的主要内容

邓小平新时期军队建设思想是建立在毛泽东军事思想科学体系基础之上的，几乎涵盖了毛泽东军事思想体系的各个组成部分和基本内容，并有所创新，有所发展。

1. 关于战争与和平思想

如何看待战争与和平问题，是马克思主义军事理论的一个重大问题。关于战争与和平的思想是邓小平新时期军队建设思想的理论基础，只有对战争与和平的形势做出科学判断，才能正确确立中国国防和军队建设的指导思想，制定我军的军事战略。因此，战争与和平思想在邓小平新时期军队建设思想中起到根本依据的作用。

邓小平根据国际形势的发展，运用毛泽东研究和指导战争的认识论和方法论，正确指出战争的威胁依然存在，但推迟或制止世界战争的爆发已成为可能。对于采取什么手段才能赢得和平的问题，邓小平做出了富有创新性的论述，提出了稳定世界局势的新途径和新办法，即以"和平方式"和"共同开发"的办法解决国际争端。

2. 国防建设思想

正确处理现代化建设各方面的关系，把国防建设摆在一个恰当位置上，有计划、有步骤地实现国防现代化的宏伟目标，这是邓小平新时期军队建设思想体系中的一个极为重要的内容。党的十一届三中全会以后，随着全党工作重点的转移，邓小平全面分析了当时的国际环境和中国建设所面临的矛盾及关系，逐步形成了建设中国特色社会主义现代化国防的思想。这一思想的主要内容包括：国防建设指导思想从长期以来立足于"早打，大打，打核战争"的临战状态，转变到和平时期现代化建设的轨道上来；正确处理国防建设和经济建设的关系；国防建设要与经济建设协调发展。

3. 军队建设思想

军队建设思想是邓小平新时期军队建设思想的核心和重点内容。它总结了党的十一届三中全会以来军队建设的新经验，创造性地回答了新形势下军队建设亟待解决的重大问题，成为和平时期我军现代化建设的纲领。邓小平新时期军队建设思想的内容十分丰富，主要包括：关于革命化为前提、现代化为中心、正规化为重点，全面建设军队的思想；关于把教育训练摆到战略地位，努力提高部队战斗力的思想；关于搞好体制改革和精简整编，建立科学的体制编制的思想；关于实现军队正规化，以法治军，科学化管理的思想；关于实现干部队伍革命化、年轻化、知识化、专业化的思想；关于加强和改进新时期政治工作，保证党对军队的绝对领导，保证军队的高度稳定和集中统一的思想。

4. 现代条件下的人民战争思想

在新的历史时期，邓小平根据现代战争的特点，结合中国的实际情况，在继承毛泽东人民战争思想的基础上，提出了"现代条件下人民战争"的思想。围绕这一思想，邓小平特别强调了人民战争的形式要与现代战争的特点相吻合；强调现代条件下从事人民战争的人必须具有很高的素质；强调在军队精简整编的情况下，尤其要搞好民兵和预备役的建设。邓小平关于现代条件下的人民战争思想，不仅符合中国的国情和军情，而且符合社会主义国防现代化建设的基本规律。正因为如此，现代条件下的人民战争思想是邓小平新时期军事思想体系的重要组成部分。

5. 军事战略思想

军事战略是军事斗争实践的客观反映，是基于对战略环境的科学分析而做出的判断和指导。战略环境发生变化，必然导致战略指导的改变。20世纪80年代以后，国际战略形势发生了历史性变化，邓小平依据马克思主义和毛泽东军事思想的基本原理，对国际战略格局和世界战略形势的发展趋势做出了正确判断，提出了一整套适应当今世界发展的战略思想，主要包括：实行积极防御战略方针，把立足点放在遏制战争的爆发上；注重研究现代战争，把着眼点放在打赢现代条件下的局部战争上；军事战略要从维护国家安全利益出发，创造和平方式解决对抗性争端和矛盾；注重发展综合国力，从根本上增强军事实力，提高威慑能力。

在新的历史时期，邓小平根据国际形势和敌我双方政治、经济、军事、地理多方面的情况分析，科学预见现代战争的发生、发展，并深刻揭示了其特点和规律，提出了中国在和平时期和战争条件下的许多新的军事战略指导，赋予军事战略新的内涵，充实和完善了军事战略理论体系。这一理论体系为我军建设指导思想、实行战略性转变和国防建设指明了正确的发展方向，起着纲举目张的作用。

（二）邓小平新时期军队建设思想的地位

邓小平新时期军队建设思想，指引我们党正确解决了在和平与发展成为时代主题、中国进行改革开放的历史条件下走中国特色精兵之路，建设强大的现代化、正规化革命军队的重大课题。

1. 新时期继承和发展毛泽东军事思想的典范

在新的历史条件下，邓小平新时期军队建设思想为毛泽东军事思想的继承和发展做出了历史性贡献。邓小平作为我党第二代领导集体的核心和我军统帅，不仅是毛泽东军事思想的创建者之一，也是毛泽东军事思想在新的历史条件下的主要坚持者和发展者。首先，强调要坚持和发展毛泽东军事思想，必须采取正确的态度，反对错误的态度。其次，强调要坚持和发展毛泽东军事思想，必须完整准确地理解毛泽东军事思想的科学体系。最后，强调要坚持和发展毛泽东军事思想，必须运用毛泽东军事思想的立场、观点和方法。因此，邓小平新时期军队建设思想，是新时期继承和发展毛泽东军事思想的典范，也是新

时期发展了的毛泽东军事思想。

2. 新时期我军军事理论的集中体现

邓小平对新时期军队建设和军事斗争中许多重大问题的研究与探讨，都是以新的认识、新的理论深度，在总结我军历史经验的基础上来探索新的建军经验。邓小平继承和发展了毛泽东军事思想，比较系统地回答了在当代中国如何建设一支现代化革命军队的重大问题，提出了新时期我军建设一系列重大方针和原则，形成了新时期我军军事理论的主体。

3. 新时期我军建设的强大思想武器

伟大的实践需要科学理论的指导，科学的理论只有在指导实践中才能发挥巨大的作用。坚持运用科学的军事理论去指导新时期的军事实践，不仅关系到军队建设和国防建设的前途与命运，而且关系到整个国家的盛衰和兴亡。如今，我军与过去相比，有了令人瞩目的变化，然而现代化、正规化革命军队目标的实现，还需要我们不断地实践和探索。邓小平新时期军队建设思想为我们完成这个伟大的实践和探索提供了世界观和方法论的指导，它将有效地保证我军建设沿着正确的轨道前进。

三、江泽民国防和军队建设思想

江泽民创造性地坚持和运用毛泽东军事思想和邓小平新时期军队建设思想，研究新情况，解决新问题，科学地揭示了新的历史条件下战争与和平的特点和规律、国防与军队建设的特点和规律，形成了具有鲜明时代特色的国防和军队建设思想。

（一）江泽民国防和军队建设思想的主要内容

江泽民国防和军队建设思想，着眼于时代的发展变化，立足于中国的国情、军情，科学地阐明了国防和军队建设的地位作用、目标任务、指导方针、总体思路、根本途径、战略步骤、发展动力和政治保证等，提出了一系列新思想、新观点、新论断，形成了一个完整的军事理论体系。

江泽民国防和军队建设思想内容丰富，涵盖了对国际形势和中国安全环境的战略判断、国防和军队建设与改革、高技术局部战争及其战略战术等方方面面：既提出了未来打什么样的仗的问题，又回答了怎样打仗的问题；既提出了新形势下建设一支什么样的军队的问题，又回答了怎样建设这支军队的根本性问题。

（1）在国防与军队建设的地位和作用问题上，强调虽然世界大战打不起来，但世界并不太平，国内外还面临许多不安全、不稳定因素，因此加强国防和军队建设、履行其根本职能，还任重道远；强调我军是人民民主专政的坚强柱石，是保卫社会主义祖国的钢铁长城，是建设社会主义物质文明和精神文明的重要力量；要为国家改革开放和现代化建设提供坚强有力的安全保障，要为实现祖国统一大业而努力奋斗，国防和军队建设只能加强，不能削弱。

（2）在国防和军队建设的领导力量和政治保证问题上，强调始终不渝地坚持党对军队的绝对领导，坚持以毛泽东军事思想和邓小平新时期军队建设思想为根本指导，把思想政治建设摆在全军各项建设的首位，坚持和发扬优良传统，高度重视建设高素质的干部队伍，加强廉政建设，拒腐蚀、永不沾，从组织上、思想上、政治上确保人民军队的性质和本色不变。

（3）在国防和军队建设的根本任务问题上，强调围绕"打得赢""不变质"和履行维护社会稳定、推进祖国统一、保卫国家安全的神圣使命，以新时期军事战略方针指导和统揽全局，提出"政治合格、军事过硬、作风优良、纪律严明、保障有力"的总要求，全面推进军队革命化、现代化、正规化建设；强调坚持精干的常备军与强大的后备力量相结合的方针，在加强常备军建设的同时，加强人民武装警察部队建设和民兵、预备役部队建设，加强国防教育，提高国防观念，搞好军政军民团结；强调居安思危，加强战争准备，研究打赢现代技术特别是高技术局部战争条件下的人民战争的战略战术。

（4）在国防和军队建设发展道路问题上，强调从中国的国情军情和时代形势的战略要求出发，走有中国特色的精兵之路；鉴于中国尚处于社会主义初级阶段、国防投入不足的情况，强调走出一条投入较少、效益较高的路子；强调要在坚持全面发展的同时，突出应急机动作战部队建设，海军、空军、第二炮兵等军兵种建设，高素质的复合型军事人才建设和"撒手锏"武器的科技装备建设。

（5）在国防和军队建设的动力问题上，强调认真研究时代和世界战略格局的发展变化及其对中国国防和军队建设带来的机遇与挑战，切实把握世界军事变革发展的特点和趋势，增强责任感和使命感；强调国防和军队建设要服从经济建设大局，随着经济建设的不断发展而发展，使国防建设与经济建设协调发展；强调加强军事科学研究，积极探索新形势下国防与军队建设的特点和规律，以先进的军事理论引导国防与军队建设；强调深化改革，扩大开放，在坚持自力更生的基础上，注重引进先进技术和有益经验，以军事斗争准备为龙头，加紧研究和制定克敌制胜的方针和对策，并落实各种举措。

（6）在国防和军队建设的发展战略步骤问题上，强调与国家三步走的发展战略相适应，坚持科技强军、勤俭建军、依法从严治军的方针，逐步实现国防和军队建设三步走的发展目标。鉴于中国国防和军队建设尚处于机械化和信息化两大历史任务并举的阶段，为了加速国防和军队建设的前进步伐，要贯彻科技强军战略，实行跨越式发展：在指导思想上，"由应付一般条件下的局部战争，向打赢高技术条件下的局部战争转变"；在军队建设上，实现"由数量规模型向质量效能型、由人力密集型向科技密集型的转变"。这"两个转变"的实质，就是把提高战斗力的重点转到依靠科技进步的轨道上来。

（7）在国防和军队建设的基本经验规律问题上，强调认真总结改革开放以来中国国防和军队建设的基本经验，对于实现国防和军队现代化跨世纪发展的宏伟目标具有重要意义；指出这些历史经验主要体现在正确认识和处理七个方面的基本关系上，即战争与和平的关系，国防建设与经济建设的关系，革命化、现代化、正规化建设之间的关系，军队数量与质量的关系，常备军与后备力量的关系，继承优良传统与改革创新的关系，学习外军有益经验与保持我军特色的关系；强调要在新的实践中进一步丰富和发展这些经验，使之充分发挥继往开来的作用。

（二）江泽民国防和军队建设思想的地位

江泽民国防和军队建设思想，深刻揭示了新的历史条件下国防和军队建设的特点和规律，为认识和把握军事运动发展提供了强大的思想武器。其科学价值就在于它在空前的深度和广度上展现了现实军事运动的本质联系，揭示了当代中国国防建设的特点和规律，揭示了中国特色军事变革的特点和规律，揭示了未来战争与军事斗争准备的特点和规律，揭示了改革开放和发展社会主义市场经济条件下建军治军的特点和规律。

江泽民国防和军队建设思想，科学地回答了新的历史条件下国防和军队建设的一系列重大现实问题，为做好各项工作提供了根本依据。江泽民主持军委工作，国防和军队建设经历了许多从未遇到过的复杂情况和考验。他审时度势，理乱驭繁，总揽全局，协调各方，做出了一系列重大战略决策，解决了一系列带根本性、全局性、方向性的问题，从而保证了我军建设始终沿着正确航向前进。

江泽民把创新作为引导我军走在世界军事发展前列的不竭动力，坚持用发展的办法解决国防和军队建设遇到的问题，从变革中寻找我军跨越式发展的道路。他注重运用系统思维、综合集成的方法解决军事问题，坚持把国防和军队建设作为一个复杂的系统工程来谋划，放在国际战略全局和国家发展大局中来运筹。他把政治与科学有机结合起来，既注重从政治高度观察和思考军事问题，又注重把现代科学方法应用于军事领域。这些具有唯物辩证法的思维方式和思想方法，坚持了与时俱进与实事求是的统一、世界眼光与中国特色的统一、创新品格与科学态度的统一、把握全局与善抓关键的统一，是贯穿江泽民国防和军队建设思想的精髓，对面向未来思考谋划国防和军队建设具有重要的世界观和方法论意义。

四、胡锦涛国防和军队建设思想

胡锦涛坚持把毛泽东军事思想、邓小平新时期军队建设思想、江泽民国防和军队建设思想与新的实际相结合，对国防和军队建设做出了一系列重要论述，提出了关于军事问题的诸多新论断、新思想、新观点、新结论，初步形成了具有鲜明时代特征的军事思想，丰富和发展了党的军事指导理论，为新世纪新阶段国防和军队建设及军事斗争准备提供了强大思想武器，也为推进马克思主义军事理论中国化的历史进程做出了杰出贡献。

（一）胡锦涛国防和军队建设思想的主要内容

1. 把科学发展观作为国防和军队建设的重要指导方针

科学发展观是国防和军队建设的重要指导方针。这是胡锦涛对我党关于国防和军队建设指导理论做出的新概括，是对马克思主义军事理论中国化的重大创新，也是对马克思主义发展观的成功运用和发展。以胡锦涛为总书记的中央领导集体，从新世纪新阶段党和国家事业发展全局出发，创造性地提出了坚持"以人为本、全面、协调、可持续"的科学发展观。新世纪新阶段，国家安全和发展形势的新变化、新特点，要求我们必须坚持以科学

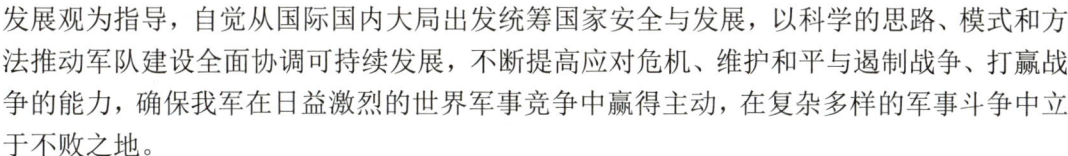

发展观为指导，自觉从国际国内大局出发统筹国家安全与发展，以科学的思路、模式和方法推动军队建设全面协调可持续发展，不断提高应对危机、维护和平与遏制战争、打赢战争的能力，确保我军在日益激烈的世界军事竞争中赢得主动，在复杂多样的军事斗争中立于不败之地。

胡锦涛强调，国防和军队建设要以科学发展观为指导，自觉把科学发展观贯彻落实到国防和军队建设的各个领域和全过程，实现国防和军队建设全面协调可持续发展；适应新的形势，积极探索军民结合、寓军于民的新途径、新方法，全面推进经济、科技、教育、人才等方面的军民结合；按照革命化、现代化、正规化相统一的原则加强全面建设，协调推进军事、政治、后勤、装备等各领域的工作；始终把革命化建设放在第一位，更加有力、更加扎实、更加富有成效地推进思想政治建设；坚持以现代化建设为中心，科学统筹军队建设和改革的全局，努力发展应对多种安全威胁、完成多样化军事任务的能力；深入研究信息化条件下和社会主义市场经济环境中建军治军的特点规律，贯彻依法治军、从严治军的方针，推动正规化建设向更高水平发展。

2. 有效履行新世纪新阶段我军的历史使命

新世纪新阶段，胡锦涛着眼于维护国家和民族的根本利益，提出了"三个提供、一个发挥"的历史使命：为党巩固执政地位提供重要的力量保证，为维护国家发展的重要战略机遇期提供坚强的安全保障，为维护国家利益提供有力的战略支撑，为维护世界和平与促进共同发展发挥重要作用。这一新的科学概括，开阔了国防和军队建设的战略视野，拓展了我军历史使命的科学内涵，是具有鲜明时代特征和中国特色的新的军队使命观。全军把捍卫国家主权、安全、领土完整，保障国家发展利益和保护人民利益放在高于一切的位置，全面加强部队建设，抓紧做好军事斗争准备，确保能够有效应对危机、维护和平、遏制战争、打赢战争，努力完成好维护国家主权和领土完整的反对民族分裂、捍卫国家边防安全、保护国家海洋权益等传统作战任务；努力适应国家利益拓展，在国际军事合作及开放性的复杂的社会环境中，完成好保护中国外贸陆海战略通道安全、处置重大突发事件、参与维护世界和平等多样化的作战任务。

胡锦涛关于新世纪新阶段我军历史使命的重要论述，深刻揭示了新的历史条件下国防和军队建设的本质规律，体现了党的历史任务对我军的新要求，反映了国家发展战略的新需要，抓住了军队建设的全局性、根本性的重大问题，进一步拓展了我军的职能任务、明确了国防和军队建设的发展目标、提高了军事斗争准备的标准、充实了军事力量运用的指导原则。

3. 努力建设一支听党指挥、服务人民、英勇善战的革命军队

胡锦涛指出："建设一支听党指挥、服务人民、英勇善战的革命军队，是革命的依托、民族的希望。""人民解放军的优良革命传统，集中起来就是听党指挥、服务人民、英勇善战。"这是对我军发展壮大历史经验的精辟概括，是对马克思主义建军学说的创新发展。

（1）听党指挥，是党和人民对人民军队的最高政治要求，要求我军必须坚持党对军队的绝对领导，必须在思想上、政治上和行动上同党中央保持高度一致，一切行动坚决听从党中央、中央军委的指挥，这集中体现了我军建设的根本原则和制度，是我军过去、现

在和未来永远不变的军魂。

（2）服务人民，是人民军队一切奋斗发展的出发点和归宿，是人民军队必须永远坚持的根本宗旨，要求我军必须始终把人民群众作为最高的价值主体，坚持全心全意为人民服务的宗旨，坚决同一切破坏国家和人民利益的行为作斗争。

（3）英勇善战，是人民军队的鲜明特征，是人民军队履行职能使命的根本要求，是我军作为"威武之师""胜利之师"的重要标志，要求我军必须具有勇往直前、压倒一切敌人而绝不被敌人所屈服的英雄气概；具有敢打硬仗、恶仗，一不怕苦、二不怕死，勇于牺牲奉献的革命精神；具有以劣势装备打败优势装备之敌的战略战术。

4. 坚持国防建设和经济建设协调发展的方针

胡锦涛指出，坚持国防建设与经济建设协调发展的方针，是保证国家经济建设大局，为国家发展提供可靠安全保障的正确选择。我们必须始终不渝地坚持国防建设与经济建设协调发展的方针，在全面建设小康社会的历史进程中实现富国与强军的统一。

坚持国防建设与经济建设协调发展，要按照科学发展观的要求，坚定不移地走投入较少、效益较高的国防和军队现代化建设路子；要使国防和军队发展战略与国家发展战略相适应，站在国家发展战略的高度，考虑和设计国防和军队发展战略，合理确定国防和军队建设布局，把国防和军队现代化建设融入国家现代化建设的战略全局之中，使国防和军队现代化进程与国家现代化进程相一致；要进一步完善国防动员体制和机制，大力加强民兵预备役部队建设，充分发挥我们的政治优势，巩固军政军民团结，切实增强信息化条件下人民战争的整体实力；要积极探索军民结合、寓军于民的发展路子，统筹国防资源与经济资源，注重国防经济和社会经济、军用技术和民用技术、军队人才和地方人才的兼容发展。

5. 以军事斗争准备为龙头带动军队现代化建设整体发展

胡锦涛指出，把军事斗争准备作为军队现代化建设的龙头，抓住发展重点，统筹发展全局，通过局部跃升促进整体提高，既是积极适应国家安全形势发展变化的需要，也是加快推进我军现代化建设的需要。一方面，要深刻认识军事斗争准备在我国安全、统一和发展全局中的重要地位，作为当前我军最重要、最现实、最紧迫的战略任务，集中资源和力量，紧抓不放、扎实推进，形成并保持强大的信息化条件下防卫作战能力。特别是要加强海军、空军、第二炮兵参战部队及其他参战力量建设，提高诸军兵种联合作战的能力。

另一方面，在加紧做好现实军事斗争准备的同时，统筹军队现代化建设全局，着眼维护国家安全统一的长远需要，瞄准世界军事发展前沿，科学合理地确定军队现代化建设资源的投向和投量，长期经营，突出核心军事能力建设，以局部跃升带动国防和军队建设的长远发展，稳步推进中国特色军事变革，实现建设信息化军队、打赢信息化战争的战略目标。

6. 积极推动军事训练向信息化条件下军事训练转变

胡锦涛指出，要积极适应我军军事训练面临的新形势、新任务、新环境，从战略全局和时代发展的高度深刻认识加强新世纪新阶段军事训练的重要意义，把军事训练切实摆到战略地位。军事训练是和平时期部队最基本的实践活动和经常性的中心工作，是战斗力生

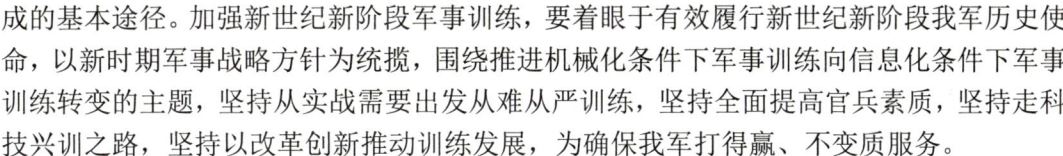

成的基本途径。加强新世纪新阶段军事训练，要着眼于有效履行新世纪新阶段我军历史使命，以新时期军事战略方针为统揽，围绕推进机械化条件下军事训练向信息化条件下军事训练转变的主题，坚持从实战需要出发从难从严训练，坚持全面提高官兵素质，坚持走科技兴训之路，坚持以改革创新推动训练发展，为确保我军打得赢、不变质服务。

要把联合训练作为有机融合诸军兵种作战能力的高级训练形式，作为战斗力生长链条中的关键环节，贯穿于战略战役战术训练的各个层次；要坚持把军事训练的根本着眼点放在提高官兵综合素质上，促进官兵知识和能力结构的转变，努力把他们培养成适应信息化条件下局部战争要求的军人；要通过学科技、用科技，不断增大军事训练的科技含量，努力提高军事训练的质量和效益，特别要推进网络化建设；要围绕构建信息化条件下军事训练的科学体系深化改革创新；要正确认识和把握军事训练与军队各项建设的辩证关系，通过大抓军事训练培养官兵的革命精神和优良作风，推动部队建设又好又快发展。

7. 走中国特色军民融合式发展路子

胡锦涛敏锐把握世界军事发展的新趋势和中国发展的新要求，提出必须坚持军民结合、寓军于民，把国防和军队现代化建设深深融入经济社会发展体系之中；积极探索新形势下实现军民结合、寓军于民的新途径新方法，全面推进经济、科技、教育、人才等各个领域的军民融合，建立和完善军民结合、寓军于民的武器装备科研生产体系、军队人才培养体系和军队保障体系，在更广范围、更高层次、更深程度上把国防和军队现代化建设与经济社会发展结合起来。国防动员是实现军民结合、寓军于民的重要组织形式和桥梁，要进一步完善国防动员的体制和机制，大力加强民兵预备役部队的建设。

8. 大力培育当代革命军人核心价值观

胡锦涛指出，要围绕强化官兵精神支柱，大力培育"忠诚于党、热爱人民、报效国家、献身使命、崇尚荣誉"的当代革命军人核心价值观。这一重要指示为我军提高应对多种安全威胁，完成多样化军事任务能力提供了强大的精神动力。

（1）忠诚于党，就是要自觉坚持党对军队的绝对领导，高举中国特色社会主义伟大旗帜，坚定中国特色社会主义理想信念，任何时候任何情况下都坚决听党指挥。

（2）热爱人民，就是要忠实践行全心全意为人民服务的根本宗旨，视人民利益高于一切，永葆子弟兵政治本色。

（3）报效国家，就是要大力弘扬爱国主义精神，坚决捍卫国家主权、安全、领土完整和人民民主专政的国家政权，为建设富强、民主、文明、和谐的社会主义现代化国家贡献力量。

（4）献身使命，就是要履行军人神圣职责，爱军精武，爱岗敬业，不怕牺牲，英勇善战，坚决履行好新世纪新阶段军队历史使命。

（5）崇尚荣誉，就是要自觉珍惜和维护国家、军队、军人的荣誉，视荣誉重于生命，自觉践行社会主义荣辱观。

（二）胡锦涛国防和军队建设思想的地位

胡锦涛国防和军队建设思想，深刻揭示了新世纪新阶段国防和军队建设的特点和规律，把科学发展观作为加强国防和军队建设重要指导方针的论述，指明了国防和军队建设贯彻落实科学发展观的大方向、大思路，为谋划和指导军队建设提供了新的起点、新的思路、新的标准。

21 世纪以来，随着中国改革开放和社会主义市场经济的深入发展，军队建设面临着许多新情况、新问题和新要求。胡锦涛根据国际战略格局和世界军事形势的发展变化，立足于中国国情和军情，运用马克思主义的世界观和方法论，深刻总结新时期国防和军队建设的基本经验，明确提出用科学发展观指导国防和军队建设，科学统筹国防建设与经济建设，统筹中国特色军事变革与军事建设，统筹国防和军队建设与军事斗争准备，统筹机械化建设与信息化建设，统筹各种武装力量建设，统筹军事力量与民众力量，统筹当前建设与长远发展，统筹各战略方向建设。

胡锦涛国防和军队建设思想，丰富和发展了马克思主义的军事认识论和方法论，为不断开创国防和军队建设新局面提供了科学的思维方法。坚持用发展着的马克思主义指导军事实践，是我们党领导军事工作的优良传统和根本经验。从毛泽东思想、邓小平理论到"三个代表"重要思想，党的每一次重大理论创新，都为军事斗争和军队建设提供了新的理论指导。胡锦涛根据时代发展和军事实践的新要求，创造性地提出了在国防和军队建设中贯彻落实科学发展观、履行新世纪新阶段我军历史使命、贯彻以人为本建军治军理念、科学统筹军队建设和改革全局等一系列新思想、新观点、新论断，明确了新世纪新阶段国防和军队建设的发展目标、发展模式、发展动力、发展道路和发展保证，进一步回答了建设什么样的军队、怎样建设军队的根本问题。

胡锦涛运用唯物辩证法的基本理论和方法，科学揭示了我军目前建设和军事斗争准备的基本矛盾，即我军的现代化水平与打赢信息化条件下局部战争的要求还不相适应、军事能力与有效履行新世纪新阶段我军历史使命的要求还不相适应。他号召全军大抓军事训练，大力推进新世纪新阶段军事训练创新发展，努力开拓军事训练的新局面，以加速解决我军现代化水平与打赢信息化条件下局部战争的要求不相适应的问题，解决军事能力与有效履行新世纪新阶段我军历史使命的要求不相适应的问题。胡锦涛关于国防和军队建设的重要论述，使我军对新形势下军事训练的特点和规律、军事斗争准备的特点和规律、国防建设的特点和规律的认识提升到了一个新的水平。

五、习近平强军思想

党的十九大报告指出，习近平新时代中国特色社会主义思想是全党全国人民的行动指南和思想武器，全军官兵必须牢固确立习近平新时代中国特色社会主义思想的根本指导地位，全面贯彻习近平强军思想，为实现新时代强军目标、建设世界一流军队努力奋斗。习近平强军思想是以习近平同志为核心的党中央，在指导建设强军事业伟大实践中孕育的科学思想体系，揭示了强军制胜的根本规律，闪耀着马克思主义思想方法的光辉，是指引强军事业发展进步的科学指南。用习近平强军思想武装头脑，根本的是要把蕴含其中的立

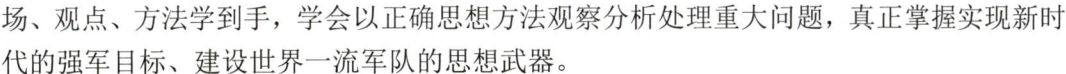

场、观点、方法学到手，学会以正确思想方法观察分析处理重大问题，真正掌握实现新时代的强军目标、建设世界一流军队的思想武器。

（一）习近平强军思想的精神实质和丰富内涵

习近平强军思想内涵丰富、思想深邃，是一个系统完整、逻辑严密、相互贯通的科学军事理论体系。习近平强军思想构建起形成气势宏伟的理论大厦，提出"十个明确"。这"十个明确"紧紧围绕国防和军队建设的重大时代课题展开，涵盖新时代军队建设、改革和军事斗争准备各领域各方面。

（1）明确强国必须强军，巩固国防和强大人民军队是新时代坚持和发展中国特色社会主义、实现中华民族伟大复兴的战略支撑。中华民族伟大复兴绝不是轻轻松松、敲锣打鼓就能实现的。我们越是发展壮大，面临的压力和阻力就越大。这是中国由大向强发展进程中无法回避的挑战，是实现中华民族伟大复兴绕不过的门槛。强国必须强军，军强才能国安。国防和军队建设是国家安全的坚强后盾，军事手段是实现伟大梦想的保底手段，军事斗争是进行伟大斗争的重要方面，打赢能力是维护国家安全的战略能力。我军必须服从服务于党的历史使命，把握新时代国家安全战略需求，为实现中华民族伟大复兴提供战略支撑。

（2）明确党在新时代的强军目标是建设一支听党指挥、能打胜仗、作风优良的人民军队，必须同国家现代化进程相一致，力争到 2035 年基本实现国防和军队现代化，到 21 世纪中叶把人民军队全面建成世界一流军队。建设强大的人民军队是我们党的不懈追求。在各个历史时期，我们党都根据形势任务的变化，及时提出明确的目标要求，引领我军建设不断向前发展。习近平在提出中国梦不久就提出强军梦，作出全面建设社会主义现代化强国战略部署的同时，提出实现党在新时代的强军目标，把人民军队全面建成世界一流军队。这是适应世界新军事革命的发展趋势和国家安全需求，对我军建设目标作出的新概括、新定位，内在要求建设强大的现代化陆军、海军、空军、火箭军、战略支援部队、联勤保障部队和武装警察部队，建设绝对忠诚、善谋打仗、指挥高效、敢打必胜的联合作战指挥机构，不断提高我军现代化水平和实战能力。

（3）明确党对军队绝对领导是人民军队建军之本、强军之魂，必须全面贯彻党领导军队的一系列根木原则和制度，确保部队绝对忠诚、绝对纯洁、绝对可靠。坚持党对军队的绝对领导是中国特色社会主义的本质特征，是党和国家的重要政治优势。抓军队建设首先要从政治上看，对党绝对忠诚的要害在"绝对"二字。必须强化"四个意识"（即政治意识、大局意识、核心意识和看齐意识），严肃政治纪律和政治规矩，深入抓好军魂教育，坚决维护权威、维护核心，坚决维护和贯彻军委主席负责制，全面彻底肃清郭伯雄、徐才厚流毒影响，坚决抵制"军队非党化、非政治化"和"军队国家化"等错误政治观点的影响，提高坚持党对军队绝对领导的政治自觉和实际能力，确保党指挥枪的原则落地生根。军队高级干部必须对党忠诚、听党指挥，做对党最赤胆忠心、最听党的话、最富有献身精神的革命战士。

（4）明确军队是要准备打仗的，必须聚焦能打仗、打胜仗，创新发展军事战略指导，构建中国特色现代作战体系，全面提高新时代备战打仗能力，有效塑造态势、管控危机、遏制战争、打赢战争。人民军队永远是战斗队，人民军队的生命力在于战斗力。必须贯彻新形势下军事战略方针，把备战与止战、威慑与实战、战争行动与和平时期军事力量运用作为一个整体加以运筹，牢固树立战斗力这个唯一的根本的标准，提高军事训练实战化水平，扎实做好各方向各领域军事斗争准备，聚力打造精锐作战力量，着力建设一切为了打仗的后勤，加快构建适应信息化战争和履行使命要求的武器装备体系，加快建设以联合作战指挥人才为重点的高素质新型军事人才队伍，发扬一不怕苦、二不怕死的战斗精神，锻造召之即来、来之能战、战之必胜的精兵劲旅。

（5）明确作风优良是我军鲜明特色和政治优势，必须加强作风建设、纪律建设，坚定不移正风肃纪、反腐惩恶，大力弘扬我党我军光荣传统和优良作风，永葆人民军队性质、宗旨、本色。作风优良才能塑造英雄部队，作风松散可以搞垮常胜之师。我军要恪守全心全意为人民服务的宗旨，牢记为人民扛枪、为人民打仗的神圣职责，始终做人民信赖、人民拥护、人民热爱的子弟兵。把理想信念的火种、红色传统的基因一代代传下去，加强党史军史和光荣传统教育，永葆老红军的政治本色。军中绝不能有腐败分子藏身之地，要锲而不舍、驰而不息地把作风建设和反腐败斗争引向深入，努力铲除腐败现象滋生蔓延的土壤，积极培育风清气正的政治生态。严肃各项纪律，坚持严字当头、一严到底，下大气力治松、治散、治虚、治软，用铁的纪律凝聚铁的意志、锤炼铁的作风、锻造铁的队伍。各级领导干部要以行动作无声的命令，以身教作执行的榜样，带动形成崇尚实干、敢于担当、主动作为的良好氛围。

（6）明确推进强军事业必须坚持政治建军、改革强军、科技兴军、依法治军，更加注重聚焦实战、更加注重创新驱动、更加注重体系建设、更加注重集约高效、更加注重军民融合，全面提高革命化现代化正规化水平。政治建军是我军的立军之本，任何时候任何情况下都不能有丝毫松懈；改革是决定军队未来的关键一招，必须大刀阔斧实施改革强军战略；科学技术是核心战斗力，必须下更大气力推进科技兴军、赢得军事竞争主动；军队越是现代化越要法治化，必须厉行法治、从严治军。贯彻"五个更加注重"战略指导，必须强化作战需求牵引，提高军队建设实战水平；下大气力抓理论创新、抓科技创新、抓科学管理、抓人才集聚、抓实践创新，靠改革创新实现新跨越；坚持成体系筹划和推进军事力量建设，全面提高我军体系作战能力；坚持以效能为核心、以精确为导向，提高国防和军队发展精准度；深入实施军民融合发展战略，加快把军队建设融入经济社会发展体系，实现国防和军队建设更高质量、更高效益、更可持续的发展。

（7）明确改革是强军的必由之路，必须推进军队组织形态现代化，构建中国特色现代军事力量体系，完善中国特色社会主义军事制度。深化国防和军队改革，是为了设计和塑造军队未来。领导管理和作战指挥体制改革，以重塑军委机关和战区为重点，强化中央军委集中统一领导和战略指挥、战略管理功能，建立军委管总、战区主战、军种主建的新格局，形成决策权、执行权、监督权既相互制约又相互协调的运行体系，构建平战一体、常态运行、专司主营、精干高效的战略战役指挥体系。规模结构和作战力量体系改革，按照调整优化结构、发展新型力量、理顺重大比例关系、压减数量规模的要求，推动我军由

数量规模型向质量效能型、由人力密集型向科技密集型转变，部队编成向充实、合成、多能、灵活方向发展。军队政策制度调整改革，着力立起打仗的鲜明导向，营造公平公正的制度环境，使军事人力资源配置达到最佳状态，让军人成为全社会尊崇的职业，把军队战斗力和活力充分激发出来。

（8）明确创新是引领发展的第一动力，必须坚持向科技创新要战斗力，统筹推进军事理论、技术、组织、管理、文化等各方面创新，建设创新型人民军队。创新能力是一支军队的核心竞争力，也是生成和提高战斗力的加速器。必须把创新驱动发展的引擎全速发动起来，善于运用新理念、新思路、新方法推进我军各项建设。要加快形成具有时代性、引领性、独特性的军事理论体系，依靠科技进步和创新把我军建设模式和战斗力生成模式转到创新驱动发展的轨道上来，下大气力推进军事管理革命，努力培养造就宏大的高素质创新型军事人才队伍，大力弘扬创新文化，激励官兵争当创新的推动者和实践者，使谋划创新、推动创新、落实创新成为全军的自觉行动。

（9）明确现代化军队必须构建中国特色军事法治体系，推动治军方式根本性转变，提高国防和军队建设的法治化水平。一支现代化军队必然是法治军队。强化法治信仰和法治思维，坚持依法治官、依法治权，领导干部带头尊法、学法、守法、用法，引导官兵把法治内化为政治信念和道德修养，外化为行为准则和自觉行动。构建系统完备、严密高效的军事法规制度体系、军事法治实施体系、军事法治监督体系、军事法治保障体系，坚决维护法规制度权威性，强化法规制度执行力。推动实现从单纯依靠行政命令的做法向依法行政的根本性转变，从单纯靠习惯和经验开展工作的方式向依靠法规和制度开展工作的根本性转变，从突击式、运动式抓工作的方式向按条令条例办事的根本性转变，形成党委依法决策、机关依法指导、部队依法行动、官兵依法履职的良好局面。

（10）明确军民融合发展是兴国之举、强军之策，必须坚持发展和安全兼顾、富国和强军统一，形成全要素、多领域、高效益军民融合深度发展格局，构建一体化的国家战略体系和能力。把军民融合发展上升为国家战略，是我们党长期探索经济建设和国防建设协调发展规律的重大成果，是从国家发展和安全全局出发作出的重大决策，是应对复杂安全威胁、赢得国家战略优势的重大举措。着眼经济实力和国防实力同步增长，强化统一领导、顶层设计、改革创新和重大项目落实，同步推进体制和机制改革、体系和要素融合、制度和标准建设，完善军民融合组织管理体系、工作运行体系、政策制度体系，逐步实现国家各领域战略布局一体融合、战略资源一体整合、战略力量一体运用，努力开创经济建设和国防建设协调发展、平衡发展、兼容发展新局面。

（二）习近平强军思想的重大意义

习近平强军思想，植根强国复兴新时代，指引强军兴军新征程，在马克思主义军事理论中国化进程中，在党的军事指导理论创新发展中，在我们党治国理政实践中，具有重大政治意义、理论意义、实践意义。

1. 习近平强军思想立起了新时代维护核心、听党指挥的看齐基准

维护核心、听党指挥，最内在最根本的是自觉向党中央看齐，向习近平主席看齐，向

党的基本理论、基本路线、基本方略看齐。习近平强军思想，作为习近平新时代中国特色社会主义思想的"军事篇"，集中体现了党的意志主张，反映了党和人民对我军的时代要求，指明了军队建设坚定正确的政治方向；从新时代坚持和发展中国特色社会主义基本方略的高度，突出强调坚持党对人民军队的绝对领导，要求我军坚决维护党中央权威和集中统一领导，坚决维护和贯彻军委主席负责制，揭示了人民军队从胜利走向胜利的根本力量所在；始终坚持从政治上建设和把握军队，以党的政治建设为统领全面加强军队党的建设，确立了新时代政治建军的大方略，为我们提升政治站位、增强政治能力提供了根本遵循。

新时代，军队以党的旗帜为旗帜、以党的方向为方向、以党的意志为意志，必须坚持用习近平强军思想统一思想、统一步调，坚定维护习近平主席在党中央和全党的核心地位，更加自觉地对党忠诚、听党指挥。

2. 习近平强军思想实现了马克思主义军事理论中国化时代化新飞跃

坚持用鲜活的马克思主义军事理论指导实践，是我们党建军治军的一条根本经验。面对世情国情军情的深刻变化，面对强国强军的时代要求，习近平强军思想作出一系列新的重大判断、新的理论概括、新的战略安排，指出世界正发生前所未有之大变局、我国正处于由大向强发展的关键阶段、我军正经历着一场革命性变革，强调国防和军队建设进入了新时代；阐明新时代军队使命任务和强军的奋斗目标、建设布局、战略指导、必由之路、强大动力、治军方式、发展路径等重大问题，把我们党对军事力量建设和运用规律的认识提高到新水平。

习近平强军思想把全面推进国防和军队现代化纳入强国复兴大战略、大布局，擘画了未来几十年我军建设发展的蓝图，为我们走好新的长征路确立了行动纲领。这些理论上的重大突破、重大创新、重大发展，为丰富和发展马克思主义军事理论作出原创性贡献，开拓了当代中国马克思主义军事理论和军事实践发展新境界。

3. 习近平强军思想提供了大踏步走中国特色强军之路的根本遵循

过去一个时期，我军一度存在许多突出矛盾和问题，这种状态任其发展下去，军队不但打不了仗，甚至有变质变色的危险。习近平主席以巨大政治勇气和强烈责任担当，带领全军重振政治纲纪，坚定不移推进政治整训，有效解决了弱化党对军队绝对领导的突出问题；重塑组织形态，大刀阔斧全面深化改革，有效解决了制约我军建设的体制结构突出问题；重整斗争格局，坚定捍卫国家核心利益，有效解决了军事力量运用方面的突出问题；重构建设布局，创新发展理念和方式，有效解决了我军建设聚焦实战不够、质量效益不高的突出问题；重树作风形象，强力推进正风肃纪反腐，有效解决了不正之风和腐败现象滋生蔓延的突出问题。党的十八大以来强军事业取得历史性成就、发生历史性变革，根本就在于习近平强军思想的科学指引。

全面贯彻习近平强军思想，我军才能跟上全面建设社会主义现代化强国进程，在世界新军事革命浪潮中勇立潮头、赢得战略主动，朝着世界一流军队扎实迈进。

4．习近平强军思想是新时代全面推进国防和军队现代化的根本保证

习近平强军思想源于实践又指导实践，彰显出巨大的真理价值和实践威力，是强军新征程上立起的理论航标，闪耀着马克思主义军事理论的真理光芒，引领着新时代人民军队的前行方向。党的十九大把坚持党对人民军队的绝对领导上升为新时代坚持和发展中国特色社会主义的基本方略；新党章把坚持党对人民解放军和其他人民武装力量的绝对领导、中央军委实行主席负责制、中央军委负责军队中党的工作和政治工作等写入其中，这些充分体现了我们党对治国理政和建军治军规律的认识深化，标志着中国特色基本军事制度更加成熟定型。

党对军队的绝对领导是中国特色社会主义的本质特征，是党和国家的重要政治优势，是人民军队的建军之本、强军之魂。坚持党对人民军队的绝对领导，必须以党的旗帜为旗帜、以党的方向为方向、以党的意志为意志，全面贯彻党领导人民军队的一系列根本原则和制度，增强政治意识、大局意识、核心意识、看齐意识，做到绝对忠诚、绝对纯洁、绝对可靠，坚决维护权威、维护核心，坚决维护和贯彻军委主席负责制，始终在思想上、政治上、行动上与党中央、中央军委和习近平保持高度一致，一切行动听从党中央、中央军委和习近平指挥。唯有如此，强军事业才能始终沿着正确的方向前进，驶向光辉未来。

思考题

1．军事思想具有哪些显著的特征？
2．简述毛泽东军事思想的科学含义。
3．毛泽东人民战争思想的主要内容是什么？
4．邓小平新时期军队建设思想的主要内容是什么？
5．江泽民国防和军队建设思想的主要内容有哪些？
6．胡锦涛国防和军队建设思想的主要内容有哪些？
7．简述习近平强军思想的丰富内涵。

第四章　现代战争

第一节　战争概述

战争是人类历史发展到一定阶段的产物，当社会矛盾激化到一定程度，和平手段难以调和解决的时候，就会发生战争。从某种意义上说，战争是和平的延续，是矛盾的延续，也是矛盾即将解决的黎明。马克思主义认为，阶级是战争产生的基础，只有消灭阶级，才能消灭战争。

和平发展是新时代的主题，但战争风险依然存在，我们只有充分认识战争、把握战争的特点和规律，才能更好地建设强大的武装力量，增强国防实力，才能实现以战止战，为实现中华民族伟大复兴的中国梦，提供一个安全和平的发展环境。

一、战争的内涵

战争是国家或政治集团之间为了一定的政治、经济等目的，使用武装力量进行的大规模激烈交战的军事斗争。它是解决国家、政治集团、阶级、民族、宗教之间矛盾冲突的最高形式，是达成政治目的的一种特殊手段。军事理论家克劳塞维茨曾讲过，战争是"迫使敌人服从我们意志的一种暴力行为"。战争是流血的政治，是解决阶级矛盾、社会政治矛盾和集团利害冲突的最残酷、最野蛮的斗争形式。

人类社会出现过多种类型的战争，按战争性质分，有正义战争和非正义战争；按社会形态分，有原始社会后期的战争、奴隶社会时期的战争、封建社会时期的战争和资本主义社会时期的战争等；按战争形态分，有冷兵器战争、热兵器战争、机械化战争及信息化战争；按是否使用核武器分，有常规战争和核战争；按战争规模分，有世界大战、全面战争和局部战争；按作战空间分，有陆上战争、海上战争和空中战争等。

战争将长期存在于人类社会，并继续对人类社会历史的发展发挥重要作用。战争的消亡是有条件的，要经历一个久远的、逐步的过程。只有随着生产力的高度发展和社会的极大进步，随着私有制和阶级的消亡，随着国家或政治集团间根本利害冲突的消失，战争才会失去存在的土壤和条件，退出人类历史的舞台。

二、战争的基本特性

任何事物都有自己的基本特性，如果这些特性消失了，一个事物也就随之消失或转化为其他事物了。战争也是如此。战争之所以是战争，是因为它有它自己的基本特性。古往

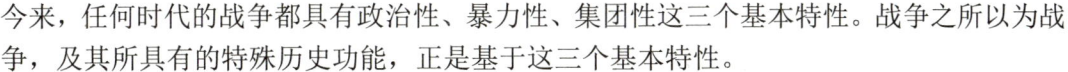

今来，任何时代的战争都具有政治性、暴力性、集团性这三个基本特性。战争之所以为战争，及其所具有的特殊历史功能，正是基于这三个基本特性。

（一）政治性

物质、经济利益的对抗集中表现为政治对抗，而政治对抗的最高形式就是战争。如果说物质、经济利益的对抗播种下战争种子的话，那么政治对抗则是孕育战争种子的母体。战争是政治的继续，这是战争发生和发展的基本规律，这个由克劳塞维茨提出、被列宁充分肯定并加以深化的经典论断，至今还是马克思主义战争理论的基石。

毛泽东同志指出，战争"是政治通过暴力手段的继续"。这也就是说，战争是政治的工具，是直接为政治服务并受政治支配的，而政治总是阶级的政治，是一定阶级的阶级利益的集中体现。恩格斯在《反杜林论》中，从经济基础决定上层建筑这一基本原理出发，深刻分析了战争的阶级利益和经济根源，明确指出："暴力仅仅是手段，相反，经济利益才是目的。"

纵观 20 世纪以来人类社会的军事斗争实践，无论是高技术战争，抑或当代反恐战争，战争的主体依然是阶级、政党、民族或国家，战争主体没有改变，因而战争的政治属性也没有改变。

（二）暴力性

暴力性是战争的本质属性。战争是实现政治目的的工具和手段，但这一工具和手段具有特殊性。战争的暴力性应从下列三个方面去认识：

一是从目的上看，战争是迫使敌人服从己方意志的暴力行为，具有强制性。这一点，将战争与政治斗争、经济斗争、外交斗争等初步区别了开来。因为后三者通常通过谈判、斡旋、讨价还价等形式进行，并不具备强制性。

二是从手段上看，战争有一套特殊的组织、特殊的方法、特殊的过程，具有特殊性。正如毛泽东所说，战争有其特殊性，有一套特殊组织、特殊方法、特殊过程。这组织，就是军队及其附随的一切东西。这方法，就是指导战争的战略战术。这过程，就是敌对的军队互相使用有利于己不利于敌的战略战术从事攻击或防御的一种特殊的社会活动形态。

三是从结局来看，战争要带来人员伤亡，造成大量物力、财力的损失，具有残酷性和破坏性。

（三）集团性

集团性，历来是战争区别于非战争的基本特性之一。随着信息化时代的来临，经济全球化的迅猛发展，国际政治格局剧烈变动，世界矛盾错综复杂，出现了某些新的暴力对抗形式，战争暴力的"频谱图"趋向宽泛化，战争集团性的表现形式也发生了某种变化。这些新变化，对战争的集团性提出了新挑战，同时也给区分战争与非战争，以及战争准备的战略指导提出了新问题。

战争是一种高度组织化的集团性暴力行为，以军队或民众武装为基本工具。在当代历史条件下，出现了某些新的暴力对抗形式，但并不能从根本上颠覆战争的集团性，战争与非战争之间还有着确定的分界线，战争及战争准备仍然以军队或民众武装为主体。当然，暴力对抗形式的新发展必然赋予战争集团性的内涵以新的内容，战争集团性的表现形式将更加丰富多彩，战场上的两军对垒将不再是唯一的作战形式。可以说，集团性仍然是当代战争的基本特性，但当代战争集团性的表现形式趋向于多样化、复杂化。人们应该在"变"与"不变"的辩证统一中把握当代战争的集团性。

三、战争的发展历程

（一）原始社会后期的战争

人类在原始社会母系氏族时期已出现部落与部落之间的原始战争形态。那时，人们在以血缘关系为纽带的部落组织内生产和生活。在部落组织外部，人们在采集、狩猎或原始农业活动中，或在由于天灾、人口增长等原因引起的部落迁徙过程中，为了争夺维持生存的土地、河流、山林等自然资源，出现了部落组织之间的冲突乃至战争。战争由氏族部落全体成年男子参加，作战武器是生产活动中使用的石制、木制、骨制工具，即所谓"以石为兵""弦木为弧，剡木为矢"。进入父系氏族时期，战争逐渐嬗变为掠夺土地、财物和奴隶的手段，加速了原始社会的瓦解，促进了私有制、阶级和国家的形成。

（二）奴隶社会时期的战争

战争伴随着国家的形成与完备得到了发展。奴隶社会时期既有奴隶与奴隶主的尖锐对立，又有新生的奴隶制政权与旧氏族部落势力的对抗，还有奴隶主之间的斗争，后期则出现了新兴封建势力与维护奴隶制旧势力的冲突。这些矛盾的发展促成了奴隶制时代的众多战争。奴隶社会参与战争的军队主要有车兵和步兵，后期出现了水兵。军队成员来自贵族和平民，奴隶只能充作军中杂役。武器为冷兵器，早期有木石材质的，后来以铜制兵器为主。战争样式主要是车战和步战，也有水战和海战。野战主要是敌对双方组成密集阵形，依靠冲杀格斗决定胜负。筑城技术在战争中得到一定发展，到了奴隶社会后期，城池、关隘要塞的攻防作战已相当普遍。

奴隶社会出现了许多总结战争经验的著述。中国商代的甲骨文已有较多关于战争活动的记载。西周及春秋时期的古籍《尚书》《周易》《诗经》《军政》《军志》《左传》等都记述了战争活动，提出了一些反映战争规律的理论。特别是孙武所著的《孙子兵法》，记载了许多至今仍具有强大生命力的战争理论，被后人誉为"兵学圣典"。古希腊和古罗马的一些历史著作，记载了希波战争、伯罗奔尼撒战争、亚历山大东征等战争情况，也蕴涵着一定的战争理论。

（三）封建社会时期的战争

封建社会的主要矛盾是地主阶级和农民阶级的矛盾，同时还存在地主阶级内部的矛盾，以及国家与国家之间、民族与民族之间的矛盾。这些矛盾的发展导致了这一时期的各种战争。封建社会的战争规模已有很大发展，这既是社会经济和人口发展的结果，同时还与兵源的扩大有关。军队的构成有陆军和水军（海军），陆军中车兵被逐步取代，主要兵种为步兵和骑兵，骑兵在战争中起着非常重要的作用。在封建社会时期，铁制的冷兵器长期是军队的基本装备。10世纪，中国将火药应用于军事以后，战争即进入了火器与冷兵器并用的时代。作战方式主要有围绕攻城略地或守疆卫土而进行的骑战和步战，快速机动、远程奔袭、迂回包围等战法都有很大的发展。筑城守备、攻城技术也都有所发展。

中国封建社会战争频繁，积累了丰富的战争经验，推动了战争理论的繁荣。这一时期的军事著作《吴子》《孙膑兵法》《尉缭子》《司马法》《六韬》《黄石公三略》《唐太宗李卫公问对》等，重点阐述战争观、战争指导法则及战争力量建设，提出了许多至今仍具有重要价值的理论和观点，丰富和发展了战争理论。中世纪欧洲的战争理论著作为数不多，其中，《将略》和《战争艺术》内容涉及战争力量建设、编成及战法运用等。

（四）资本主义社会时期的战争

17世纪中叶以来，随着生产力的提高和资产阶级革命的发生，欧洲、美洲一些国家打破了封建制度的束缚，先后进入资本主义社会。资本主义在确立和发展过程中出现了一系列社会矛盾，如资产阶级要求打破旧制度、旧秩序与封建主维护旧制度、旧秩序的矛盾，资产阶级国家对外侵略和殖民掠夺同被侵略、被掠夺国家的矛盾，资产阶级国家之间为争夺世界势力范围而产生的矛盾等，这些矛盾的发展经常会导致战争的发生。

随着封建制度的瓦解，资本主义机器大工业的建立和发展加速了社会经济和科学技术的发展，推动了军事技术的进步，为战争的发展变化提供了必要条件。铁路、轮船的出现，增强了军队的后勤补给和机动能力；枪炮等武器装备的不断改进，增大了射程和毁伤力；装甲列车、装甲战舰的出现和工程技术的发展，促进了军队作战能力的增强。

资本主义国家开始实行义务兵役制，建立了各级司令部和总参谋部，采用正规的军、师、旅、团、营、连编制，规定统一的操典、教范和号令，建立起庞大的陆军和海军。陆军包括步兵、骑兵、炮兵、工兵和辎重兵等；海军由舰队、基地、陆战队组成，独立进行海上作战任务，蒸汽铁甲舰逐步取代木帆船，并开始装备大口径远射程线膛火炮。战争形态逐渐演变为热兵器战争。一些战略家从不同侧面对战争力量的建设和运用进行了阐述，初步探索了新的战争理论。

19世纪末至20世纪初，各主要资本主义国家先后从自由资本主义发展到垄断资本主义，进入帝国主义阶段。垄断资产阶级对广大劳动人民的剥削加深，帝国主义列强对殖民地人民掠夺和压迫的加剧，国际垄断资本集团之间争夺的激化，帝国主义国家经济、政治发展的不平衡和重新瓜分世界的斗争，使资本主义世界矛盾重重，阶级、民族和国家之间的矛盾尖锐、复杂，因而爆发了一系列战争。其中，第一次世界大战和第二次世界大战的规模、强度和影响，在世界战争史上是空前的。第二次世界大战出现了大量的火炮、坦克、飞机、军舰等现代武器装备，导弹、原子弹和雷达技术也首次投入使用。战争空间由陆地、海洋扩大到空中，合同作战成为基本的作战样式，战争的破坏性、残酷性空前增大，战争理论也获得了长足发展，出现了空中战争论、机械化战争论及总体战、闪击战等新的战争理论。

第二次世界大战后，世界形成了分别以美国、苏联为首的两大集团相互对抗的国际战略格局。两大政治军事集团的对抗与争夺，使人类社会笼罩在世界大战乃至核战争的阴影下。世界大战、核战争虽未发生，但局部战争和武装冲突频繁。20 世纪 50 年代至 70 年代中期，与工业时代的大规模和集约化生产方式相适应，战争形态仍表现为机械化战争，但火力战的强度、机动战的速度、攻坚战的能力等都较第二次世界大战有了明显提高，战争的立体性、总体性和破坏性等有了很大增强。

20 世纪 70 年代中期以来，随着新技术革命在世界范围内蓬勃兴起，计算机技术、精确制导技术、航天技术、生物技术、新材料技术和海洋技术等愈来愈广泛地运用于军事领域，推动着战争形态新的演变。这一时期战争的主要特点是行动节奏加快，战争力量的对抗表现为敌对双方体系与体系的较量，战争空间由陆地、海洋、空中向外层空间、电磁领域延伸，前方后方界线模糊，军事和非军事融为一体，制陆权、制海权、制空权、制信息权和制天权交互为用，空地海天一体的机动战、电子火力瘫痪战、海空封锁战、特种作战、精确作战等成为主要作战方式。这些特点集中反映在海湾战争、科索沃战争、阿富汗战争和伊拉克战争中，显示出战争已开始由机械化战争向信息化战争过渡和嬗变。在战争理论上，一些军事大国提出了核战争理论、特种战争理论、低强度冲突理论、高技术局部战争理论、信息化战争理论等，代表作品有基辛格的《核武器与对外政策》、格雷厄姆的《高边疆——新的国家战略》、索科洛夫斯基的《军事战略》等。

（五）无产阶级革命战争

无产阶级和资产阶级是利益对立的阶级，资产阶级的残酷经济剥削和政治压迫，迫使无产阶级多次发动武装起义。1871 年的巴黎公社起义，是无产阶级用武力推翻资产阶级统治、建立无产阶级专政的首次尝试。无产阶级登上政治舞台，在战争理论上的研究同样有着卓越表现。马克思、恩格斯运用辩证唯物主义和历史唯物主义研究战争，探索战争的本质和规律，深刻地阐明了无产阶级的战争观，阐述了无产阶级关于军队的学说和武装起义的理论，为被压迫阶级、被压迫民族的革命战争创立了科学的理论，为人类科学地研究和解决战争与军队问题奠定了坚实的理论基础。列宁深刻地分析了帝国主义的特点及其发展不平衡的规律，指出帝国主义是现代战争的根源，科学地阐明了战争与革命、战争与和平的基本原理，论述了无产阶级对待正义战争和非正义战争的态度，提出并实现了利用帝国主义链条上的薄弱环节，变帝国主义战争为国内战争、进而实现社会主义革命胜利的新论断。列宁发展了马克思主义的战争理论，在实践上为无产阶级依靠革命战争取得并巩固国家政权提供了成功的范例。斯大林继承和实践了列宁关于无产阶级革命战争的理论，在领导苏联人民反法西斯的卫国战争中作出了重大贡献。

（六）中国人民革命战争

中国共产党领导的新民主主义革命的胜利，结束了中国半殖民地半封建社会的历史。以毛泽东为代表的中国共产党人，把马克思列宁主义普遍原理与中国革命的实际情况相结合，在 1927 年大革命失败后，选择了以农村包围城市，最后夺取全国政权的道路，先后进行了土地革命战争、抗日战争和解放战争。

中国人民革命战争是一场新型的人民战争，在广度和深度上超过了以往所有的革命战争。经过长期的革命战争，中国共产党领导中国人民，以劣势装备打败了优势装备的敌人，赢得了战争的胜利。中华人民共和国成立后，中国人民又进行了抗美援朝战争和历次边境自卫反击战，保卫了社会主义建设成果，并为维护世界和平作出了积极贡献。在长期的革命战争中，中国共产党人以马列主义的战争理论为指导，吸取了中华民族丰富的战争理论遗产和西方资产阶级战争理论精华，集中人民群众的智慧，创立了符合中国革命战争规律的、以人民战争理论为核心内容的毛泽东军事思想。毛泽东军事思想深刻地阐明了科学的战争观和方法论，创造性地提出了人民战争及其战略战术理论，为取得中国革命的胜利提供了科学的思想武器，成为 20 世纪最具特色、最有影响力的革命战争理论。

第二节　新军事革命

新军事革命，是指在工业社会走向信息社会的时代，由于信息技术的广泛应用，引起军事领域武器装备、军事理论和组织体制等一系列的根本变革，从而使战争形态和军队建设模式彻底改变的一场革命。

一、新军事革命的特点

（一）深刻性

世界主要国家军事改革正在从军事技术层面、军事组织层面、作战理论层面，深入到军事文化层面，提出了军事转型文化、联合文化和理论创新文化等。

（二）全面性

世界主要国家的军事改革和军事转型不仅涉及信息化军事技术形态、联合化组织形态和高效化管理形态，而且包括了军事理论形态、作战形态、保障形态和教育形态等各个领域。

（三）务实性

世界主要国家军事改革注重提升军队的实战能力。例如，美军着力提升指挥控制能力、情报能力、火力打击能力、机动能力、防护能力、保障能力、信息能力和国际交流能力；俄军着眼于提高应对各种安全威胁的能力，尤其是提高应对大规模空天袭击和地区战争的能力；等等。

（四）不平衡性

发达国家积极推进军事改革及转型，且部分国家已完成军事组织形态的转型，而部分新兴国家则以改善武器装备为重点，正在进行有选择的军事改革。当前，世界新军事革命加速发展，各主要国家加紧推进军事转型、重塑军事力量体系，这将对国际政治军事格局产生重大影响。

二、新军事革命的产生

新军事革命的产生主要是因为科学技术的迅猛发展、军事需求的强力拉动和军事理论的有力牵引等，其中，科学技术的迅猛发展是新军事革命产生的重要因素。

（一）科学技术的迅猛发展

当今以信息技术为核心的科学技术的迅猛发展，特别是诸多成熟的高新技术在军事领域的广泛应用，催生了军事革命。但这次军事革命的驱动力不是个别的传统领域的单一技术进步，而是以信息技术为核心的一批高技术群的进步。

（二）军事需求的强力拉动

当前这场军事革命开始于美苏冷战时期，这正是冷战时期美苏两国对抗的需要。冷战结束了两极对抗的局面，意味着爆发世界大战的可能性减小。与此同时，地区性冲突、战乱相继爆发，可以说国际恐怖主义成为当今世界的重要威胁，国际安全态势出现了大战不打、小战不断的新局面。这种新的军事需求使得军事斗争的形式和手段发生了新的变化，它使冷战时期那种建立在机械化战争基础上、准备打大规模战争甚至打核战争的军事斗争形式难以适应新的安全需求。此外，未来若干年，美国仍将保持世界超级大国地位，其他国家为了维护国家安全与发展利益，必然加大对国防和军队建设的投入，研制新的武器装备，追求新的、更有效的军事能力。正是这种国际安全形势和军事战略环境的内在需要，引发了新的军事革命。

（三）军事理论的创新牵引

在这场军事革命中，军事理论率先变革，引领了军事革命的发展方向。例如，军队建设理论的创新推动了军队组织结构和编制体制的变革与发展。作战理论的创新引导了作战方式的变革，并极大地改变了现代战争的形态。

三、新军事革命的主要内容

新军事革命的本质和核心是信息化，其目的是建设信息化军队、打赢信息化战争。其基本内容可概括为"四创新一转变"，即军事技术的创新、编制体制的创新、军事理论的创新、作战方式的创新和战争形态的转变。

（一）军事技术的创新

军事技术的创新主要是指实现武器装备的信息化。从 20 世纪发生过的几场局部战争来看，武器装备的信息化，可概括为"八化"，即武器电子化、指挥控制智能化、侦察立体化、打击精巧化、反应高速化、防护综合化、夜幕单向化和现代装备新型化。

1. 武器电子化

在新军事革命当中，各种武器装备向电子化方向发展，不仅战斗力大大提高，而且生存能力也变得更强。例如，带电子战设备的轰炸机的作战生存概率可高达 70%，不带者仅为 15%；带电子战设备的作战飞机的损失概率仅为 2%～3%，不带时为 20%；水面舰艇装与不装电子战设备，其损失概率相差 3 倍。但是人们也应该认识到，现代战争双方对电子系统的依赖性很高，一旦电子系统遭受干扰或破坏，先进的武器也可能会沦为一堆废铁。

2. 指挥控制智能化

现代军事高技术的发展和应用，使武器装备的射程、威力、精度都几乎达到了各自的极限，交战双方的差别，在很大程度上取决于其对作战力量的指挥控制水平上。

尤其是自动化的指挥控制系统的应用，使得军队指挥既快速又准确，它可以提出决策建议和行动方案供指挥员选择。以高技术为支撑的 C^4I 系统（自动化指挥系统），可供战略指挥（全国、全球，甚至外层空间）使用，也可供战役、战斗指挥使用，甚至单舰、单机、单车、单兵都可使用。

以海湾战争为例，在 38 天的空袭期间，多国部队的空域管制人员必须根据空中任务分配指令，每天管理数千架次飞机的飞行活动，涉及 122 条空中加油航线、600 个限航区、312 个导弹交战空域、78 条空中攻击走廊、92 个空中战斗巡逻点、36 个训练区和 6 个国家的民航线，总航线长达 15 万千米，要完成如此复杂的指挥控制任务，必须要有一个性能良好的计算机网络指挥控制智能化系统。

3. 侦察立体化

侦察立体化，通俗地讲就是"眼观六路、耳听八方"。在未来战争中，新型信息化装备将使战场更透明。从大洋深处到茫茫太空，布满了天罗地网式的侦察监视系统：水下有声呐，地面有传感器，空中有侦察飞机，太空有侦察卫星。侦察卫星，可以说是"站得高，看得远"，其侦察效果更加显著。同样一架视角为 20 度的照相机，装在 3 千米高的侦察机上，一张照片可以拍摄到 1 平方千米的地面；装在 300 千米高的侦察卫星上，一幅照片可囊括 1 万平方千米的范围。如果把侦察卫星定位到地球同步轨道上，则一颗卫星就能同时看到太平洋两岸，可监视地球表面 42% 的面积。

在现代战争战场范围广、情况变化快、地面防空火力强的情况下，其他侦察手段均会

受到一定的限制，可能唯有侦察卫星仍可畅行无阻。"谁能控制太空，谁就能控制地球"。侦察是打击的前提，从一定意义上讲，高水平的侦察监视技术本身就是一种威慑力。

4. 打击精巧化

现代化武器装备，强调在"精巧"二字上做文章。所谓"精"，就是要能够"攻其一点，不及其余"，尽量不引起不必要的附带毁伤。

精确打击在现代战争中的地位日益重要。根据推算，就杀伤破坏效果而论，爆炸威力提高 1 倍，杀伤力只能提高 40%；而命中概率提高 1 倍，杀伤力却能提高 400%。例如，在海湾战争中，当美国空军投下的制导炸弹在伊拉克电信大楼爆炸时，紧挨电信大楼的希拉德饭店却安然无恙。这种情况在狂轰滥炸的传统战争中，简直是不可思议的事情。

但人们在"求精"的同时，也在琢磨怎么借助高技术的帮助，在"巧"字上下功夫。要想最有效地削弱敌人的战斗力，致死不如致伤，致伤不如使其失能。这里讲的"失能"，既可以指武器，也可以指人员。这样的战争，效费比更高，副作用更小，但后遗症更大。常用的方法有：用脆化剂使桥梁解体；用阻燃剂使汽油变稠；用特种胶把人员、车辆粘在地上；用超级润滑剂使飞机不能起降、车辆不能行驶；用碳纤维弹让电网短路；用计算机病毒让敌指挥系统瘫痪等。

5. 反应高速化

"兵贵神速"历来是兵家所追求的，但传统武器装备因受技术条件限制，常常"欲速不达"。高技术武器装备在现代战争中的应用，才使"兵贵神速"成真。

在部队机动速度大大加快的同时，现代武器从发现目标到攻击目标的反应时间，也大为缩短。过去高射炮瞄准发射靠眼睛、靠手摇；当前，计算机控制的火控系统，能在 96 秒内操纵 4 门火炮摧毁 35 个分离的目标，而传统武器摧毁这些目标需要两个小时。

在信息化战争中，"被发现就意味着被命中"。从一定意义上讲，反应速度的加快相当于距离的缩短、效能的提高，谁的反应速度更快，谁就更易于发挥火力。

6. 防护综合化

"保存自己，消灭敌人"是一切战争的共同原则。在现代战争中，进攻一方如果不能有效地保护自己，就可能出现"发难者先遭难"的结局。

现在，当一架战斗机在重要地区 300 米以上的高度飞行时，可能受到 800～900 部雷达的照射。其中可能有 300～400 部雷达以 600～700 个不同频率的波束进行搜索，有30～40 部雷达跟踪飞机。在这种情况下，防护就显得特别重要。海湾战争中，F-117A 飞机大出风头，且无一损伤，其奥妙之处，便是借助于外形设计和表面涂料，有效地实现了隐身要求，其雷达反射面积在 0.01～0.001 平方米之间。

特别是对武器装备处于相对劣势的一方而言，搞好防护和伪装隐蔽，直接关系到胜败与存亡。

7. 夜幕单向化

长期以来，夜幕是军事行动的天然障碍。但是，由于夜视技术的迅速发展，这种情况发生了根本变化。目前，一些发达国家军队的战斗分队，已经普遍配备了高技术夜视器材。在高技术战争中，对于夜视器材水平不同的交战双方而言，"实际的明暗程度"是不一样

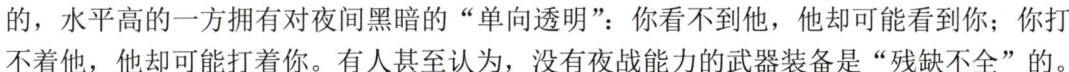

的，水平高的一方拥有对夜间黑暗的"单向透明"：你看不到他，他却可能看到你；你打不着他，他却可能打着你。有人甚至认为，没有夜战能力的武器装备是"残缺不全"的。

8. 现代装备新型化

高技术武器装备的性能强大，售价昂贵。因此，即使是发达国家，也不能随心所欲地研发和购置一切新型武器，而不得不把眼光转向那些正在服役甚至已经退役但尚有潜力可挖的武器装备，力求通过技术改造，使之返老还童。例如，美国的 B-52 战略轰炸机在半个多世纪间改装过 6 次机载武器和电子设备。研制 B-52 飞机的时候，着眼点是载弹量大，一次可装弹 27 吨，也可挂装核弹头。后续经进一步改装，该机能够装载 24 枚巡航导弹。

（二）编制体制的创新

编制体制的创新就是要求军队组织结构重组，编制体制精干化，建立与信息化军队相协调的体制编制，压缩常备军规模，裁减一般部队，增编高技术军兵种部队，使军队向小型化、多能化、一体化方向发展。

1. 军队结构将不断优化

军兵种之间将出现新的划分，组成新的军兵种和部队，如计算机防护兵、天军、深海部队、机器人部队和飞行器分队等。军兵种的比例也将发生变化，天军、空军的比例将逐渐增大，陆军的比例将缩减，海军中深海潜艇的比例也将加大。

2. 军队的规模将缩小

现代战争中，由于作战效能的大小主要取决于武器系统的高技术含量和作战人员的军事高科技素质，因此军队的数量、质量与战斗力之间的关系将发生根本性变化，质量将上升至主导地位，数量将逐渐减少，战斗力反而将大幅提高。

3. 军队人员构成和素质将大幅度改善

为适应操纵高技术武器装备的需要，军官、士官、士兵的科学技术水平和操作技能必将相应提高，对军人的品格、素质、能力、学历要求将有新的标准。在人员比例上将出现以下趋势：军官的比例上升，士兵的比例缩小；技术军官的比例上升，其他军官的比例缩小；技术保障，尤其是信息技术保障人员增多，勤务保障人员减少，等等。军队将成为人才密集型群体。

4. 信息化条件下作战部队的转变

（1）作战规模小型化。信息化条件下，陆军将不再是执行攻击任务的主角，攻击任务主要由空中精确打击来完成。陆军将改建为规模更小的、易于部署的"战斗群"，其战斗力接近特种部队，配合空中打击，可引导精确制导武器突击重要目标，迅速完成战斗任务。

（2）力量结构集成化。在上面说过的这种改建后的陆军部队中，每个战斗成员都是一专多能。以前打仗几个士兵才能操作一门迫击炮，现在一支小分队中，有人负责侦察、有人负责数字化通信、有人携带激光引导器负责指引精确制导武器等。一支小分队，就体现了力量的集大成。

（3）指挥体制多能化。逐级向下指挥的方式已经不适于现代高技术条件下的战争要求，取而代之的将是扁平型"网状"指挥体系。这种指挥体系能够减少指挥层次，缩短信息流程，充分发挥横向网络的作用，使尽可能多的作战单元同处于一个信息流动层次。这也就是说，一个军的指挥部通过自动化指挥系统和先进的通信手段，可以直接指挥到最小的作战单位，实现越级指挥。

（4）后勤保障社会化。三军联勤，实现了三军一体的保障，且后勤保障开始社会化。社会化并不是指单纯花钱雇用地方人员来为部队服务，而是要依托社会技术力量减少部队开支，提高服务质量。

（三）军事理论的创新

创新军事理论的实质就是用打信息化战争的思维方式取代以往打机械化战争的观念，以新的战争理念谋划未来作战和军队建设。美军在伊拉克战争中，使用了全新的"快速决定性作战"理论。这种理论强调作战行动必须充分利用信息化装备优势，采取"远程精确打击+小规模地面快速突击"的新战法，以尽快达成战略目的。除此之外，还有震慑战理论、计算机空间战理论、第六代战争理论、特种作战理论、空天一体战理论等。这些理论都是伴随着新军事革命诞生的，是与当今时代相适应的战争理论。

（四）作战方式的创新

随着科学技术的发展和全新武器的应用，必须创新作战方式和方法，以适应军事革命的需要，确保战争的主动权。新的作战方式主要体现在由机械化战争时代的接触式、线式等正规的作战方式，转变为非接触、非线式作战等更加灵活的作战方式。此外，还将出现信息战、控制战、瘫痪战、隐身战、计算机病毒战、"虚拟现实"战、网络中心战、太空攻防战等新作战样式。

（五）战争形态的转变

战争形态从机械化战争向信息化战争的转变，表现在以下6个方面。

（1）战场空间日益扩展。由之前的陆、海、空三维空间拓展到陆、海、空、天、电、网（计算机）、心（认知）七维空间。

（2）战争节奏日益加快。第一次世界大战历时4年，第二次世界大战历时6年，而当代的几次战争，海湾战争42天（地面战争仅4天），科索沃战争78天，阿富汗战争61天，伊拉克战争44天。战争节奏越来越快，所用时间越来越短。

（3）战略、战役、战术行动融为一体。例如，随着信息作战的手段越来越先进，效果越来越明显，通过战役甚至战术行动直接达成战略目的，已经越来越多地被运用于战争实践。

（4）制信息权成为争夺战场主动权的焦点。在战场上，谁掌握了信息优势，谁就掌握了话语权，就掌握了绝对的战场主动权。

（5）军队作战一体化程度日益提高。如今各军兵种横向联系非常紧密，在信息化条件下可随时调动炮兵、空军，甚至海军进行支援。作战一体化程度的提高，使整个军队横向纵向连接成为网状，作战效益显著提高。

（6）前方与后方的界线日趋模糊。航天航空技术、导弹技术的发展使前后方变得越来越模糊。

四、新军事革命的总体态势

（一）世界各国加大对军事战略的调整强度

20世纪90年代以来，为在国际竞争中争得战略主动，美国、俄罗斯、英国、法国、德国、日本等世界强国纷纷进行战略的全面调整。发展中国家的国防建设可以借鉴发达国家新军事革命的经验，使本国的军事改革少走弯路；但是，发展中国家在积极推进本国军事革命的同时，如果把主要力量用在军事发展上，就会影响国家经济建设，从根本上削弱国家的综合竞争能力。因此，新军事革命使发展中国家在战略选择上的难度进一步增大。

（二）信息化装备的出现使各国作战能力的差距进一步增大

以信息技术为核心的高技术在军事领域的广泛应用，使得世界各国军队的武器装备性能和作战能力都有不同程度的提高，但各国经济、技术、文化教育程度等许多方面的水平都不同，这会使各国军队武器装备性能和作战能力的差距进一步拉大，产生"代差"，甚至有可能会出现非对称战争，也就是"强者能看见弱者，弱者看不见强者；强者能打到弱者，弱者打不到强者"。

（三）世界军事力量的严重失衡

世界各国经济实力、科学技术和军事力量的水平都不一样，在不同的起点推行新军事革命，必将会导致世界军事力量的严重失衡。这会使世界各国存在的差距不但不容易缩小，反而有可能扩大。为了寻求安全的战略环境，世界各国势必会开始新一轮的军备竞赛。

（四）可能给世界和平与地区安全带来新的威胁和挑战

新军事革命使强国在短时间内变得越来越强，弱国相对变得越来越弱，两者的差距越来越大，军事力量的不平衡性进一步加剧。同时，各国武器装备性能和作战能力的差距也进一步拉大。并且，这种差距一旦形成，在短时间内难以消除。强国对于战争的可控性增强，可以运用军事手段达到其政治、经济目的。弱国想要达到自己的目的，可能就需要恐怖主义，因此恐怖主义可能抬头，这会使发生局部战争的可能性和概率大大增加。因此，新军事革命可能给世界和平与地区安全带来新的威胁和挑战。

对于这场军事革命，发展中国家即使目前尚不具备发展某些武器系统的经济实力和技术实力，但也不能坐以待毙，而可以避实就虚、扬长避短，在新军事革命中力争主动，赢得一席之地。

第三节　机械化战争

19 世纪初，蒸汽动力在军事领域的运用揭开了一场新的军事变革的序幕，机械化战争形态的幼芽，开始在热兵器战争形态中悄然孕育，到第二次世界大战时发展成熟。

一、机械化战争的演变

机械化战争是主要使用机械化武器装备及相应作战方法进行的战争，具有机动速度快、火力毁伤强、战场范围广、战争消耗大等特点，是工业时代战争的基本形态。

机械化战争是内燃机出现以后，在科学技术和经济迅速发展的基础上逐渐产生的。第一次世界大战期间，为打破敌对双方在阵地战中长期相持不下的僵局，英军自 1916 年起，先后在索姆河战役和康布雷战役中使用了具有突击能力的坦克，并取得初步成果。1918 年，英国研制出装甲输送车，并组建了机械化部队。随后，欧洲其他国家的军队也先后组建机械化步兵团、师和军。

机械化武器的大量装备对军队的作战行动和军事学术的发展产生了重大影响。1918 年5 月，英国的富勒提出了陆军以坦克为主体并辅之以飞机即可夺取战争胜利的思想。继富勒之后，奥地利的艾曼斯贝格尔在 1934 年出版的《坦克战》、德国的古德里安在 1937 年出版的《注意——坦克！》等著作中，也从不同角度阐述了坦克和机械化部队在未来战争中的作用，以及机械化部队的组建和使用原则等问题。

第二次世界大战期间，坦克、装甲战车、自行火炮及其他机械化装备不断涌现并大量装备部队，使装甲兵成为陆军的主要突击力量；步兵也大量发展为机械（摩托）化部队。海军装备了航空母舰和潜艇，成为能在水下、水面、空中进行立体作战的合成军种。空军的发展极为迅速，许多国家陆续建立了空军联队、师、军和集团军。各主要军事强国将现代化的陆、海、空军及其具有高度机动力、突击力的机械化作战平台大量运用于战争，徒步步兵、骑兵和其他兵种逐渐退出历史舞台，作战方式逐步由线式作战向纵深作战发展。

在作战理论上，出现了杜黑的"空军制胜论"、富勒的"机械化战争论"、鲁登道夫的"总体战"等著名的机械化战争理论。特别是德国的"闪击战"理论，提出了以装甲部队在飞机和空降兵的协同下远程奔袭，实施高速进攻的新的作战观念，成为第二次世界大战中德军作战的理论基础。苏联的"大纵深战役"理论，首次提出实施方面军、集团军战役的观点，强调以杀伤兵器同时压制敌整个防御纵深，随后在选定方向上突破，尔后使用机械化部队迅速扩张战果，将战术胜利发展为战役胜利，以达成预定目的。这些理论在战争中得到充分运用，并取得了显著的效果。

1945 年 8 月，美国在日本投下两颗原子弹，宣告核时代的到来。原子弹、导弹的出现，使机械化战争发展到了一个新的阶段。这一时期，美军建立了战略空军司令部，苏联组建了战略火箭军，英、法等国家也建立了有限的战略核部队。在常规力量建设上，苏、美等强国的陆军装备了威力强大的战役战术导弹和高性能火炮；空军装备了可携带导弹的新型作战飞机；海军导弹舰艇、导弹核潜艇和海军航空兵成为主要突击力量。在常规战争理论方面，突出了局部战争中对机械化部队运用的理论研究。20世纪70年代中后期至80年代中期，核威慑条件下的常规战争理论进一步发展。美军提出"空地一体作战"理论。苏军的"大纵深战役"理论发展为"大纵深立体战役"理论，机械化战争理论得到进一步发展。

20世纪80年代中后期，以信息技术为核心的高技术飞速发展并在军事领域广泛应用，引发了新的军事技术革命，使武器装备有了质的飞跃，也推动了军队体制编制、作战方法和军事理论的革命。以1991年海湾战争为标志，由精确制导武器、情报支援系统和电子战系统结合构成的信息作战系统及其他高技术在军事领域中的广泛运用，大大改变了机械化战争的面貌。统领战争舞台近一个世纪的机械化战争理论受到巨大冲击和挑战。

二、机械化战争的主要形态

机械化战争是使用机械化武器装备、按机械化作战要求编组军队、运用机械化作战理论及方法进行的战争。第一次世界大战中，飞机、坦克、航空母舰等机械化武器装备及相应的新兵种开始在战场上发挥作用，但由于性能和数量比较有限，其作用还局限于战术层面，地面作战的核心力量依然是步兵，海战仍是主力舰队的舰炮发挥作用，少量的坦克兵和航空母舰仍属于配合步兵或战列舰作战的辅助力量。随着机械化武器装备性能的提高和数量的增长，各主要国家对未来战争的内涵和性质进行了深入探讨，形成了在陆、海、空等各个空间实施机械化战争的初步认识。特别是第二次世界大战，为工业化战争形态向机械化战争形态的彻底转变提供了巨大的推动力和绝佳的试验场。战争期间，德国、苏联等大陆型国家完成了向机械化陆战模式的转变，英、美等海洋或海陆综合型国家则实现了海、空及登陆等领域作战样式的创新。

（一）作战方式由传统陆战模式向机械化陆战模式转变

德国和苏联是机械化陆战模式的创始者。第二次世界大战初期，按照机械化战争要求组织起来的德国军队利用"闪击战"战法，纵横欧洲大陆，显示出全新陆战模式的强大威力。在德国"闪击战"的示范下，各主要国家全力加强以装甲部队为核心的机械化军队建设，迅速完成了由传统陆战模式向机械化陆战模式的转变。在这个过程中，苏联借鉴德国"闪击战"的经验，建立、完善了适应机械化战争需求的新的防御作战样式，补充、完善了"大纵深战役"理论，将机械化陆战模式推向一个新的高度。

（二）作战空间由平面作战向三维立体化的作战模式转变

在第一次世界大战萌发的各种空战样式的基础上，主要国家空军力量及其作战理论的创新发展，为在第二次世界大战中实施防空作战、战略轰炸、近距离空中支援和空降作战等全方位空中战役提供了理论和实践基础，大大丰富并完善了空中领域的作战样式。经过两次世界大战的实践，空军在作战理论、军队建设和作战理论等方面得到进一步的发展，真正实现了现代战争的三维立体化作战模式，完成了机械化战争的革命性发展。

（三）海洋战场由水面向空中和水下立体化作战方向发展

随着科技和军事理论的进一步发展，在第一次世界大战中已经初露端倪的海战立体化趋势，在第二次世界大战中得到了进一步的发展和完善。随着海军航空兵与潜艇部队的建立和规模扩大，海战的战场从水面扩展到了空中和水下。航空母舰取代战列舰成为海战主力，潜艇部队成为海上力量的重要组成部分，两栖登陆战发展成为陆海空军联合作战的立体战争样式。海战变成了交战双方人力、物力、生产能力等综合国力的较量。海战开始以一种与 19 世纪完全不同的模式出现在 20 世纪的战争舞台上。

（四）合成军队和诸军兵种联合作战成为机械化战争的重要作战方式

在第二次世界大战中，由于武器装备的发展和军兵种的增多，现代意义上的合成军队逐渐形成，并推动作战方式由合同作战向联合作战发展，诸军兵种的整体作战效能得以充分发挥，军队作战指挥方式出现重大变革。合成军队就是由诸军兵种共同组成的军队，是现代军队的基本组织形式，也是机械化军事革命中军事组织体制变革的主要内容。合成军队有统一的编配比例和相对固定的建制、统一的军事统率机关，有共同遵守的条令和条例，运用联合作战理论原则指导和进行诸军兵种联合作战。合成军队的发展必然引起诸军兵种联合作战的发展。由低层次的合同作战发展到高层次的联合作战，是第二次世界大战以来作战方式的一次重大变革。

（五）电子战成为战斗、战役中发挥重要作用的一种新的作战样式

随着电子技术的飞速发展和在军事领域的应用，第二次世界大战时期的电子战获得了巨大发展。与第一次世界大战时期的电子战相比，第二次世界大战中的电子战形式日趋多样化。在战争中，由于大量无线电导航设备的应用，作战飞机可以在夜间或能见度很差的情况下飞向目标、安全着陆和遂行轰炸任务，飞机的作战效能大大提高。与此同时，多种无线电导航对抗装备和系统也相继产生并得到运用，由此便产生了无线电导航对抗这一新的电子战形式。随着技术的发展和战争的需求，电子战的样式也得到相应发展，出现了无线电导航对抗、雷达对抗、制导对抗和光电对抗等新的电子对抗形式。电子战也不再仅出现于个别战役和战斗中，而是广泛应用于各种作战样式，并对一些战斗和战役进程发挥了重要影响和作用。

（六）军队后勤系统的变革和发展

战争规模的扩大往往会引起军队后勤系统的相应变革，特别是第二次世界大战这样人类战争史上大规模的战争。与以往的军队后勤相比，第二次世界大战中的军队后勤系统出现了后勤兵力规模明显扩大、军械和油料等专业勤务快速发展、后勤组织指挥机构的完善

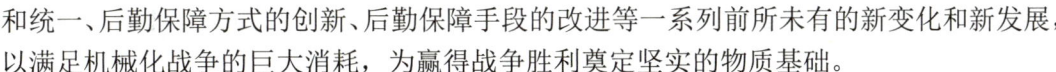

和统一、后勤保障方式的创新、后勤保障手段的改进等一系列前所未有的新变化和新发展，以满足机械化战争的巨大消耗，为赢得战争胜利奠定坚实的物质基础。

三、机械化战争的主要特点

与热兵器战争相比，机械化战争有着鲜明的特点。

（1）具有高速机动能力的飞机、坦克、军舰成为作战的主要装备。

（2）军队的进攻能力大大增强，使得依靠战壕进行坚守防御的优势不复存在，极大地改变了军队的作战方式。

（3）战场范围扩大，情况变化急剧。机械化装备大量装备军队，军队的火力、突击力、机动力和整体作战能力空前增强，作战行动由陆地、海洋向空中扩展，前方与后方的界限模糊，战场情况瞬息万变，力量对比转化迅速，攻防转换频繁。

（4）立体作战、纵深作战成为重要作战方式。作战行动在多层次、全方位展开。陆空联合对战役布势全纵深的火力突击、大纵深迂回穿插和奔袭作战增多。

（5）合同作战、联合作战迅速发展。以陆军为主，诸军种、兵种协同配合的合同作战逐渐发展为诸军兵种联合作战，作战威力大为提高。

（6）破坏力强，消耗巨大。机械化武器装备对弹药、油料和其他物资的需求极大，武器装备损坏率高，人员伤亡更大，更加依赖于强大的经济、充足的人力物资、顺畅的交通运输和良好的后勤保障。

（7）对参战人员的素质要求不断提高，战场上的保障人员大量增加。

四、机械化战争案例

（一）马恩河战役

马恩河会战发生于1914年9月上旬，是第一次世界大战初期一次影响最深远的战役。第一次世界大战爆发后，德国按照战前制定的"施里芬计划"，把战争重点放在西线，集中了 74 个师的强大兵力，以梅斯城为中心，把部队分成左右两个纵队。左纵队只有 15 个师，部署于阿尔萨斯—洛林地区，主要任务是进行防御和牵制法军。右纵队则集中了 59 个师，其任务是通过中立国比利时和卢森堡，向未设防的法国北部边境突进，然后从卢昂附近南下，绕过巴黎的西南面，压逼法军退向洛林地区，使其置于左右纵队之间，一举全歼。

1914年8月1日，德国不宣而战，突然占领了卢森堡。8月4日，德军主力侵入比利时，随即向法国北部挺进。8月21日至24日，德法双方在法国东北边境接连发生了诺登森林、桑布尔河和蒙斯几个战役，法军伤亡30万人，被迫后撤。9月初，德军前锋已逼近巴黎。

边境之战虽使法军受到严重损失，但它的各个集团军并未被击溃。法军总司令霞飞下令把自己的军队撤至塞纳河、马恩河和云恩河等天然屏障后进行休整，并新建了一支以福煦为首的部队，以加强西线防卫。同时，在巴黎配置重兵，修筑防御工事。这样，法军便在撤退中保存并加强了自己的力量，为尔后的反攻作好了准备。

但是，德军首脑被一时的胜利冲昏了头脑，对法军新的部署毫未察觉，竟以为德军大捷在握，于是改变了原来的作战部署，一方面从右纵队抽调兵力去对付东线的俄军，并分兵去封锁法国的莫伯日要塞，从而削弱了右纵队的力量。一方面又让左纵队改守为攻，去进攻法军设防坚固的南锡高地，结果碰上了硬钉子。同时，德军第一、第二集团军于8月30日突然将进攻方向转向东南，使德军不是从西面而是从东面越过巴黎，遂使巴黎不仅免除了被德军从西面包围的危险，它还从西面威胁着德军的侧翼，战局于是发生了逆转，德军开始处于不利地位。

9月5日，法军的反攻开始。法军第六集团军首先从右面向德军第一集团军留在马恩河北岸的部队发起了进攻。同时，法军第五集团军向追赶它的德军第一集团军发起反攻，其右翼则同德军第二集团军展开了战斗。巴黎总督加里埃尼也急忙派兵驰援法军第六集团军。德军第一集团军立即感到它的后侧翼受到巨大压力，因而于9月8日把全部军队撤回马恩河北岸。德军第一集团军撤走后，在它同第二集团军之间就造成了一个约50千米宽的空隙。这时，英军已按霞飞之命抵达马恩河附近，其前进方向正好对着这个缺口。加之，当时法军在全线都展开了反攻，德国的各个集团军无不受到牵制，因而无法驰援在西部主战场作战的德军。这样，德军第一、第二集团军就处于腹背受敌的境地。为避免被英法军队包围歼灭，德军右纵队被迫于9月9日全部撤退到马恩河北岸。马恩河战役至此告一段落。第二天，在凡尔登至南锡地区作战的德军也奉命停止了战斗。

在这场战役中，双方参战部队共152万人。从9月5日至9日，马恩河两岸长达200英里（1英里=1.609344千米）的战线上，炮声隆隆，硝烟弥漫。结果，法军伤亡14.3万人，德军伤亡21.6万人。法军经过此役不仅粉碎了德军原定的计划，而且守住了凡尔登、南锡等重要战略据点。所以，霞飞在军事公报中宣称："马恩河战役以得到无疑的胜利而结束。"马恩河战役之名由此而来。

马恩河战役宣告了德军速决战的破产，战争从此转入了旷日持久的阵地战。这对陷于东西两线作战而又资源贫乏的德国来说，无疑是极为不利的。

（二）第二次世界大战

第一次世界大战后，帝国主义间的矛盾不但没有得到解决，反而增加了战胜国与战败国及战胜国与战胜国之间的矛盾。1929年10月，美国华尔街股市崩盘，由美国蔓延开的经济危机席卷了整个资本主义世界，引发了众多资本主义国家的社会危机。在这种大背景下，帝国主义国家间经济、政治和军事发展的不平衡，为第二次世界大战的爆发埋下了祸根。

1939年9月1日，德国出动62个师共160万人闪击波兰，第二次世界大战爆发。英国和法国承诺维护波兰的主权完整，于1939年9月3日对德宣战，欧洲西线战事全面爆发。此后，德军相继开始在欧洲西、北和东南方向展开大规模进攻，几乎占据了整个西欧。

1943年7月，英美盟军在意大利西西里岛登陆成功，9月，意大利宣布投降。1944年

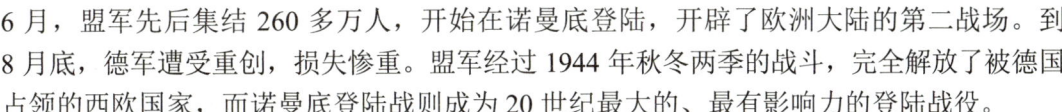

6月，盟军先后集结260多万人，开始在诺曼底登陆，开辟了欧洲大陆的第二战场。到8月底，德军遭受重创，损失惨重。盟军经过1944年秋冬两季的战斗，完全解放了被德国占领的西欧国家，而诺曼底登陆战则成为20世纪最大的、最有影响力的登陆战役。

在欧洲东线战场，1941年6月22日，德国撕毁《苏德互不侵犯条约》后，共投入190个师550余万人，分3路突袭苏联，苏德战争爆发。在战争初期，苏联处于防御阶段，由于作战准备不足战事接连失利，损失惨重。在1941年9月～1942年1月的莫斯科会战中，苏军粉碎了德军"闪击战"计划。

1942年7月17日，德军在苏联顿河河曲发动攻势，进攻斯大林格勒（今伏尔加格勒），斯大林格勒战役开始。苏军随即开展了顽强的反击，双方进行了激烈的战斗。9月13日，德军攻入斯大林格勒市，双方又进行了惨烈的城区争夺战。1943年2月，斯大林格勒战役结束，苏军粉碎了希特勒的侵略计划。斯大林格勒战役是苏德战场及第二次世界大战的重要转折点，该战役也是近代历史上最为血腥的战役之一。

此后，苏军进行了多次反攻，逐渐掌握了战争主动权，使得德军在东线战场全面崩溃。1944年1月22日，苏军发起全线进攻，基本肃清境内的德国军队。1945年年初，苏军攻占柏林，德国宣布投降，至此，苏德战争结束。

在太平洋战场上，1941年12月7日，日本海军利用航空母舰舰载飞机和微型潜艇，突然发动了对美国海军基地珍珠港的袭击，太平洋战争正式爆发。1942年4月18日，美国对日本东京实施了小规模的空袭。

1942年，日本为了报复美国空袭东京的一箭之仇，几乎投入了全部兵力，开始了中途岛海战，这是日本在第二次世界大战中最大的战略进攻。最终，美国海军成功击退了日本海军对中途岛海域的攻击，掌握了太平洋战区的主动权。1944年，美军转入战略进攻，大规模空袭日本本土，对日占岛屿实施海陆空联合作战。1945年8月，美军向日本的广岛和长崎分别投下一颗原子弹。8月15日，日本宣布投降。

在中国战场，1931年的"九一八"事变之后，日本侵占中国东北，中日之间的战争随即开始。1937年7月7日，日本发动预示着全面侵华的"七七事变"。中国人民组成了抗日民族统一战线，奋起抗日，率先揭开了世界反法西斯战争的序幕。抗日战争经过艰苦的战略防御和相持，于1944年转入了战略反攻阶段。1945年8月，中国展开了全国范围内的抗日反攻，苏联红军也出兵中国东北，围歼了日本关东军。8月15日，日本宣布投降后，中国战场也取得了最终的胜利。中国战场一直是第二次世界大战太平洋地区的主战场，太平洋战场的胜利标志着世界反法西斯战争的结束。

（三）诺曼底登陆战役

第二次世界大战中，美、英、法等同盟国军队于1944年6月～7月在法国北部的诺曼底地区进行了世界战争史上规模最大的战略性登陆作战，即诺曼底登陆战役。诺曼底登陆战役是盟军进军欧洲的"霸王"计划的重要组成部分，目的是夺取集团军群登陆场，开辟欧洲第二战场，为进攻西欧并配合苏军最后击败纳粹德国创造条件。

1. 战役背景与双方企图

1943 年，斯大林格勒战役和库尔斯克会战后，苏军在苏德战场转入反攻；美英盟军西西里岛登陆战役后攻入意大利半岛；意大利于同年 9 月投降并于 10 月对德宣战；盟军在太平洋战场也已转入攻势。整个战争形势发生有利于同盟国的根本转变。为配合苏军实施战略反攻，1943 年 11～12 月，罗斯福、丘吉尔和斯大林在德黑兰会议上正式商定，1944 年 5 月由美英盟军在法国北部地区登陆，同时在法国南部进行牵制性登陆。

为对付盟军登陆，希特勒早在 1941 年 12 月就下令以最快速度构筑大西洋壁垒，即从挪威到西班牙的大西洋沿岸构筑一道由坚固支撑点和野战工事构成的、设有地雷场和水中障碍配系的永久性抗登陆防线。到 1944 年，大西洋壁垒远未完成，但仍属较难攻破的防线。设防重点在加来（法国重要港口）地区，诺曼底一带的防御较薄弱。德军最高统帅部预料美、英军队将在西欧登陆，但对登陆地点的估计从未取得一致看法。希特勒认为美、英军队在加来地区登陆的可能性最大。

2. 战役准备

为隐蔽战役企图，美、英对登陆地域的选择进行了周密的分析、比较：加来地区距英海岸仅 20 海里（1 海里=1.852 千米），便于航渡和支援，但德军防御很强；诺曼底地区距英海岸 64.8 海里，科唐坦半岛东部又有河网、沼泽地，且遍布灌木，不利于部队行动，但距英国的战斗机基地较近，且德军防御薄弱，海滩和内陆条件较好。1944 年 1 月 23 日，盟军在争吵中决定从诺曼底发动攻击。

战役前的准备工作周密而充分。盟军通过长时间的侦察，查明了登陆地域内德军的防御配系，掌握了较完整的情报资料。在登陆前几个月内，盟军对法国北部和比利时的铁路枢纽、桥梁、公路及其他重要目标进行持续的大规模轰炸，德军运输系统瘫痪，部队机动受到极大限制。登陆前三周，盟军对诺曼底周围的机场进行轰炸，使其 85%遭破坏。登陆前一周，英空军袭击德远程雷达站并使其大部受损，因此盟军登陆时基本未遇到德空军的抵抗。

盟军通过海空军的卓有成效的佯动，成功运用了双重特工、电子干扰，以及在英国东南部地区伪装部队及船只的集结等一系列措施，再加上严格的保密措施，使德军统帅部在很长时间里对盟军登陆地点、时间都做出了错误判断，甚至在盟军诺曼底登陆后仍认为是牵制性的佯攻，这就导致了德军在西线的大部分兵力、兵器被浪费在加来地区，而诺曼底则因兵力单薄无法抵御盟军的登陆。

3. 战役实施

由于天气恶劣，登陆推迟 24 小时进行。1944 年 6 月 6 日凌晨，美第 82、第 101 空降师和英第 6 空降师第一梯队共 1.7 万人，乘运输机分别在科唐坦半岛南端和奥恩河口附近伞降着陆，任务是夺取海滩堤道和主要桥梁，占领主要登陆地段翼侧要点，阻止德军增援和保障登陆部队突击上陆。登陆舰艇抢滩前，大量战斗机和战斗轰炸机对德军防御阵地进行了轰炸和扫射。登陆部队按各自的登陆时间分别在 5 个登陆地段突击上陆。

至 6 月 12 日，各登陆地段连成正面 80 千米、纵深 13～19 千米的登陆场。21 日，美登陆部队在舰炮火力支援下向瑟堡发起总攻，迫使德国守军于 29 日投降。7 月 19 日，英军占领卡昂，吸引德军大量预备队，有利于卡昂以西地区美军的作战。

至 7 月初，美、英、加军已上陆约 100 万人。因登陆场过小，盟军展开扩大登陆场的作战。美、英、加军分别抵达卡昂、科蒙、莱赛一线后，形成正面 150 千米、纵深 13～35 千米的登陆场。至 7 月 24 日，盟军地面总攻的准备工作全部完成，攻占法国的第一阶段诺曼底登陆战役结束。此役盟军伤亡约 12.2 万人，德军伤亡和被俘约 11.4 万人。

诺曼底登陆战役，对于盟军在西欧展开大规模进攻、加速纳粹德国的崩溃具有重大意义，为组织实施大规模登陆作战提供了有益经验。

第四节 信息化战争

人们以什么样的方式生产，就以什么样的方式制胜。农业时代以冷兵器和体能制胜，工业时代以机械化兵器和技能制胜，信息时代以计算机、网络和智能制胜。20 世纪后半叶，由计算机、通信卫星和全球网络带来的生产方式的改变导致了战争方式的彻底改变。

一、信息化战争的出现

信息化战争是一种充分利用信息资源并依赖信息的战争形态，是指在信息技术高度发展及信息时代核威慑条件下，交战双方以信息化军队为主要作战力量，依托网络化信息系统，大量运用具有信息技术、新材料技术、新能源技术、生物技术、航天技术、海洋技术等当代高新技术常规武器装备，并采取相应的作战方法，在局部地区进行的规模不大的，在陆、海、空、天、电等全维空间展开的多军兵种一体化的战争。

进入 21 世纪，高新技术的迅猛发展和广泛应用，推动了武器装备的发展和作战方式的演变，促进了军事理论的创新和编制体制的变革，由此引发了新的军事革命。信息化战争取代机械化战争，成为未来战争的基本形态。

信息化战争中的信息是指一切与敌我双方军队、武器和作战有关的事实、过程、状态和方式直接或间接地被特定系统所接收和理解的内容。就对信息（数量和质量）的依赖程度而言，过去的任何战争都不及信息化战争。

在传统战争中，双方更注重在物质力量基础上的综合信息化战争较量，如机械化战争主要表现为钢铁的较量，是整个国家机器大工业生产能力的全面竞赛。信息化战争并不排斥物质力量的较量，但更主要的是知识的较量，是创新能力和创新速度的竞赛。知识将成为战争毁灭力的主要来源。

信息化战争不会改变战争的本质，但战争指导者必须考虑到战争的结局和后果，在战略指导上首先追求如何实现"不战而屈人之兵"的全胜战略，以大规模物理性破坏为代价的传统战争必将受到极大的约束和限制。火力、机动、信息，是构成现代军队作战能力的重要内容，而信息能力已成为衡量作战能力高低的首要标志。信息能力表现在信息获取、处理、传输、利用和对抗等方面，通过信息优势的争夺和控制加以体现。信息优势的实质就是在了解敌方的同时阻止敌方了解己方情况，是一种动态对抗过程。它已成为争夺制空权、制海权、陆地控制权的前提，直接影响着整个战争的进程和结局。

当然，人永远是信息化战争的主宰者。战争的筹划和组织指挥已从完全以人为主发展到日益依赖技术手段的人机结合，对军人素质的要求也更高。从信息优势的争夺到最终转化为决策优势，更多的是知识和智慧的竞争。

二、信息化战争的主要特征

（一）信息资源主导化

信息对战争产生影响的关键是要获得准确的战场信息并把信息及时用于决策和控制。机械化战争起主导作用的是物质和能量，打的主要是"钢铁仗"和"火力仗"。在信息化战争中，信息是核心资源，是决定战争胜负的关键因素。信息化战争是以争夺战场"制信息权"为主要行动的战争，信息是部队战斗力的核心要素。

在未来战争中，对信息的争夺将发挥核心作用，可能会取代以往冲突中对地理位置的争夺。攻城略地已经成为机械化战争的历史，在信息化战争中，地理目标将日趋贬值，信息资源将急剧升值。制信息权将成为凌驾制空权、制海权和制陆权之上的战场对抗的制高点。拥有信息资源，握有信息优势，是取得战争胜利的先决条件。

日益重要的信息资源，决定了争夺制信息权的斗争将在全时空进行，决定了战争中交战双方将倾全力去争夺"信息优势"。在海湾战争中，争夺信息优势的斗争，贯穿于战争全过程，渗透于所有作战空间。美军利用先进的计算机系统所提供的大型智能平台和 C^4KISR 指挥信息系统，完成了超大容量信息处理，赢得了战场信息优势。在科索沃战争和阿富汗战争中，由于美军夺取和保持了全时空的信息优势，因而以很小的代价夺取了战争的胜利。战争的实践，不仅使人们越来越充分地认识到物质、能量和信息在战争中的作用将发生革命性变化，而且使人们清晰地看到了信息、信息系统和信息化武器装备的巨大作用，感受到了未来信息化战争的无限前景。传统的火力、防护力和机动力仍是战斗力的重要组成部分，但已经不处在核心位置，取而代之的是信息系统和信息化武器装备系统。

（二）武器装备信息化

科学技术在军事领域的运用，是引起战争形态发生深刻变革的根本原因。工业时代的战争，以机械化武器装备为物质基础；而信息时代的战争，则是以信息化武器装备系统为物质基础。信息化的武器装备系统，又是以计算机技术为核心、以信息技术为基础的一体化的武器装备系统。其构成主要包括信息武器、单兵数字化装备和 C^4KISR 系统。

1. 信息武器系统

信息武器系统，包括软杀伤型信息武器和硬杀伤型信息武器。软杀伤型信息武器，是指以计算机病毒武器为代表的网络攻击型信息武器和以电子战武器为代表的电子攻击型信息武器。这类武器在海湾战争中已开始使用。硬杀伤型信息武器，主要是指精确制导武器和各种信息化作战平台。信息化作战平台，装有大量的电子信息传感设备，并与 C^4KISR 系统联网。它们集侦察、干扰、欺骗和打击功能于一体，既可实施战场探测，为精确打击和各种战场行动提供目标信息，还可实施信息攻防作战，是信息化战争的重要物质基础。

2. 单兵数字化装备

单兵数字化装备，是指士兵在数字化战场上使用的个人装备，也称信息士兵系统（由单兵计算机和无线电分系统、综合头盔分系统、武器分系统、综合人体防护分系统和电源分系统 5 个部分组成）。信息化的士兵装备，既是战场网络系统的一个终端，也是基本的作战单元，具有人机一体化的远程传感能力、攻击和生存能力，能够实时实地为炮兵和执行空地作战任务的飞机提供数字化的目标信息。在阿富汗战争中，美空军能够准确无误地对地面目标实施攻击，就是因为特种作战部队装备的信息士兵系统将整个战场数字化网络连为一体，为其提供了及时准确的目标数据。单兵数字化装备的出现和运用，意味着陆军作战效能将出现革命性变化。

3. C^4KISR 系统

C^4KISR 系统，是战场指挥、控制、通信、计算机、杀伤、情报、监视和侦察系统的简称，它把作战指挥控制的各个要素、各个作战单元黏合在一起，是军队发挥整体效能的"神经和大脑"。在信息化战争中，C^4KISR 系统是敌对双方的主要作战目标，围绕着 C^4KISR 系统展开的攻击和防护成为战争的重要作战行动。海湾战争之所以具有划时代的意义，正是因为它是人类战争史上，由工业时代向信息时代过渡的一场战争。尽管其还称不上完整意义上的信息化战争，但是它已经显露出信息化战争的某些特征，在尔后的科索沃战争、阿富汗战争、伊拉克战争中，这些特征已经表现得十分清楚。

（三）作战空间多维化

作战空间随着科学技术和武器装备的发展逐渐呈现出日益拓展的趋向。在人类战争历史上，飞机的问世和航空技术的发展为作战空间带来了第一次革命性变化，由陆海平面战场发展为陆、海、空三维的立体战场。机械化战争中，交战的舞台主要是在陆、海、空等物理空间展开，重点是在陆地、海洋和空中进行。而信息化战争中，虽然战争活动的依托仍然离不开物理空间，但决定战争胜负的因素主要取决于信息空间，主要包括网络空间、电磁空间和心理空间。高技术局部战争的实践表明，信息化战争的作战空间明显拓展，呈现出陆、海、空、天、电等多维一体化趋势。信息化战争作战空间的多维性和复杂性，打破了传统的作战空间概念。

1. 物理空间超大无限

在第一次世界大战中，决定战争胜负的马恩河战役、亚眠战役，战场范围仅有数百至数千平方千米。第二次世界大战中，决定战争胜负的维斯瓦河—奥得河战役、柏林战役、诺曼底战役，战场范围也不过数万或数十万平方千米。而海湾战争的战场空间急剧扩展，东起波斯湾、西至地中海、南到红海、北达土耳其，总面积达到 1 400 万平方千米。阿富汗战争，其作战规模远不及海湾战争和科索沃战争，但其作战空间范围要远比海湾战争和科索沃战争大得多：美军在空中部署有各种侦察、预警飞机，全方位、全时段监视对方的所有行动；在外层空间利用多颗卫星组成太空侦测网，全面监视、搜寻"塔利班"组织和拉登的动向。随着军事信息技术的高速发展，未来信息化战争的作战空间将在目前陆、海、空、天的基础上进一步拓展。

2. 信息空间多维广阔

信息空间是一个全新的概念，它包括电磁空间、网络空间和心理空间，渗透于陆、海、空、天各个战场领域。由于信息和信息流"无疆无界"，使得信息作战的领域大大突破了传统的战场界限，成为一个超大无形、领域广阔的作战空间。

（1）电磁空间是信息空间的重要组成部分。电磁战场被称作继陆、海、空、天之后的"第五维战场"，是信息化战争的重要作战空间。

（2）网络空间是人类进入信息社会的必然产物。信息时代的一个明显标志就是计算机和计算机网络技术的广泛应用。信息高速公路在全球范围内逐步建成，时空的概念正在急剧缩小。网络空间的出现，使地理上的距离概念和国家之间的地理分界线在信息对抗中失去意义，凡是与网络空间相联系的目标都可能遭到攻击。

（3）心理空间特别是决策者的思维空间是信息化战争的重要作战空间。心理是控制和决定人的行为的重要因素，心理空间的对抗备受各国军队的重视。美军不仅编有心理战部队，而且积极研制"噪声仿真器""电子啸叫器"等专用心理战武器。美军在 20 世纪 90 年代至 21 世纪初的几场局部战争中都采取了军事打击与攻心并举的方针，成功地实施了心理战。战争的实践证明，心理空间作为信息作战空间的一个重要组成部分已体现得非常明显。

（四）作战节奏快速化

时间是战争的基本要素。随着计算机、电子通信、卫星技术和信息化武器装备的发展，信息化战争的作战节奏和作战速度将比机械化战争大大提高，持续时间明显缩短，呈现出迅疾短暂快速化的特征。促使战争时间迅疾短促的主要因素有 3 个。

（1）战场信息流动加快，作战周期缩短。信息时代，数字信息技术广泛运用于战场侦察监测设备和信息快速传输网络，实现了信息的实时获取、实时传输、实时处理，使得信息流动速度空前加快，空间因素贬值，时间因素急剧增值，作战行动得以快速进行。在网络化的战场上，尽管基本作战程序和信息的流程没有发生根本变化，同样要经过发现目标、进行决策、下达指令、部队行动等环节，但这几乎都是实时、同步进行的。

（2）战争的突然性增大，时效明显提高。信息化战争中，各种信息武器具有快速的作战能力，使得作战行动的速度加快，时效性明显提高。

（3）广泛实施精确作战，毁伤效能剧增。在海湾战争中，多国部队发射的精确制导弹药，虽然只占发射弹药总量的 9%，却摧毁了约 68% 的重要目标。精确打击直接指向敌人的战争重心，迅速而有致命性，这必然使得作战时间短促，战争持续时间大为缩短。

此外，数字化战场的建立、部队机动能力的提高、受经济能力和战争目的的制约等，都是促使作战时间迅疾短促，战争进程日趋缩短的重要原因。

（五）作战要素一体化

作战要素一体化主要表现为：① 作战力量一体化。通过信息网络和信息技术，可以将处于不同空间位置的各种作战能力联结成一个有机整体，形成一体化作战力量。② 作战行动一体化。信息化战争中的主要作战样式，是两个以上的军种按照总的企图和统一计划，在联合指挥机构的统一指挥下共同进行的联合作战，其作战行动具有一体化的特征。③ 作战指挥一体化。信息化战争中，集指挥、控制、通信、计算机、火力、情报、侦察和监视于一体的 C^4KISR 系统，为作战指挥提供了准确的战场情报、快速的通信联络、科学的辅助决策、实时的反馈监控，使作战指挥实现了一体化。④ 综合保障一体化。保障军队为遂行作战任务而采取的作战保障、后勤保障、装备保障和政治工作保障等各项保障措施实现了一体化。

（六）作战指挥扁平化

机械化战争的指挥体制，主要以作战部队多层次纵向传递信息的树状指挥体制为主。这种指挥控制网络就像大工业生产按行业、按流水线建立的控制体系一样，其特征是金字塔状，下面大上面小，所有来自前线的敌我双方的情报信息，必须逐级向上汇报，上级的指示精神和命令也按照这样的树状模式逐级下达到前线或基层，是一种典型的逐级指挥方式。信息化战争的指挥体制，趋向作战单元与指挥控制中心横向传递信息的"扁平网络化"结构。在纵向上，从最高指挥机构到基层分队所形成的逐级控制关系虽仍然存在，但是单兵数字化指挥控制系统成了指挥体系的最小层次。在横向上，各指挥系统间的横向联系更加紧密，它不仅包括平行指挥机构之间的联系，还包含非同一层次间指挥机构的横向联系；不仅包括不同军兵种各层次指挥机构的联系，还包括同一军兵种平行指挥层次指挥机构间的联系。指挥控制近乎实时，效率大大提升。

（七）作战行动精确化

信息化战争中，在多层次、全方位、全时空的情报、侦察和监视网络的支持下，使用大量的精确制导武器，使各种作战行动的精确化程度越来越高，主要表现在：① 精确侦察、定位控制。精确侦察、定位控制是实现精确打击的前提和基础。② 精确打击。精确打击是信息化战争精确化的核心内容，它靠提高命中精度来保证作战效果，而不是通过增加弹药投射的数量去增强作战效果。③ 精确保障。精确保障就是充分运用以信息技术为核心的高技术手段，精细而准确地筹划、实施保障，高效运用保障力量，使保障的时间、空间、数量和质量要求尽可能达到精确的程度，最大限度地节约保障资源。

 课堂互动

　　请你结合第一次世界大战至20世纪90年代的几场局部战争的演变，谈谈你对"有什么武器，打什么仗""打什么仗，要什么武器"这两种说法的认识。

三、信息化战争的发展趋势

（一）战争空间急剧拓展

信息化战争是高度立体化战争，即战争不仅在地面、水面、水下和空中进行，而且向外层空间扩展。

（二）战争进程明显加快

传统战争一般持续时间较长，而信息化战争节奏明显加快。高技术手段的运用，使军队的机动能力、打击能力和保障能力大大提高，单位时间作战效能明显增强。此外，由于高技术武器装备造价通常比较昂贵，也迫使作战进程加快。

（三）作战力量取决于武器装备和战斗人员素质

作战力量的大小不再以数量多少来衡量，而是取决于武器装备和战斗人员素质。并且，高技术武器装备只有同高素质战斗人员相结合，才能发挥最大效能。

（四）精确制导武器大量使用，指挥控制智能化程度高

20 世纪 90 年代以来爆发的几场局部战争表明，信息化战争具有明显的精确化、智能化趋势。

（五）信息优势成为战争胜负的重要因素

信息化战争将以信息为基础，以信息化武器装备为主要战争工具和作战手段，以系统集成和信息控制为主导，在全维空间内通过精确打击、实时监控、信息攻防等方式进行。

（六）作战方法灵活多样

由于高技术兵器广泛应用于战场，导致了作战方式更加多样化。

（七）非军事因素对战争的影响更加直接

相比机械化战争，信息化战争受经济、政治和外交等非军事因素的影响更直接。

四、信息化战争对中国国防建设的要求

新的制胜因素的出现，必然会给国防建设提出一系列的挑战。这种挑战表现在以下几个方面：一是制胜优势的转型，制信息权成为超越制空权、制海权的新的制高点；二是信息技术优势导致战场全维领域的透明，夜战、电子战、侦察与反侦察贯穿了战争的始终；

三是"非线性""非对称""前后方界限消失""战略战术概念模糊"等新理念扑面而来，武器装备的"代差"甚至"隔代差"的出现，"超视距作战""远程精确打击""网络中心战"等全新战法出现；四是信息化推动军事组织结构不断创新，指挥机构趋向简捷，陆、海、空三军的区分趋向模糊；五是人的智能得到极大扩展，信息化前所未有地扩大了人类的智能空间。

面对信息化带来的这场变革，我们应当看到这既是挑战，更是历史机遇。我们必须提高认识，更新观念，创新思维，竭尽全力，加速以武器装备和人才队伍为核心的军队信息化建设，以打赢未来的信息化战争，实现中华民族的伟大复兴。

（一）始终坚持积极防御军事战略方针

积极防御战略具有强大的生命力，在信息化战争中，这一方针的核心是"积极主动、攻防兼备"。其基本要点是：在没有战事的情况下，利用和平时期加强战争准备，宁可千日不战，不可一日不备，防患于未然；当敌方蓄意挑起事端时，迅速做出反应，以积极的攻势行动，消灭入侵之敌；战前充分准备，不打则已，打则必胜。因此，积极防御的战略方针在应对信息化战争中，仍然具有非凡的生命力，并赋予了新的内容，我们必须始终坚持。

贯彻积极防御的战略方针，必须正确估计所面临的主要威胁，充分考虑国家的安全利益和军事行动的有效性，把握好以下几个关系。

1. "威慑"与"用兵"的关系

威慑，是指以军事力量辅以多种手段避免和制约战争的发生；用兵，则是以武力达成战争目的。两者相互联系、相互作用，又相互区别。威慑也包含用兵的内容。因为只有具备强大的军事力量（见图 4-1），才能更有效地遏制战争。但赢得战争并非必须使用武力手段，强大的威慑力量同样可以达到"不战而屈人之兵"的目的，从而遏制战争的爆发，维护国家安全。

图 4-1 中国人民解放军建军 90 周年朱日和阅兵

2. "后发制人"与"先机制敌"的关系

"后发制人"即绝不首先对任何国家使用武力，"先机制敌"则强调军事上应预先创造和把握有利战机以求得主动，这是由信息化战争的特点决定的。由于信息化战争具有发起突然、进程短暂的特点，如拘泥于一般的防御原则，就将给敌人以可乘之机，使自己陷入被动。因此，"后发制人"不能理解为"被动还手"。

（二）提高对信息化战争的全面认识，增强信息制胜的思维意识

1. 提高信息作战能力是争夺信息化战争战略主动权的需要

面对战争形态由机械化向信息化的转变，世界各军事强国已把关注的重点聚焦到信息战上，把军队建设的重点转移到加强以数字化信息系统为中心的质量建设上，以极大地提高整体战斗力，谋求 21 世纪的战略主动权。

为了迎接信息化战争的挑战和顺应信息技术发展趋势，夺取战略主动权，我们必须把军事战略调整到打赢信息战上。因此，大力加强信息战研究，积极推进我军数字化部队、数字化战场建设，努力提高我军信息化水平和信息作战能力，已成为摆在我们面前十分紧迫和重大的历史责任。

2. 提高信息作战能力是军事斗争准备的客观要求

信息技术的广泛应用使主战武器信息化、指挥手段自动化，信息系统已成为军队战斗力的关键要素，制信息权已成为敌对双方争夺的制高点，信息化已成为未来战争的基本特征。这就清楚地表明，我军未来面对的战争，是核威慑下的信息化战争。因此，把军事斗争准备定位在打赢信息化战争，加强信息战理论和数字化部队、数字化战场建设，提高我军的信息战能力，是军事斗争准备的正确选择。适应了这一客观要求，就从根本上选准了提高部队作战能力的突破口。

3. 提高信息作战能力是军队质量建设的重大依据

从军队质量建设的战略需求来讲，军队质量建设是以战斗力为标准的，并最终通过作战实际来检验。从根本上说，信息化战争的客观需求决定着军队质量建设的方向。从推动军队质量建设的强大动力来看，以信息技术为核心的高技术正在广泛渗透于战斗力的诸要素之中，对战斗力的生成和发展起着愈来愈重要的作用，以至成为战斗力的新的增长点和质量建设的强大推动力。这就要求我军在加强质量建设上，必须坚持科技强军战略，充分发挥信息技术的推动作用，不断提高我军官兵的素质和武器装备的高科技含量，从根本上提高打赢信息战的能力。

（三）打破传统观念，树立新型制胜观念

1. 确立"综合制胜"的观念

信息作战中，战场空间呈现明显的多维化和一体化特征。随着空中、海上、太空、电磁等空间领域的地位作用不断增强，作战行动不存在以陆地战场为主的局面了，必须彻底改变陆战第一、陆军老大的传统思想。从海湾战争到伊拉克战争已清楚地显示了作战能力的较量不只局限在地面，其他战场的地位作用与陆地战场几乎平分秋色，有些战争甚至只

是进行了几十天的空战。

信息化战争中，单纯依靠某一军种或某一兵种的单一力量是不能取胜的，必须依靠整体的力量与敌方抗衡。可以这么说，信息化战争形态与机械化战争形态的一个根本区别就在于战争力量的组织形式是多种力量的联合。未来信息化战争不论其规模大小，都将表现为以信息系统为支撑，由多维战争空间力量和多个战斗力量单元共同参加的联合行动，有的往往是由多国力量共同参加的联合行动。作为信息化战争雏形的海湾战争，多国部队投入了包括陆军、海军舰队、海军陆战队、空军力量，以及大量军用卫星、全球定位系统、电子战设备在内的多维战场空间力量。

局部战争的实践表明，随着信息技术的发展，在信息化战争中，多维空间的联合力量将通过各力量成分、协同单元的有机组合，将各自的作战效能凝合为一个整体，发挥综合效益和整体威力。

 拓展阅读

海湾战争充分证明了抢占信息空间、争夺信息资源的重要性。美军为获取伊军情报信息，在空间部署了 75 个军用卫星，构成了空间侦察、监视、预警网，动用了各种空中、陆地、水面高技术侦察设备和窃听装置。美国安全局的地球同步轨道卫星日夜兼程工作，专门捕捉空中、地面的无线电信号，截获伊军电报、电话和无线电通信、数字通信内容。伊军各种目标如坦克、车辆、指挥车、导弹发射架、帐篷、雷达、机场、飞机……甚至士兵活动都被监视。

为查明伊军各种雷达、通信、电子设备的工作频率，实施信息压制，美军出动了EF-111、EA-6B、EC-130H 等 130 余架电子侦察、电子干扰、通信侦察、通信干扰、雷达侦察、雷达干扰和光电干扰等电子战飞机。电子战飞机和预警机能自动识别与定位地面雷达、高炮雷达、导弹雷达等，并与机载反雷达武器系统接口，自动引导武器攻击目标，从而使伊军雷达失去目标、通信中断、指挥失灵。

同时，以美国为首的多国部队还使用携带有反辐射导弹 AGM-88 和激光制导炸弹 GBU-27 的 F-117A隐身飞机对伊军最高统帅部、通信枢纽、雷达阵地、导弹阵地、各级指挥所、机场等目标进行精确打击；以海上舰艇发射巡航导弹 BGM-109C/D 配合打击上述目标；出动 F-15、F-16、F-111、B-52、"幻影" 2000（见图4-2）等大批战斗机对各种目标实施打击，使伊军几乎无还手之力。

图 4-2　"幻影" 2000 战斗机

2. 树立"信息制胜"的思想

立体的情报侦察系统、完善的自动化指挥系统、综合的电子战系统和远程精确打击系统，改变了战争的面貌，也告诉我们"制信息权"与军队行动的"自由权"和战场的"主动权"关系重大。海湾战争以来的战争实践表明，完全"打钢铁"的时代将让位于

"打硅片"，火力优势将依赖于信息优势，这是一个革命性的转变。我们的军事思想必须适应这一新的要求，使国防建设和军队建设走向信息化。

3. 跳出旧的思维定式

面对信息化战争这一新的战争形态，必须跳出旧的思维定式，在观念上绝不能墨守成规，要研究新事物，适应新情况，探索新战法。以往的战争虽然仍有值得借鉴的经验，但不能使其成为束缚思想的枷锁。因为历史不会重演，战争永远不会更复，胜利的砝码往往偏向于有创新思维者，军事思想的保守只能导致失败。军事思想的创新比发展武器装备更重要。

军事变革往往伴随着作战方式的革命，而作战方式的革命要以军事思想的革命为先导。信息化战争中，我们仍然要贯彻积极防御的战略方针，仍然面对着以劣势装备战胜优势装备之敌的现实，但在具体战法上绝对不会与过去相同，需要我们以创新的思想观念，在实践中研制出一套新的制敌的思路来。例如，要更多地运用精确战、电子战、网络战的作战形式，强调打"关节点"，强调瘫痪敌方的指挥控制系统，而不是铺天盖地的大面积的毁伤。又如，在信息作战中特别强调系统方法，强调全局观念，注重一体化作战，发挥整体威力，而不提倡脱离系统的不利于全局的单独行动等。

（四）着力铸造"撒手锏"，为打赢战争创造物质条件

"撒手锏"比喻在最关键的时刻使出最拿手的置敌于死地的武器。打赢信息化战争，取决于多方面的因素，但具备必需的物质条件是其中的重要因素。信息作战在深层次上表现为信息技术间的斗争，信息技术发展的结果直接影响到信息作战的结果。信息技术的关键性技术是探测器技术、通信技术和计算机技术，关键性的系统是 C^4I 系统、电子战系统和精确制导武器系统。打赢信息战，这些硬件设备是必不可少的。我们要相信，经过自身的努力，我们在较短时期内在某些领域完全有能力铸造自己的"撒手锏"。

1. 下大力发展情报预警系统

随着武器信息化和军队整体信息化水平的不断提高，整个军事系统和作战行动对情报信息的依赖程度越来越大，我军要大力加强发展这方面的手段和装备。首先要建立战略早期预警防空系统，力争对敌人的突然袭击行动能够早期发觉、预先准备。还要重点发展战场监视系统，包括无人驾驶侦察机、战场侦察雷达、战场电视监视系统及各种性能先进的夜视器材和电子侦察设备，以提高战场的透明度。

2. 有重点地发展精确打击武器

高精度、突防能力强的中远程精确打击武器将成为未来战争的"撒手锏"。在这方面，我们已有较强的实力，有必要继续加强，务必使我们在对空、对地、对海上等目标的精确打击上有令敌人生畏的"撒手锏"。此外，防空、反导导弹系统是对抗空袭的重要手段，在这方面也要有一定的经费投入和科技力量的投入，形成自己的防御体系，以免被动挨打。

3. 进一步加强一体化 C^4I 系统建设

C^4I 系统不仅是信息作战的"力量倍增器"，而且是信息系统的核心。当前，在继续加强和完善战略级 C^4I 系统建设的同时，应重视战术级 C^4I 系统的建设，特别是在提高通信

能力和情报获取能力上争取有所突破。

4. 在提高电子对抗能力上下功夫

电子战是具有 21 世纪时代特征的信息对抗，已成为信息战的主要作战样式，是夺取信息优势的主要内容。我军的电子对抗装备应在提高性能、扩展频谱上下功夫，电子战飞机要能执行雷达对抗、通信对抗和发射反辐射导弹等任务，并且有战场毁伤评估能力。

此外，各类作战平台要装备综合电子对抗系统和自卫干扰系统，以适应未来信息作战的复杂电磁环境。还要注重研制计算机病毒武器和防计算机病毒的措施，以提高计算机空间的对抗能力。

5. 注重发展新概念武器

随着新概念武器陆续登上战争舞台并得到广泛应用，我军也要注重对新概念武器的开发和研制，包括动能武器、高能激光武器、高功率微波武器等，还有非致命武器，如激光致盲武器、次声波武器、光学弹药、失能剂、材料摧毁剂等。

（五）树立新型人才观念，打造应对信息化战争的高素质军事人才

培养能够适应信息作战要求和从事信息作战的人才，是信息化军队建设的重要内容。从某种意义上说，信息作战是具有高科技知识的人才较量，我军必须把培养人才作为作战准备的基础工程，作为刻不容缓的战略性任务。

1. 信息作战迫切需要高素质的人才

信息作战中，信息的获取、传递、处理、控制和利用，都要通过人去做，计算机也要人去操作和控制。无论信息化武器如何发展，其威力如何巨大，人是战争的决定因素这一真理是不会改变的。因为在人和武器相结合的统一体中，人始终处于主导地位，武器则处于从属地位。

信息化武器的发展，只不过是人的能力的延伸，丝毫也没有降低人的因素的作用。相反，武器装备越是信息化，对人的素质要求也越高，人的因素就越重要。

适应信息作战需要，不仅要普遍提高全体军人的素质，而且要下大力培养关键人才。信息作战需要的关键人才主要包括中、高级指挥人才，信息网络管理人才和高层次科技人才。中、高级尤其是高级指挥员，必须是具备扎实信息知识和信息作战能力，具有高技术谋略意识，善于利用信息技术组织指挥作战的复合型人才。

2. 信息化战争对人才素质提出了更高要求

信息作战及数字化部队建设对人才的要求既包括一般军事人才的共性要求，也包括与信息作战相适应的特殊要求。这些特殊要求主要包括：在人才类型结构上，应着力建设好指挥控制、信息系统管理、信息技术运用、信息装备维护和保障等各类人才队伍。在人才培养格式上，应注重人才的科技性、通用性、综合性、超前性；在人才素质要求上，应熟悉信息作战理论，掌握高科技知识，熟练运用信息网络系统和信息化武器系统；在人才文化层次上，应注重高学历和复合型人才培养。这些要求具体体现在政治思想素质、科学文化素质、军事专业素质、开拓创新素质和身体心理素质等方面。

3. 培养信息作战所需人才的基本途径

培养人才的途径主要是学习和训练。军队要适应信息作战的要求，关键是如何采取适应信息作战的训练方式。我军新一代人才的培养，应在继承传统训练经验、借鉴外军经验的基础上，走出一条新的路子。

（1）重视高层次学历教育，逐步提高军官的文化水平。信息化战争需要具有高层次学历的军人去驾驭。正因为如此，各发达国家的军队都十分重视提高官兵的学历层次。我军培养信息作战人才也必须从提高学历层次入手，把具备相应的学历作为选拔和使用干部的基础条件。

（2）抓好关键性人才的培养，造就一批高层次的指挥军官。人才培养也要突出重点，要重视培养造就中高级指挥员、信息网络系统组织指挥人才和高层次科技人才。

（3）适应改革开放的新环境，拓展信息作战人才培养的途径。中国改革开放的大气候，为军队培养高层次信息作战人才拓展了新的途径。我们应打破传统的、封闭型的人才培养模式，在人才培养上进行开放创新的思维。信息技术所具有的军用与民用的双重性质，为军民结合培养信息作战人才提供了客观可能性。在这方面，已经开展多年的"国防生""强军计划"等都是十分有效的，应当继续开展下去。

五、信息化战争案例

（一）海湾战争

海湾地区是世界石油主要产区之一，这一地区90%左右的石油供出口，对世界多国经济具有举足轻重的影响，所以，具有十分重要的战略地位。

1990年8月2日凌晨1时，伊拉克共和国卫队越过科威特边境，向科威特发起了突然进攻，在9小时之内占领了科威特，并把科威特划为它的第19个省。这一侵略行径引起了世界各国的强烈反对。

1991年1月17日，以美军为首的多国部队在伊拉克展开代号为"沙漠风暴"行动的大规模空袭（见图4-3），海湾战争爆发。

图4-3 1990年8月23日，美军地面部队在沙特阿拉伯达兰机场

这场战争是一次广泛使用高技术兵器的现代化战争，它所展示的现代高技术条件下作战的新情况和新特点，给军事战略、战役战术和军队建设等问题带来了众多启示，引起了世界各国的普遍重视。

1991 年 2 月 28 日凌晨，多国部队宣布停止一切进攻性战斗行动，历时 42 天的海湾战争正式结束。

（二）科索沃战争

1999 年 3 月 24 日～6 月 10 日，北约借口维持科索沃地区和平和制止人道主义灾难，对南联盟发动大规模空袭，参加空袭的有美国、英国、法国、德国、意大利、加拿大、西班牙、荷兰、土耳其、葡萄牙、丹麦、挪威、比利时等 13 个国家。

在持续 78 天的战争期间，北约对南联盟基础设施的狂轰滥炸，造成南联盟断水、断电、断交通、断能源，给南联盟人民的生活造成极大困难，经济损失达 2 000 多亿美元。北约在空袭中使用的贫铀弹和集束炸弹对该地区的生态环境造成严重破坏。南联盟对北约空袭进行了顽强的抗击，击落美军 1 架 F-117 隐身战斗轰炸机和数十枚巡航导弹，这是世界上首次击落隐身飞机的战例。

北约空袭南联盟是历史上首次以空袭作战决定战局的战争，空袭的主要特点包括：①实施"飞机—导弹一体化"空袭作战，分阶段、按波次，从多方向进行多手段、多方式、全距离连续打击；②信息攻击、隐身突防、远程精确打击、高空轰炸等成为空袭作战基本战法；③大量使用新一代精确打击武器和装备，实施高技术、高效能突击，首次使用 B-2 型隐身轰炸机和联合直接攻击弹药，以及联合防区外武器、电磁脉冲炸弹和碳纤维炸弹等，精确制导武器使用量占全部投弹数的 35% 以上；④空袭中首次实现了航空、航天、指挥控制、侦察、监视和情报的一体化。

南联盟防空作战的主要特点：①坚持"以防为主，以打为辅"防空作战指导思想，减少空袭损失，力争"抗击权"；②发挥人和武器的潜力，各种防空兵器混合配置，取长补短；③使用灵活多变的反侦察、反空袭措施，提高生存能力；④采取各种防护措施，分散部署，尽力保存实力；⑤利用本土作战的有利条件，制定有效战法，积极抗击。

（三）阿富汗战争

阿富汗战争（见图 4-4）是以美国为首的联军在 2001 年 10 月 7 日 20 点 57 分发起的对阿富汗"基地"组织和"塔利班"的一场战争，同时标志全球范围反恐战争的开始。在阿富汗作战的国家主要有美国、英国、德国、波兰、捷克、斯洛伐克等北约国家。

1998 年，奥萨马·本·拉登在阿富汗正式创立了国际伊斯兰恐怖集团"基地"组织，并训练了一万多名圣战分子，建立起了由近 3 000 名阿拉伯人组成的核心部队。同时，在全球编织了庞大的伊斯兰极端势力活动网络，广泛制造恐怖活动，包括美国大使馆被炸，驱逐舰被袭击等。在阿富汗"塔利班"政权的庇护下，拉登的"基地"组织反美活动日渐活跃。

图 4-4　阿富汗战争

2001 年 9 月 11 日，"基地"劫持 4 架民航客机，其中两架民航客机撞向世贸中心的摩天大楼，摩天大楼轰然倒塌，化为一片废墟，造成了近 3 000 人丧生。2001 年 10 月 7 日，美国发动针对"基地"及其保护者"塔利班"的阿富汗反恐战争，在当天晚上进行了空袭，攻击了塔利班和"基地"组织多个据点。后续战争中，美军迅速发射多颗卫星，用以增强空间信息力量，并对各渠道的空间信息资源严加控制。同时，通过实施"网络中心战"，将空中预警机的计算机网络、海上指挥控制中心的信息网络、全球卫星信息网络和地面指挥网络构成了反应迅速的、集信息收集、传输、处理与武器打击于一体的网络化平台，利用高空侦察机、无人机、预警机、作战飞机、武装直升机等连接成的作战整体，进行了精确打击，夺取了战争主动权。

2011 年 5 月 1 日，在巴基斯坦首都伊斯兰堡郊外，"基地"组织领导人本·拉登被美国军方击毙。

拓展阅读

美国遭受"9·11"恐怖袭击纪实

纽约世界贸易中心大楼位于曼哈顿闹市区南端，雄踞纽约海港旁，是美国纽约市最高、楼层最多的摩天大楼。

2001 年 9 月 11 日，19 名恐怖分子劫持了美国 4 架民航客机，并对美国的几个标志性建筑发动恐怖袭击，制造了震惊世界的"9·11"事件。如图 4-5 所示为纽约世贸中心被撞后南北二塔相继倒塌的场景。

第一架为美国航空公司第 11 次航班（波音 767），上午 7 时 58 分从波士顿飞往洛杉矶，机上有乘客和机组人员共 92 人。当地时间上午 8 时 46 分撞向世贸中心大楼北楼。

第二架为联合航空公司第 175 次航班（波音 767），上午 8 时 00 分从波士顿飞往洛杉矶，机上有乘客和机组人员共 65 人。当地时间上午 9 时 08 分撞向世贸中心大楼南楼。

"9•11"事件

图 4-5　纽约世贸中心被撞后南北二塔相继倒塌

第三架为美国航空公司第 77 次航班（波音 747），上午 8 时 20 分从华盛顿杜勒斯机场飞往洛杉矶，机上有乘客和机组人员共 64 人。当地时间上午 9 时 30 分撞向首都华盛顿美国国防部的五角大楼。

第四架为联合航空公司第 93 次航班（波音 757），上午 8 时 42 分从新泽西州的纽瓦克飞往旧金山，机上有乘客和机组人员共 45 人。当地时间上午 10 时左右在宾夕法尼亚州距匹兹堡东南 130 千米处坠毁。

当天中午，美国总统小布什在路易斯安那州就上述一系列严重袭击事件发表电视讲话，声称美国政府"已经采取了一切适当的安全防范措施来保护美国人民"，美国国内和海外驻军"正处于高度戒备状态"，美国还采取了必要的保安措施来确保美国政府的"正常运转"。当日，美国联邦航空局宣布美国有史以来首次关闭领空。

在"9•11"这一系列恐怖袭击事件中，共有近 3 000 人死亡。由于曼哈顿是美国的金融和商业中心，世贸中心、华尔街、纽约证券交易所均坐落在此，因此袭击造成的直接和间接经济损失高达数千亿美元，航空业和保险业损失尤为严重，曼哈顿的经济活动一度陷入停顿状态。

"9•11"恐怖袭击发生后，美国迅速确定了劫机者的身份，同时认定"基地"组织头目奥萨马•本•拉登是幕后主使。2004 年，奥萨马•本•拉登承认是他下令发动了"9•11"袭击事件，原因是不满美国偏袒以色列的中东政策。

（四）伊拉克战争

伊拉克战争（见图 4-6），是以美英军队为主的联合部队在 2003 年 3 月 20 日对伊拉克发动的军事行动，美国以伊拉克藏有大规模杀伤性武器并暗中支持恐怖分子为由，绕开联合国安理会，单方面对伊拉克实施军事打击。实质上是借反恐时机，以伊拉克拒绝

隐身战机轻松摧毁
伊拉克强大的防空网

交出子虚乌有的生化武器为借口，趁机清除反美政权的战争。由于这次战争实际上是1990年海湾战争的继续，所以，这次战争也被称为"第二次海湾战争"。

图 4-6　伊拉克战争

从 2003 年 3 月 20 日（伊拉克时间）起，美英联军向伊拉克发动代号为"斩首行动"和"震慑"行动的大规模空袭和地面攻势。在这场战争中，美军在空间部署了 50 多颗军用卫星，并征用了多颗商业卫星，还在空中部署了"全球鹰""捕食者"等多种无人侦察机和 E-3、E-8 预警机，从而形成了空天一体的信息优势。战争伊始，美军便以空天一体化的信息武器系统，采用强电磁打击与战略空袭相结合的方式，对伊军的战场识别系统与信息系统实施瘫痪性打击，从而掌握了战场上的制信息权。在整个战争过程中，美英联军先后向巴格达、巴士拉、纳杰夫、摩苏尔、基尔库克、乌姆盖斯尔等十余座城市和港口投掷了各类精确制导炸弹 2 000 多枚，其中战斧巡航导弹 500 枚。

4 月 7 日，美军指挥中心获得萨达姆出现在巴格达曼苏尔地区的情报后，立即命令正在空中巡逻的 B-1B 轰炸机进行打击。B-1B 迅即投下 4 枚"地堡终结者"炸弹，萨达姆现身的建筑物即刻被摧毁。从那时起，萨达姆一直生死不明，伊拉克高官也不见踪影，巴格达两天后遂被攻占。4 月 15 日，美英联军宣布伊拉克战争的主要军事行动结束，联军"已控制了伊拉克全境"。

思考题

1. 什么是新军事革命？
2. 新军事革命的总体态势有哪些？
3. 什么是信息化战争？
4. 信息化战争的产生与形成的原因有哪些？
5. 信息化战争有哪些基本特征？
6. 信息化战争的发展趋势是什么？
7. 应如何加强国家和军队的信息化建设？

第五章 信息化装备

第一节 信息化装备概述

信息技术的飞速发展和在军事中的广泛应用，使传统武器装备在杀伤力、防护力、机动力三大要素之外，增加了一个全新的要素——信息力，从而出现了信息化装备。信息化装备不仅杀伤力更大、防护力更强、机动力更高，而且更加综合化、体系化、智能化，彼此之间可以实现互连、互通、互操作。信息化装备是信息化战争产生的物质基础，是新军事变革的前提条件。

一、信息化装备的内涵

装备有两层含义：一是武器装备的简称，主要用于作战和保障作战及其他军事行动，是武器、武器系统、电子信息系统和技术设备、器材等的统称，主要指武装力量编制内的舰艇、飞机、导弹、雷达、坦克、火炮、车辆等，分为战斗装备、电子信息装备和保障装备；二是指向部队或分队配发武器及其他制式军用设备、器材、装具等的活动。

信息化装备是信息化武器装备的简称，主要是指采用先进信息技术，具有信息共享功能的装备，如精确制导武器、综合电子信息系统及加装数据链和相关信息系统的飞机、舰船等。

对信息化武器装备内涵的理解应把握以下两个方面：一是信息化武器装备是复杂技术系统，是当前装备发展的最高级装备形态。它着眼于装备系统的整体功能，本身暗含着体系之意。体系中的个体是信息化武器装备的子系统，不能被称为信息化武器装备。二是信息化武器装备体系结构的核心是军事信息系统，信息化武器装备的各个子系统在信息网络系统的协调下有效运行。信息化武器装备的主战力量是各种信息化作战平台、精确制导弹药、信息战装备、新概念武器、新机理武器等软、硬杀伤力量。用于保障作战行动的各种信息化军事技术器材也是信息化武器装备的重要组成部分。

信息化武器装备的发展，有两种基本的模式：一种是研新，一种是改现。

所谓"研新"，就是根据信息化战争的要求，按照预先研究、型号研制、试验定型、批量生产到装备部队的流程，造出全新的武器装备。美国的导航星全球定位系统（GPS），B-2隐身轰炸机等就属于这种模式。

所谓"改现"，就是采用"旧瓶装新酒"的办法，把以信息技术为核心的高技术"嵌入"到传统武器装备之中，使其提升性能，更加适应打赢信息化战争的要求。例如，美国的联合直接攻击弹药（JDAM），就是通过改装库存的常规装药炸弹，加装惯性制导和GPS卫星制导装置而制成的。

前一种办法的优点是更彻底、更先进，缺点是研发周期长、费用高；后一种办法的优点是投入少、见效快，缺点则是修修补补，难以尽如人意。

二、信息化装备的分类

（1）根据武器装备的性质，可分为进攻类信息化武器装备、防御类信息化武器装备和支援类信息化武器装备。

（2）根据杀伤效应，可分为硬杀伤类信息化武器装备和软杀伤类信息化武器装备。

（3）根据武器装备的功能，可分为信息化作战平台、综合电子信息系统、信息化弹药（精确制导弹药）、新概念武器和单兵数字化装备等。

三、信息化装备的发展趋势

传统武器装备主要由物质和能量两大要素构成，杀伤力和机动力是衡量武器装备性能的主要指标。信息化武器装备突出物质、能量、信息三大要素的融合，凸显了新的时代特征。

（一）网络化

网络化，就是利用网络技术把各类侦察系统、火力系统、指挥控制系统、支援保障系统等武器装备组成一个有机整体，实现作战手段的整体联动。信息化战场上，由电缆、光纤和无线电台、卫星等各种电子设备构成的有形和无形的"信息公路"，密布于陆地、海洋、空中和太空等各个空间，这些"信息公路"构成了一个无缝链接、无所不在的庞大信息网络。

这个信息网络将太空卫星、侦察飞机、地面雷达、水下声呐及其他光电器材等情报侦察、预警探测传感器连接为传感网，为指挥中心和武器系统提供全时域、全空域、全频域、全天候的实时、精确的情报信息；将各种传感器、指挥控制中心、战斗单元和武器系统连接为一体，达成网内各要素之间实时、安全、保密、远距离地处理、传输与交换信息；将指挥中心与作战部队、战场武器平台指挥控制系统连接构成交战网，实现指挥员对部队的高效指挥和对武器资源的控制。

例如，在阿富汗战争中，美军采用 LINK-16 数据链技术，将 RQ-1 "捕食者" 无人机、RC-135 电子侦察机、U-2 高空侦察机、E-8 "联合星" 飞机和 RQ-4 "全球鹰" 无人机联系起来，实现了战场信息的共享，从而提高了武器装备打击的灵活性和准确性。

（二）集成化

集成化，是利用信息技术把功能较为单一的武器装备集成为具备情报侦察、通信、指挥控制、火力打击和电子对抗等多种功能于一体的武器系统。20 世纪 90 年代初，著名科学家钱学森提出了"综合集成"的概念。在军事领域，就是利用信息技术把多个分离的系统，整合成高效、低耗、协调的大系统，使之发挥最佳的整体效能。

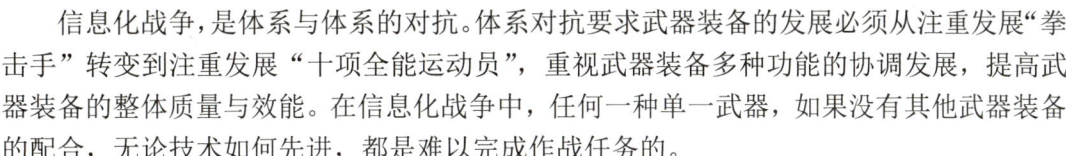
信息化战争,是体系与体系的对抗。体系对抗要求武器装备的发展必须从注重发展"拳击手"转变到注重发展"十项全能运动员",重视武器装备多种功能的协调发展,提高武器装备的整体质量与效能。在信息化战争中,任何一种单一武器,如果没有其他武器装备的配合,无论技术如何先进,都是难以完成作战任务的。

例如,科索沃战争中,南联盟先进的米格-29战机虽战技性能并不逊于美军的F-16战机,但升空作战后即被击落。这是因为,美军的F-16得到了预警机的引导和侦察情报网的支持,能实时发现和定位米格-29战机的空间位置,并一举将其击落。基于此,世界各国研制武器装备时,都十分注重各种武器系统的成龙配套(配搭起来,成为完整的系统),充分利用先进技术,用共同的软件、标准、体制和规程,将分离的武器装备或系统集成为一个新的更高层次的系统,从而更便于信息从传感器到射手之间、各武器系统之间、各作战部队之间的流动,大幅度提高信息化武器装备的整体作战效能。

（三）精确化

精确化,是指精确打击兵器成为军队武器装备的主体,大大提高了武器系统的命中精度。随着激光制导、红外制导、电视制导、毫米波制导、微波制导等精确制导技术的广泛运用,武器系统的命中精度越来越高。

海湾战争中,美国用两枚"斯拉姆"导弹攻击伊拉克巴格达附近的一个水电站,导弹在距目标110千米的飞机上发射,第一枚导弹在水电站的墙壁上击穿一个洞,第二枚导弹从这个洞进入水电站内部之后爆炸,将电站摧毁,命中精度之高,令人震惊。海湾战争后,随着军队信息化的加速推进,精确打击兵器得到飞速发展。海湾战争中,精确制导弹药仅占总投弹量的8%,科索沃战争中这一比例为35%,阿富汗战争为60%,伊拉克战争则达到80%以上。

精确化武器的大量使用,不仅促进了精确作战理论的形成,为快速瘫痪敌作战体系提供手段支持,而且能够大大提高作战效益。因此,世界各国军队都将发展精确打击武器放在优先位置上。激光武器和粒子束武器不久后也将装备部队并使用于战场,这些武器几乎是直线发射,不需要提前瞄准。

例如,德国研制的激光防空武器每分钟可发射60次,能摧毁10千米内的飞机、导弹和巡航导弹,能使20千米内武器的光电传感器失效且可致盲人眼。可以预见,在未来战场上,绝大部分武器装备将是精确化武器装备,信息化战争将是高度精确化的战争。

（四）隐身化

隐身化,是运用材料、结构、电子、红外光学等隐形技术,减小雷达反射面积,减弱红外辐射强度,降低噪声,缩小目视探测距离,以提高武器装备的战场生存能力。

目前,隐身技术已被广泛应用于飞机、坦克、舰船等作战平台;第三代B-2轰炸机和F-117A战斗轰炸机的雷达反射面积只有0.1平方米;第四代隐身战斗机F-22,具有全频谱隐身性能,雷达反射面积仅为0.08平方米;第五代战机F-35具有更大的隐身优势,其隐身能力配合被动电子探测系统,在空战中能够隐蔽接敌,并可在雷达不开机的前提下发射空空导弹。

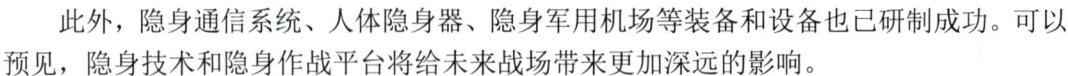

此外，隐身通信系统、人体隐身器、隐身军用机场等装备和设备也已研制成功。可以预见，隐身技术和隐身作战平台将给未来战场带来更加深远的影响。

（五）智能化

智能化，即充分利用人工智能技术，大幅度改造和提升武器装备的物理功能，全面拓展其信息功能和智能控制能力，使武器装备由单纯的物质、能量载体转变为物理功能与人脑功能的结合体。

例如，巡航导弹在发射前能够将目标的方位、外形、红外及电磁等特征信息预置到导弹的计算机中，由控制人员选取一条经过优化的进攻路线，并把路线的方位、高度等信息预置到导弹中；然后，对所有信息进行计算机编程，为巡航导弹设计出一个作战流程。巡航导弹发射后就会自动沿着预定航线飞行，到达目标区域后会自动寻的、打击预定目标。

正是由于逐步实现了物理功能与人脑功能的结合，以无人驾驶飞机，精确制导武器，自动化、智能化指挥控制系统，各种类型的战场机器人，无人水面舰艇和潜艇等为代表的智能化武器装备才能够大量涌现出来。

可以预料，随着人工智能技术的发展，世界各国军队将进一步加大对智能化武器装备的开发力度，尽快提升武器装备的智能化程度。未来的信息化战场上，将出现大规模的机器人部队和由机器人驾驶的飞机、坦克、装甲战车、军舰，以及由智能计算机控制的其他武器装备。

第二节　信息化作战平台

信息化作战平台是指采用信息技术研制或改造的，供武器装备执行作战任务的处所、载体或者器具的总称，主要由"软""硬"两个部分组成。"软"是信息化作战平台的主要标志，包括具有感知、获取并传递各种目标信息的器材和装置，如指挥、控制、通信和情报系统等；"硬"是指传统意义上的机械化武器装备，即作为武器依托的载体部分，如坦克、步兵战车、舰艇、飞机等。在信息化战争中，信息化作战平台与各种先进的打击系统结合在一起，可以极大地提高武器系统的综合作战效能，对取得战争的胜利具有至关重要的作用。

一、主战坦克

（一）美国 M1A2 SEP "艾布拉姆斯" 主战坦克

M1A2 SEP "艾布拉姆斯" 主战坦克（见图 5-1）装备了二代热成像系统、车长独立热成像仪、真彩平面显示器、数字化地形图、热控制系统，以及最新的数字化指挥、控制、通信装备。

图 5-1　M1A2 SEP "艾布拉姆斯" 主战坦克

M1A2 SEP 是 M1A2 的改进版本，在控制系统、毁伤性能和可靠性上有了很大的改进。车际信息系统和 21 世纪旅及旅以下部队战斗指挥系统的数字化指挥系统是其灵魂所在。车际信息系统能在整个装甲部队内实时传送己方、敌方坦克的位置和行动数据，在车长的显示器上能看到敌友各方的配置和行动。

（二）法国 "勒克莱尔" 主战坦克

"勒克莱尔" 主战坦克（见图 5-2）的研制工作始于 1978 年，1983 年进入技术验证阶段，1986 年 1 月 30 日正式命名为 "勒克莱尔" 主战坦克，以纪念第二次世界大战期间率领法国装甲第 2 师解放巴黎的法国菲利普·勒克莱尔元帅。第一辆 "勒克莱尔" 主战坦克于 1991 年 12 月出厂，1992 年 1 月 14 日交付法国陆军，并于 1995 年开始进入阿拉伯联合酋长国中的阿布扎比酋长国陆军服役。

图 5-2　"勒克莱尔" 主战坦克

（三）中国的 99 式主战坦克

99 式主战坦克（见图 5-3）是 ZTZ-99 式主战坦克的简称，由 9910 式改进而成。99 式主战坦克战斗全重超过 51 吨，火炮向前时车全长约 10 米，车长 7.6 米，宽 3.5 米，高 2.37 米。

图 5-3　99 式主战坦克

99 式主战坦克具备优异的防弹外形，其炮塔和车体均采用复合装甲，抗弹能力成倍提高，是中国陆军装甲师和机步师的主要突击力量，被称为"中国的陆战王牌"。作为中国第三代主战坦克，其强大的火力性能和综合性能为其赢得了称赞。

在"七五"计划中，99 式坦克被列为武器研制重点项目，1989 年立项为 WZ123 坦克开始研制。经过 10 年研制，1998 年开始小批量投入生产。1999 年参加了国庆大阅兵，被称为 98 式坦克。1999 年改进定型后正式被称为 ZTZ-99 式主战坦克。99 式坦克出现在 2009 年国庆 60 周年阅兵式上，是装甲方阵的第一方队，显示了其在我军中的重要地位。

（四）英国"挑战者"2 主战坦克

"挑战者"2 主战坦克是在"挑战者"1 主战坦克的基础上进行现代化改良的新一代主战坦克，由英国维克斯国防系统有限公司制造。"挑战者"2 主战坦克在"挑战者"1 主战坦克的基础上重新设计了炮塔，引进隐身技术，取消炮塔外部杂物箱等装备，对数据链系统进行升级，是全世界第一种具备"猎杀-猎杀"能力的主战坦克。其基本型的生产从 1993 年开始，至 2002 年已经有 386 辆进入英国装甲兵部队服役，另外还有 38 辆出口到了安曼。

（五）以色列"梅卡瓦"Mk4 型坦克

"梅卡瓦"主战坦克由以色列设计制造，从 1979 年以来一直是以色列国防军的主战坦克，其第一种改进型"梅卡瓦"Mk1 型坦克已经退出现役，目前大约有 1 000 辆 Mk2 型和 Mk3 型坦克仍在服役。以色列国防军于 2002 年 6 月 24 日向世界展示了花费 9 年时间研制而成的新一代主战坦克——"梅卡瓦"Mk4 型坦克。"梅卡瓦"Mk4 型坦克在"梅卡瓦"Mk3 型坦克的基础上对装甲防护和站场管理系统进行了重大的改进和调整，实现现代战场数字化。

（六）俄罗斯 T-90 主战坦克

俄罗斯研制的 T-90 主战坦克（见图 5-4）改良自 T-72，但采用的是 T-80U 的火控系统。T-90 主战坦克的炮塔顶端装有"眼盲式光电反量测防御协助组件"，它包含两具光电干扰放射器和四具激光感应器。一旦发觉被激光照射，便会发射能阻绝激光的烟雾弹，在 3 秒内产生可以持续二十秒的烟幕，使敌方导弹失去目标。

图 5-4　T-90 主战坦克

为改进俄制坦克的夜视能力，T-90 主战坦克的车长和炮手都装有热像仪，最大有效视距为 3 700 米。首辆 T-90 主战坦克于 1995 年装备俄罗斯陆军，目前已出售或计划出售给 9 个国家，总产量约 3 100 辆。

（七）日本 90 式主战坦克

日本 90 式坦克的研究和发展工作始于 1974 年，部件制造和试验工作始于 1977 年，1990 年定型，故又称为 90 式坦克。90 式坦克样车为传统的炮塔式坦克，外形尺寸小和低车姿结构是其主要特征。90 式坦克武器系统的先进性得益于技术引进，它装置了典型的德国莱茵公司精品 120 毫米滑膛炮，是日本制钢所获得德国莱茵金属公司许可生产的世界标准型火炮。

该坦克在 1982—1984 年进行第一次整车试制时，制造了 2 辆样车，进行了技术试验。1986—1988 年进行了第二次整车试制，制造了 4 辆样车，并于 1987—1988 年进行技术试验。90 式坦克在 1990 年定型，并立即投产，开始少量装备日本陆上自卫队。1994 年，第 71 坦克连全部换装 90 式坦克，成为日本陆上自卫队第一个全部装备 90 式坦克的连队。

二、主战飞机

（一）美国的战斗机

1. F-15 战斗机

F-15 战斗机（见图 5-5）是全天候、高机动性、双发重型超声速制空战术的战斗机，是针对获得与维持空优而设计的，具有航程远、攻击力强、载弹量大等优点，是美国空军现役的主力战机之一。1972 年 7 月首次试飞，1974 年首架量产机交付美国空军使用，属于第三代战斗机。它能做高空高机动飞行和洲转场飞行，能单人操纵投放各种武器，可近距离格斗，野战自助能力强，具有雷达下视能力。F-15 战斗机参加大小战争 100 余场，击落敌机 100 余架，没有在战场上被击落的记录。

图 5-5　F-15 战斗机

2. F-16 战斗机

F-16 战斗机是美国通用动力公司研制的单座单发轻型战斗机，是美国空军现役的主力战斗机，主要用于空中格斗，也可用于对地攻击。F-16 战斗机于 1972 年开始设计，1974 年 2 月首次试飞，1979 年首架量产机交付使用。在海湾战争中，有 150 余架 F-16C/D 战斗机参战，主要执行对地攻击任务。F-16 战斗机还向世界许多国家和地区出口，包括埃及、比利时、丹麦、巴基斯坦、以色列、朝鲜等国家及中国台湾地区。

3. F/A-18 战斗机

F/A-18 战斗机是由美国麦道公司和诺斯罗普公司联合生产的一种多用途战斗机，是单座双发航载战斗攻击机，主要编入美国航母战队。F/A-18 战斗机主要用于航队防空和航载攻击机的护航，有些也用于执行空对地攻击任务。1976 年 1 月研制成功，后经过进一步的原型机试飞，生产型制造、试飞，到 1983 年 1 月初步形成作战能力。美国海军和海军陆战队共订购 1 100 架，此外，加拿大订购 138 架，澳大利亚订购 71 架，西班牙订购 22 架，均已交付使用。

F-22 战斗机

4. F-22 战斗机

F-22 战斗机（见图 5-6）是由美国洛克希德·马丁、波音和通用动力公司联合设计的新一代重型隐身战斗机，主要任务是取得并确保战区的制空权，是目前世界上唯一现役的第五代战斗机。F-22 战斗机的原型机 YF-22 于 1990 年 9 月 29 日首飞，首架生产型 F-22 于 1997 年 9 月 7 日首飞，2005 年 12 月 15 日服役。

图 5-6　F-22 战斗机

5. F-35 战斗机

F-35 战斗机（见图 5-7）是由美国、英国、意大利、荷兰、加拿大、土耳其、澳大利亚、丹麦和挪威 9 个国家联合研发的新一代战斗机，被命名为"闪电 2"，是新一代多用途作战飞机，属于第四代战斗机，以对地攻击为主，采用了隐身技术和其他高技术装备，具有全天时、全天候攻击陆海空任何目标的能力，作战半径超过 1 000 千米。在未来的战场上，F-35"闪电 2"将与 F-22"猛禽"战斗机联手，当 F-22 清除敌方战机及地空导弹的威胁后，F-35 将携载导弹对分散的地面目标实施全天候精确打击。

图 5-7　F-35 战斗机

（二）俄罗斯的战斗机

1. 米格-21 战斗机

米格-21 战斗机是苏联于 20 世纪 50 年代初期研制的一种单座单发轻型超声速战机。米格-21 战斗机的原型机于 1955 年首次试飞，1958 年开始装备部队，是第二次世界大战之后全球生产最多的一种飞机，目前仍有近 50 个国家的空军在使用该战斗机。

2. 米格-29 战斗机

米格-29 战斗机（见图5-8）是苏联于 20 世纪 70 年代开始研制的超声速、全天候、高性能、多用途、单座双发战斗机，既可用于执行制空和截击任务，同时也可实施对地攻击。它由米高扬—格列维奇设计局研制生产，1982 年投产，1983 年开始装备部队。该机是针对美国的 F-16 和 F-18 设计的。在研制中突出了它的中、低空格斗能力和下视下射能力。此外，为适应部队广泛使用的野战机场，还在其进气道的设计中采取了特殊的防外来物吸入措施。在综合作战能力方面，米格-29 丝毫不亚于美国的 F-16 等战斗机。

图 5-8　米格-29 战斗机

3. 苏-27 战斗机

苏-27 战斗机（见图5-9）是苏联苏霍伊设计局研制的单座双发全天候空中优势重型战斗机，主要任务是国土防空、护航、海上巡逻等，是俄罗斯空军的主战飞机。该机于 1969 年开始研制，1977 年 5 月 20 日首飞，1979 年投入批量生产，1985 年进入部队服役。

图 5-9　苏-27 战斗机

4. 苏-30 战斗机

苏-30 战斗机是苏联苏霍伊设计局在苏-27 的基础上改进而成的多用途双发战斗机，具有超低空持续飞行能力、良好的机动性能和出色的隐身性能，在缺乏地面指挥系统信息时仍可独立完成歼击与攻击任务，包括在敌领域纵深执行战斗任务。苏-30MK 是一种全新设计的用于进攻作战任务的战斗轰炸机，飞机编号后缀中的"M"代表多功能，

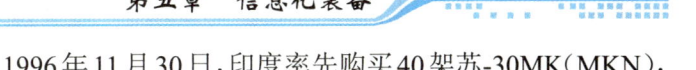

"K"意味着这一机型用于出口。1996 年 11 月 30 日,印度率先购买 40 架苏-30MK(MKN),1997 年,印度尼西亚宣布购买 12 架苏-30MK,出口中国的为苏-30MKK。

5. 苏-33 战斗机

苏-33 战斗机是苏联苏霍伊设计局在苏-27 的基础上研制的单座双发舰载战斗机。1984 年投入试验工作,当时称苏-27K,1989 年 11 月首次在"第比利斯"号(即后来的"库兹涅佐夫"号)航母上进行着舰试验,不久改名为苏-33。1993 年 4 月,苏-33 战斗机装备俄罗斯海军。

6. 苏-47 战斗机

苏-47 战斗机是苏联苏霍伊设计局研制的一款前掠翼飞机,也是俄罗斯新一代战斗机的技术验证机。1997 年 9 月首飞,最早被称为 S-32,不久改称为 S-37,2002 年被命名为苏-47。苏-47 战斗机因其高机动性,曾一度被认为是俄罗斯未来战斗机的标杆,但因缺乏隐身性能,最终并没有投入量产。

7. T-50 战斗机

T-50 战斗机是俄罗斯的第五代战斗机,为单座双发重型战斗机,具备隐身性能好、起降距离短、超机动性能、超声速巡航等特点。T-50 战斗机最大起飞重量 34 吨,在以 27 吨重量起飞时,最高速度能达到 1 900 千米/时。其超声速巡航速度可达 1 450 千米/时,作战半径 1 100 千米,战斗负荷可达 6 吨,内置 3 个武器舱,能实现飞行性能和隐身性能的良好结合。

(三)中国的战斗机

1. 歼-10 战斗机

歼-10 战斗机是我国自行研制、完全具有自主知识产权的第三代战斗机,大量采用新技术、新工艺,性能先进,用途广泛。该战斗机分为单座、双座两种,对有效提高空军防卫作战能力,加快中国军队武器装备现代化建设,巩固国防具有重大意义。歼-10 由成都飞机公司于 20 世纪 80 年代开始研制,1998 年 3 月 23 日成功完成首飞。与歼-10 配套的发动机是中国自行研制的"太行"发动机。

2. 歼-11 战斗机

歼-11 战斗机是中国购买的俄罗斯生产和提供授权的苏-27SK(苏-27 的外销版),由沈阳飞机公司建立生产线,俄罗斯供应主要零件与系统后建立生产与组装能力。1996 年 12 月 6 日,中俄签订军售协议,由俄罗斯提供零部件,中国在国内生产 200 架苏-27 系列战机,此时,中国将在本国生产的苏-27 战斗机更名为歼-11 战斗机。

3. 歼-11B 战斗机

歼-11B 战斗机是中国在引进俄罗斯的苏-27SK 后,为提高航电系统效能而自行研制的第三代国产空中优势重型战斗机。歼-11B 战斗机在苏-27SK 战斗机的基础上,换装了国产综合火控系统、玻璃化座舱、四余度数字式电传操纵系统、涡扇 10"太行"涡轮风扇发动机等核心部件。歼-11B 战斗机将成为中国空军未来执行远程空优作战的主力。

4. 歼-15 战斗机

歼-15 战斗机以国产歼-11 战斗机为基础研制和发展而成的重型双发舰载战斗机。歼-15 在世代划分上属于第四代战斗机改进型，即第四代半战斗机。歼-15 在歼-11 的基础上新增鸭翼、配装两台大功率发动机，实现了机翼折叠，全新设计了增升装置、起落装置和拦阻钩等系统，使得飞机在保持优良的作战使用性能条件下，实现了着舰要求的飞行特性。

5. 歼-20 战斗机

歼-20 战斗机是成都飞机工业集团为中国空军研制的中国第四代（欧美标准，俄标准为第五代）双发重型隐身战斗机。其采用了单座、双发、全动双垂尾、DSI 鼓包式进气道、上反鸭翼带尖拱边条的鸭式气动布局。歼-20 战斗机的机头、机身呈菱形，垂直尾翼向外倾斜，起落架舱门采用锯齿边设计，机身深墨绿色涂装，远观近似于黑色。该机于 2010 年 10 月 14 日完成组装，2010 年 11 月 4 日进行首次滑跑试验，2011 年 1 月 11 日 12 时 50 分在成都实现首飞。

6. FC-1 枭龙战斗机

FC-1 枭龙战斗机是由中国航空工业集团有限公司与巴基斯坦空军共同出资，中航工业成都飞机设计研究所、中航工业成都飞机工业集团公司、中航技进出口有限责任公司等单位研制，巴基斯坦空军参与开发的第三代全天候、单发、先进多用途轻型战斗机。FC-1 枭龙战斗机于 2002 年 5 月 31 日完成设计，2003 年 8 月 25 日首次试飞。2007 年 1 月，第一批 FC-1 枭龙战斗机已经正式交付巴基斯坦空军。该机的发动机用的是米格-29 战斗机的 RD-33 涡扇发动机的改进型 RD-93。

三、军用舰艇

（一）各国现役航空母舰

1. 美国

美国是全部使用核动力航空母舰的国家。美国现服役的航母如下。

（1）尼米兹级航空母舰 10 艘。

第 1 艘"切斯特·W·尼米兹"号（CVN-68）于 1968 年 6 月 22 日开工，1972 年 5 月 13 日下水，1975 年 5 月 3 日服役。母港为加利福尼亚州圣迭戈海军基地。

第 2 艘"德怀特·D·艾森豪威尔"号（CVN-69）于 1970 年 8 月 15 日开工，1975 年 10 月 11 日下水，1977 年 10 月 18 日服役。母港为弗吉尼亚州诺福克海军基地。

第 3 艘"卡尔·文森"号（CVN-70）于 1975 年 10 月 11 日开工，1980 年 3 月 15 日下水，1982 年 3 月 13 日服役。母港为加利福尼亚州圣迭戈海军基地。

第 4 艘"西奥多·罗斯福"号（CVN-71）于 1981 年 10 月 31 日开工，1984 年 10 月 27 日下水，1986 年 10 月 25 日服役。母港为弗吉尼亚州诺福克海军基地。

第 5 艘"亚伯拉罕·林肯"号（CVN-72）于 1984 年 11 月 3 日开工，1988 年 2 月 13 日下水，1989 年 11 月 11 日服役。母港为弗吉尼亚州诺福克海军基地。

第 6 艘"乔治·华盛顿"号（CVN-73）于 1986 年 8 月 25 日开工，1990 年 7 月

21 日下水，1992 年 7 月 4 日服役。母港为日本横须贺海军基地。

第 7 艘"约翰·C·斯坦尼斯"号（CVN-74）于 1991 年 3 月 13 日开工，1993 年 11 月 11 日下水，1995 年 12 月 9 日服役。母港为华盛顿州布雷默顿。

第 8 艘"哈里·S·杜鲁门"号（CVN-75）于 1993 年 11 月 29 日开工，1996 年 9 月 13 日下水，1998 年 7 月 25 日服役。母港为弗吉尼亚州诺福克海军基地。

第 9 艘"罗纳德·里根"号（CVN-76）于 1998 年 2 月 9 日开工，2003 年 7 月 12 日服役。母港为加利福尼亚州圣迭戈海军基地。

第 10 艘"乔治·H·W·布什"号（CVN-77）于 2003 年开工，2009 年 1 月 10 日服役。母港为弗吉尼亚州诺福克海军基地。

（2）"福特"号核动力航空母舰（见图 5-10）。

"福特"号核动力航母（CVN-78）是美国第 78 艘航母，其命名是为了纪念美国前总统杰拉尔德·福特。"福特"号航母于 2009 年正式开始建造，2017 年 5 月底交付美国海军，是美国海军全新打造的最大核动力航空母舰。

图 5-10　"福特"号核动力航空母舰

"福特"号核动力航母采用了多种高新技术：舰载机电磁弹射系统（以往都是蒸汽弹射）、新的大功率一体化核反应堆（以往是 PWR42W 型的压水堆核动力推进装置）、带状电力分配系统、有源相控阵雷达、F-35C 舰载机、舰载激光防御系统及信息栅格化航母等。

"福特"号核动力航母有四大亮点：① 打击力量更强；② 信息化程度更高；③ 作战支援设备更先进；④ 工作生活环境更人性化。

2. 法国

"戴高乐"号核动力航空母舰是法国第一艘核动力航空母舰，也是法国海军现役唯一一艘航空母舰，1987 年 11 月开始建造，1994 年 5 月舰体建造工程宣告完成，2001 年开始正式服役。

"戴高乐"号的飞行甲板面积为 1.2 万平方米，机库面积 4 600 平方米，可容纳 40 架战斗机。它拥有两个 K-15 型核反应堆，发电能力达 2 万多千瓦，最高时速 27 海里。

舰上的装备有 SAAM 短程反导弹系统、SADRAL 特短程反导弹系统、ARBB33 干扰发射器，以及各种雷达和红外线装备等。

3. 俄罗斯

"库兹涅佐夫"号航空母舰（见图 5-11）于 1983 年 2 月 22 日开工建造，1985 年 12 月 5 日下水，1991 年 1 月 21 日正式服役。该舰标准排水量 53 000 吨，是世界上第一艘同时拥有斜直两段飞行甲板和滑跃式飞行甲板的航母，也是俄罗斯现役的最新型航空母舰。

图 5-11　"库兹涅佐夫"号航空母舰

4. 意大利

（1）"加里波底"号航空母舰。

"加里波底"号航空母舰于 1981 年 3 月在联合造船公司蒙法尔科内船厂开工建造，1983 年 6 月下水，1983 年 9 月正式服役，标准排水量 10 100 吨。

（2）"加富尔"号航空母舰。

"加富尔"号航空母舰于 2004 年 7 月在热那亚下水，2008 年交付意大利海军。"加富尔"号航空母舰满载排水量 27 000 吨，装备相控阵雷达和垂直发射系统，舰上采用滑跃起飞垂直降落的方式可以操作"鹞"式战斗机和 F-35 战斗机，并具备一定的两栖突击作战能力。"加富尔"号配合地平线级驱逐舰和欧洲多任务护卫舰，组成了颇具欧洲特色的海上远洋舰队，是意大利海军的核心和主力。

5. 印度

"维克拉玛蒂亚"号航空母舰是印度海军现役唯一一艘航空母舰。本舰原为俄罗斯海军的"基辅"级航空母舰"戈尔什科夫海军上将"号，2004 年转让给印度并展开大规模改造工程，2013 年交付给印度海军。

6. 泰国

"差克里·纳吕贝特"号常规动力轻型航空母舰是泰国海军第一艘也是唯一一艘航空母舰。该舰于 1994 年 7 月 12 日开工兴建，1996 年 2 月 20 日下水，1997 年 8 月 10 日正式服役，是世界上最小的航空母舰。该舰标准排水量 7 000 吨，标准载机为 12 架 AV-8S "鹞Ⅱ"垂直起降战斗机或 14 架"海王"直升机。舰员编制为 455 人，航空人员为 146 人。

7. 巴西

“圣保罗”号常规动力航空母舰是巴西 2000 年从法国购买的“福煦”号航空母舰。该舰的排水量为 32 780 吨，舰长 265 米，宽 31.7 米，可搭载固定翼战斗机 37 架、直升机 2 架。“圣保罗”号常规动力航空母舰现已退役。

8. 中国

（1）“辽宁”号航空母舰。

“辽宁”号航空母舰，简称“辽宁舰”，是中国人民解放军海军第一艘可以搭载固定翼飞机的航空母舰，前身是苏联海军的库兹涅佐夫元帅级航空母舰“瓦良格”号。1999 年，中国购买了“瓦良格”号，于 2005 年 4 月 26 日交付大连造船厂进行更改安装及继续建造，2011 年 8 月 10 日开始出海航行试验。2012 年 9 月 25 日，“瓦良格”号正式更名“辽宁”号，交付中国人民解放军海军。

（2）“山东”号航空母舰。

中国第二艘航空母舰“山东”号由我国自行研制，2013 年 11 月开工，2015 年 3 月开始坞内建造，2017 年 4 月 26 日正式下水，2018 年 5 月 13 日开始进行首次海上航行试验，2019 年 12 月 17 日命名为“山东”号，并正式交付海军。

课堂互动

> 航空母舰发展至今，已成为世界上最庞大、最复杂、威力最强的武器之一。对于国家而言，航空母舰的作用和意义是什么？拥有航母意味着什么？请同学们就此展开讨论。

（二）中国核潜艇

20 世纪 60 年代，中国开始发展核潜艇。中国首先发展的是核动力攻击潜艇。中国第一艘核潜艇“长征一号”于 1970 年 12 月 26 日顺利下水，1974 年 8 月 1 日正式服役。从此，中国成为世界上第五个拥有核动力潜艇的国家。

1. 091 型攻击核潜艇

091 型攻击核潜艇是中国第一代攻击型核潜艇，北约代号“汉”级，是中国最早下水的一级核动力潜艇。中国海军迄今装备有 5 艘“汉”级核潜艇，编号为 401、402、403、404 和 405。1968 年 10 月，091 型首艇在辽宁葫芦岛开工，1980 年开始服役。

2. 092 型弹道导弹核潜艇

092 型弹道导弹核潜艇是中国自行研制的第一代弹道导弹核潜艇，北约代号“夏”级，舰号 406，命名为长征 6 号。它是基于 091 型攻击型核动力潜艇发展而来的，装备有潜射弹道导弹。该型潜艇的第一艘于 1981 年 4 月 30 日建成下水，1983 年 8 月 1 日建军节时正式服役，1988 年成功发射了一枚潜射弹道导弹。

3. 093 型攻击核潜艇

093 型攻击核潜艇是中国海军隶下的一型核动力攻击型潜艇，是中国自行设计建造的

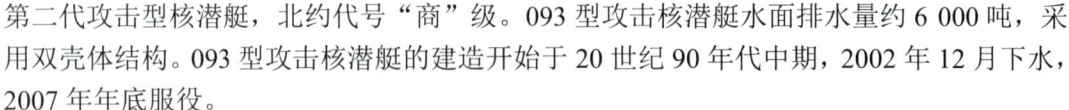

第二代攻击型核潜艇，北约代号"商"级。093 型攻击核潜艇水面排水量约 6 000 吨，采用双壳体结构。093 型攻击核潜艇的建造开始于 20 世纪 90 年代中期，2002 年 12 月下水，2007 年年底服役。

4．094 型弹道导弹核潜艇

094 型弹道导弹核潜艇是中国建造的排水量最大的核潜艇，北约代号"晋"级。094 型弹道导弹核潜艇水上排水量 8 000 吨，水下排水量 9 000 吨，潜航深度大于 300 米，可装载 12 具"巨浪-2"潜射弹道导弹。相比于上一代"夏"级核潜艇，094 型弹道导弹核潜艇无论在隐蔽性、传感器性能，还是推进系统的可靠程度等方面都有较大提高。此外，094 型弹道导弹核潜艇采用第四代核反应堆，这种核反应堆功率大、热效率高，可以使所装备的核潜艇获得较高的水面和水下航速，与同航速使用其他核反应堆的核潜艇相比，航行噪声要小很多。

第三节　综合电子信息系统

一、导航系统

导航系统是通过实时提供位置、速度、航向、姿态及时间等信息，引导飞机、舰船、车辆等交通工具及人员沿着预期的路线到达目的地的信息系统。20 世纪初，随着航空和航海交通的发展，人类导航技术突飞猛进。无线电导航技术在半个多世纪的发展中从萌芽状态迅猛发展为海、陆、空导航的基本手段，全球建立了大量的无线电导航系统。20 世纪上半叶，惯性导航等自主导航技术也快速发展。随着人造地球卫星发射成功，无线电导航技术的发展进入了现代卫星导航的新时代。

目前，全世界有 GPS、GLONASS、GALILEO 和北斗四个成熟的卫星导航系统。最早出现的是美国的 GPS 导航系统，现阶段技术最完善的也是 GPS。随着近年来北斗、GLONASS 导航系统在亚太地区服务的全面开启，尤其是北斗系统在民用领域发展越来越快，卫星导航系统已经在航空、航海、通信、人员跟踪、消费娱乐、测绘、授时、车辆监控管理和汽车导航与信息服务等方面广泛使用，而且总的发展趋势是为实时应用提供高精度服务。

（一）GPS 全球定位系统

1973 年，美国国防部在子午仪卫星导航系统的基础上，开始组织陆、海、空三军，共同研究新一代卫星导航系统，这就是目前广泛应用的 GPS 全球定位系统，全称是"NAVSTAR Global Positioning System"。其中，"NAVSTAR"是 Navigational System Using Time and Ranging（利用时间和测距进行导航的系统）一词的缩写，中文译为"导航星"。

GPS 由空间设备、地面控制设备和用户设备三部分组成。空间设备由 24 颗导航卫星构成；地面控制设备由 5 个地面监控站、3 个上行数据发送站和 1 个主控站构成；用户设

备为各种 GPS 接收机（导航接收机）。全部系统已于 1993 年完成并正式投入使用。

GPS 最初的研制目的是为海上舰船、空中飞机、地面车辆等提供全天候、连续、实时、高精度的三维位置、速度和精确的时间信息，现已扩展为精确制导武器进行复合制导的一种手段。其工作原理是利用弹上安装的 GPS 接收机接收四颗以上导航卫星播发的信号来修正导弹的飞行路线，提高制导精度。例如，美国 BGM-109C "战斧"巡航导弹已改装为 "Block III"型，其主要改进是加装了一个 GPS 接收机和天线系统，据说可使 CEP 值由 9 米降为 3 米。

 拓展阅读

> CEP 是 circular error probable 的缩写，译为"圆概率误差"，是衡量导弹命中精度的一个尺度，指导弹最大射程命中的目标区域距目标中心点的半径，也可以理解为命中误差。

此外，安装 GPS 接收机还可取消地形匹配制导，缩短制订攻击计划所需时间，或攻击非预定目标。

GPS 制导和惯性制导都属导航制导方式。美国陆军战术导弹、联合防区外发射武器、联合直接攻击弹药等都采用了 GPS 复合制导系统。

（二）GLONASS 卫星导航系统

GLONASS（中文译为"格洛纳斯"）最早由苏联国防部开始研制，研发工作始于 1976 年，后由俄罗斯继续该计划，首颗卫星于 1982 年 10 月 12 日发射升空。GLONASS 由卫星星座、地面监测控制站和用户设备三部分组成。其中，卫星星座由 24 颗卫星组成，均匀分布在三个近圆形的轨道平面上，每个轨道面 8 颗卫星。GLONASS 是继 GPS 之后第二个军民两用的全球卫星导航系统。

21 世纪初，俄罗斯推出了 GLONASS-M 和更现代化的 GLONASS-K 卫星更新星座。此前 GLONASS 的定位精度约为 16 米，新型 GLONASS 组网后，其定位和导航误差在 2～3 米之间，达到了世界领先水平。

卫星导航首先是在军事需求的推动下发展起来的，GLONASS 与 GPS 一样，可为全球海、陆、空及近地空间的各种用户提供全天候、高精度的各种三维位置、三维速度和时间信息，这样不仅能为海军舰船、空军飞机、陆军坦克、装甲车和炮车等提供精确导航，也能在精密导弹制导、C³I 精密敌我态势产生、部队准确的机动和配合、武器系统的精确瞄准等方面广泛应用。另外，卫星导航在大地和海洋测绘、邮电通信、地质勘探、石油开发、地震预报、地面交通管理等各种国民经济领域有越来越多的应用。GLONASS 的出现，打破了美国对卫星导航独家垄断的地位，消除了美国利用 GPS 施以主权威慑给用户带来的后顾之忧，GPS/GLONASS 兼容使用可以提供更好的精度几何因子，从而提高定位精度。

（三）GALILEO 卫星导航系统

GALILEO（中文译为"伽利略"）卫星导航系统是欧盟研发的全球卫星导航系统，经过数年酝酿，于 2001 年 4 月 5 日在欧盟交通部长会议上正式批准建设。GALILEO 卫星导航系统是世界上第一个公共控制的民用导航系统，目标是成为一个开放的全球系统，与 GPS 充分兼容而又保持独立。

GALILEO 卫星导航系统由空间段、地面段和用户段三个部分组成，空间段由 27 颗工作卫星和 3 颗备用卫星组成，分布在三个离地高度 23 616 千米的圆形轨道面上。由于卫星数量多，城市区域卫星信号受遮挡的情况减少，GALILEO 的可用性有所提高。

（四）北斗卫星导航系统

北斗卫星导航系统（以下简称"北斗系统"）是我国出于国家安全和经济社会发展的考虑，自主建设运行的全球卫星导航系统，可以为全球用户提供全天候的高精度定位、导航和授时服务，是国家重要的时空基础设施。

北斗系统由空间段、地面段和用户段三部分组成。北斗系统空间段由若干地球静止轨道卫星、倾斜地球同步轨道卫星和中圆地球轨道卫星三种轨道卫星组成混合导航星座。北斗系统地面段包括主控站、时间同步/注入站和监测站等若干地面站。北斗系统用户段包括北斗兼容其他卫星导航系统的芯片、模块、天线等基础产品，以及终端产品、应用系统与应用服务等。

北斗系统的建设实践，实现了在区域快速形成服务能力、逐步扩展为全球服务的发展路径，丰富了世界卫星导航事业的发展模式。

拓展阅读

北斗卫星导航系统的"三步走"战略

中国于 20 世纪后期开始探索适合国情的卫星导航系统，逐步形成了"三步走"发展战略：2000 年年底建成北斗一号系统，向中国提供服务；2012 年年底建成北斗二号系统，向亚太地区提供服务；2020 年前后建成北斗全球系统，向全球提供服务。

奋斗 25 年自主建造北斗卫星导航系统

2016 年 6 月 16 日，国务院新闻办公室召开新闻发布会，正式发布《中国北斗卫星导航系统》白皮书。白皮书正式公布了北斗导航定位系统的部分性能。白皮书指出，正在运行的北斗二号系统免费向亚太地区提供公开服务，定位精度优于 10 米，测速精度优于 0.2 米/秒，授时精度优于 50 纳秒。据专家介绍，其定位精度等技术参数与 GPS 民用信号相当。

此外，据白皮书介绍，北斗还有一些 GPS 不具备的性能和特点：① 北斗系统空间段采用 3 种轨道卫星组成的混合星座，与其他卫星导航系统相比高轨卫星更多，抗遮挡能力力强，尤其低纬度地区性能特点更为明显；② 北斗系统提供多个频点的导航信号，能够通过多频信号组合使用等方式提高服务精度；③ 北斗系统创新融合了导航与通信能力，具有实时导航、快速定位、精确授时、位置报告和短报文通信服务五大功能。

2017 年 11 月 5 日，中国第三代导航卫星顺利升空，标志着中国正式开始建造"北斗"全球卫星导航系统。2018 年 11 月 19 日，中国以"一箭双星"方式成功发射第 42、43 颗北斗导航卫星，这两颗卫星属于中圆地球轨道卫星，是中国北斗三号系统第 18、19 颗组网卫星。2018 年 12 月 27 日，北斗三号基本系统完成建设，开始提供全球服务。这标志着北斗系统服务范围由区域扩展为全球，北斗系统正式迈入全球时代。

2020 年是北斗卫星导航系统建设的收官之年。2020 年 6 月 23 日，我国西昌卫星发射中心成功发射了北斗系统第五十五颗导航卫星，暨北斗三号最后一颗全球组网卫星，至此，北斗三号全球卫星导航系统星座部署比原计划提前半年全面完成。

北斗系统已在中国国民经济、国防安全、百姓生活等方面得到广泛应用，同时走出国门惠及世界。请举例说明北斗导航系统在各行各业中的应用。

二、指挥控制系统

指挥控制系统是指在军队指挥体系中，采用以计算机为核心的技术设备与指挥人员相结合、对部队和武器实施指挥与控制的"人—机"相融合、实现"全局实时动态"的高效指挥系统。军队的信息化指挥控制系统综合运用现代科学技术和设备，把指挥、控制、通信、情报和信息紧密地联系在一起，形成一个多功能的统一系统。

指挥控制系统是一种重要的高科技军事装备体系，是军队信息化的主要标志之一，其基本功能是实现战场指挥的自动化、实时化和精确化。

（一）指挥控制系统的出现

自出现军队后，各种类型的 C^1（指挥）体制就诞生了。这种下级服从上级、将军指挥士兵的指挥体制延续至今已达数千年，其应用的指挥技术手段包括简易信号、有线通信、无线通信等传统技术手段。

20 世纪 50 年代，随着军事装备的现代化、自动化，军兵种数量大增，作战距离、作战范围持续增大，部队机动能力也大大提高，军事指挥领域引入了"控制"一词，出现了 C^2（指挥与控制）系统。

20 世纪 60 年代，随着远程武器特别是战略导弹和战略轰炸机的大量装备，通信手段在 C^2 系统中的作用日益重要，于是又加上"通信"，形成了 C^3（指挥、控制、通信）系统。

20 世纪 70 年代，美国首次把"情报"作为指挥自动化不可缺少的因素，出现了 C^3I（指挥、控制、通信、情报）系统，并在较长时期内成为指挥系统自动化的代名词。

20 世纪 80 年代末，由于计算机技术在指挥信息系统中的作用日益增强，C³I 又加上"计算机"，形成了 C⁴I（指挥、控制、通信、计算机、情报）系统。

20 世纪 90 年代中期，美国根据海湾战争的经验，进一步认识到掌握战场态势的重要性，提出"战场感知"的概念，即利用各种侦察监视技术手段，全面了解战区的地理环境、地形特点、气象情况，实时掌握敌、我、友三方兵力部署和武器系统配置情况及其动向，为作战行动提供可靠的依据。C⁴I 技术体系的内涵又进一步扩大，融入"监视与侦察"，变成了 C⁴ISR 系统。

进入 21 世纪，随着军队信息化水平的不断提高，C⁴ISR 与武器平台、弹药等作战系统的"融合"不断加深，信息系统的对抗手段也不断增多，使 C⁴ISR 系统不仅具备保障性的指挥控制手段，而且逐渐具有杀伤进攻的作战能力，因此，C⁴ISR 系统新增"杀伤"手段，形成了 C⁴KISR 系统。

（二）指挥控制系统的功能

（1）信息管理功能，主要用于实现信息收集、信息传递、信息处理、信息存储与检索、信息显示等。

（2）辅助决策功能，可以通过系统中的辅助决策软件系统来辅助指挥员决策；可以为指挥员提供各种作战预案以供选择；可以依据战场情况，进行人工智能辅助型决策；还可以提供作战模拟手段，保证决策的科学性。

（3）辅助计划组织功能，它可以快速生成各种作战预案，形成各种作战计划和命令，有效地提高作战指挥的时效性。

（4）辅助协调控制功能，它可以综合运用侦察、预警等手段，大范围、不间断地监视战场，保证指挥员实时了解战场情况，周密地控制和协调部队的行动。

（三）指挥控制系统在现代战争中的作用

1. 大幅度提高联合作战指挥员的指挥能力

指挥信息系统可以大幅度提高联合作战指挥员的指挥能力。

首先，它可以为联合作战指挥员提供对广阔作战空间的感知能力。指挥员可在远离战场的指挥所里通过显示设备，实时、形象、直观地掌握战场态势和有关情况，了解战场态势所需时间大大缩短。

其次，它可以增强联合作战指挥员的有效用兵能力。联合作战指挥员可通过战场态势显示屏和通信网络直接指挥作战部队的行动，对来袭的敌方各种空中目标实现从情报侦察、探测预警、监视捕捉、敌我识别、跟踪制导、电子对抗到命中目标的全程指挥控制，提高各种信息化武器装备的作战效能。

再次，它可以为联合作战指挥员提供高效的通信保障。由有线载波、微波接力、对流层散射、卫星和激光等通信设备组成的通信网，可保证指挥员对部队实施高效的实时指挥控制。系统的这些功能提高了指挥员协调陆、海、空三军参战部队的效率，使之保持协调一致的作战节奏。同时，各级参战部队也能更好地适应战场环境的变化，形成对敌绝对优

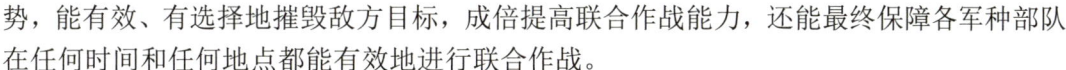

势，能有效、有选择地摧毁敌方目标，成倍提高联合作战能力，还能最终保障各军种部队在任何时间和任何地点都能有效地进行联合作战。

最后，它能使战略决策层直接感知和控制战术行动。在现代战争中，有可能出现一些战略性战斗行动，超越战役级而直接与战略级发生关系。例如，美国空袭利比亚、出兵海地等军事行动，规模虽然不大，但事关全局。在处理这种战略性战斗行动时，既要求前线指挥员直接对战略决策层负责，也要求战略决策层拥有实时掌握战术情况的能力，这一切都离不开指挥控制系统。

2. 极大地提高军队的战斗力

指挥信息系统可以极大地提高军队的战斗力。战斗力是指军队实施战斗行动和完成战斗任务的能力，主要取决于两方面的要素：一个是作战实力（兵力），另一个是指挥控制能力（用兵能力）。

要想使兵力和兵器配合良好，充分发挥它们的作战效能，最大限度地提高军队的战斗力，除了要求指挥员具备精深的谋略和高超的指挥艺术外，还需要借助功能强大的指挥信息系统。因为只有借助高效能的指挥信息系统，指挥员才能全面了解战场态势，做出正确的决策，并迅速、准确地加以贯彻执行，实现对部队和武器系统的有效指挥控制。否则，即使有较强的军事实力，在信息化条件下的局部战争中也难以发挥作用。

3. 是军队一体化作战体系的"黏合剂"

指挥信息系统可以将现代军队的各个系统有机地联为一体，充分发挥整体威力。现代战争是诸军兵种的一体化联合作战，参战军兵种多，武器平台多，战场分布广，如果没有一个高效率、高度集中统一的指挥信息系统作为军队的神经中枢，那么这支军队只能是一盘散沙，无法发挥应有的效能。因此，指挥信息系统是现代化军队一体化作战体系的"黏合剂"。现代战争条件下，没有现代化的指挥信息系统，就等于没有军队。

20世纪90年代以来，从海湾战争、科索沃战争、阿富汗战争到伊拉克战争，都充分证明了这一点。阿富汗军队基本上没有指挥信息系统，因此根本无法与美军直接对抗；南联盟的指挥信息系统是不完整的，因此只能组织有限的防护，也难以与以美国为首的北约军队抗衡；伊拉克虽然建立了较为先进的指挥信息系统，但却无法确保其在战时正常工作，或系统运行不稳定、不可靠，或缺少防护手段易遭摧毁，从而不能发挥应有的效能，也同样逃脱不了失败的命运。相反，美军则高度重视，并投巨资建设指挥信息系统，在战争中收到了奇效。

4. 是信息化条件下打赢局部战争的根本保证

指挥信息系统是进行信息化条件下局部战争的基础，也是打赢信息化条件下局部战争的根本保证。

在信息化条件下的局部战争中，作战力量的指挥控制将更加受制于复杂的战场环境。在包含大量信息化武器装备的数字化、网络化战场上，指挥控制系统能使信息与能量实现最佳结合，既能为战场上所有作战单位提供"无缝"的信息传输能力和互操作能力，又能在任何时间、任何地点，接收实时、融合、逼真的战场图像，准确提供敌人或潜在敌人指挥控制部队的各种信息，可全向发布、响应命令，指挥控制己方部队。

另外，指挥控制系统是取得信息优势的必备条件。实施信息战的主要任务是压制、削弱、破坏和摧毁敌方指挥控制系统，同时确保己方指挥控制系统免遭这种攻击，使己方的信息收集、处理、传输和利用等不受影响，建立起信息优势。为此，敌对双方可能采取的战法主要有网络战、病毒战、干扰欺骗、实体摧毁等。这些对抗行动都将主要集中在指挥控制系统上，其性能优劣决定着信息战的成败。

第四节　信息化杀伤武器

一、精确制导武器

精确制导武器，是综合运用高精度探测、制导及控制技术，能从复杂环境中筛选攻击目标，并精准命中其要害部位，进而达成"外科手术式"打击意图的武器装备。

（一）精确制导武器的特点

1. 高技术

精确制导武器是以微电子、电子计算机和光电转换技术为核心的，以自动化技术为基础发展起来的高新技术武器。

2. 射程远

普通的大中口径的地面压制火炮射程一般为 20～30 千米，最远在 40 千米左右；而地地导弹的射程近的为几百千米，远的可达上万千米，如苏制 SS-18 导弹，射程为 12 000 千米。

3. 威力大

一枚战术常规导弹，如果携带的是 1 吨质量的战斗装药，则相当于 18 门火炮齐射 10 发的威力；而一个千吨级的小型核弹的威力相当于 10 个炮兵团 540 门火炮一次齐射 10 发。

4. 高命中率

精确制导武器的直接命中概率是普通弹命中概率的几十至上百倍。"战斧"巡航导弹的射程为 2 500 千米，但精度可达 30 米；激光制导炸弹和制导炮弹的理论命中误差仅为 1 米。第二次世界大战时期，B-17 轰炸机的投弹误差是 1 000 米左右；越南战争中，F-105D 投弹误差为 100 米左右；而海湾战争中，F-117 投掷激光制导炸弹的误差仅为 1～2 米。2015 年 10 月 7 日，俄罗斯里海舰队对恐怖分子目标共发射了 26 枚"口径-NK"巡航导弹，这些导弹在飞行约 1 500 千米后以误差不超过 3 米的精准度击中目标，击毁了叙利亚的"伊斯兰国"设施。

5. 高效能

精确制导武器虽然技术比较复杂，制造成本高，但由于其具有较高的直接命中概率，因而作战效能好、效费比高。同无制导的武器相比，精确制导武器在与其完成同一作战任务时，弹药消耗量小，所需作战费用远远低于常规弹药。例如，统计资料表明，在海湾战争中，尽管多国部队所使用的精确制导武器弹药量仅为总弹药量的 8%，但其摧毁的预定目标却达 80% 以上。可见，精确制导武器是一种作战效益很高的武器，其效费比通常为常规炸弹的 25～30 倍。在马岛海战中，阿根廷用一枚价格 20 万美元的"飞鱼"导弹击沉造价为两亿美元的"谢菲尔德"号导弹驱逐舰，价格交换比达到 1∶1 000。如图 5-12 所示为英国"谢菲尔德"号导弹驱逐舰被击沉的场景。

图 5-12　英国"谢菲尔德"号导弹驱逐舰被击沉

（二）精确制导武器的分类

1. 精确制导导弹

精确制导导弹，简称"导弹"，是一种携带战斗部，依靠自身动力装置推进，由制导系统导引控制飞行轨迹，导向目标并摧毁目标的飞行器。导弹最重要的指标是射程、威力和精度。发动机主要解决打得远的问题，战斗部主要解决打得狠的问题，制导系统主要解决打得准的问题。在导弹的三个主要组成部分中，如果去掉发动机，就是精确制导弹药；如果去掉战斗部，就是无人机和运载火箭；如果去掉制导系统，就是非控火箭弹。

导弹是精确制导武器中类别最多，研制、生产和装备、使用数量最大的一类。导弹可从多种角度分类，它们各从某一方面反映出其性能、用途和特征。

（1）按发射点和目标位置分类，导弹可分为地对地导弹、地对空导弹、空对地导弹、空对空导弹等。

（2）按射程分类，导弹可分为近距离（短程）导弹，射程小于 100 千米，如美国陶-2B 反坦克导弹，射程为 3～3.75 千米；近程导弹，射程为 100～1 000 千米，如俄罗斯"飞毛腿"B 型弹道导弹，射程为 50～300 千米；中程导弹，射程为 1 000～3 000 千米；远程导弹，射程为 3 000～8 000 千米；洲际导弹，射程大于 8 000 千米，如美国"民兵-III"洲际弹道导弹，射程为 9 800～13 000 千米。

（3）按作战使命分类，导弹可分为完成战略任务的导弹和完成战术任务的导弹两类。这两类又都有进攻和防御两种使命，因此又可分为战略进攻型导弹、战略防御型导弹和战术进攻型导弹、战术防御型导弹四类。

（4）按攻击目标分类。导弹按攻击目标分类和命名在使用上十分方便，如反坦克导弹、反舰导弹、反雷达（反辐射）导弹、反导弹导弹和防空导弹等。但精确制导武器的发展趋势之一是通用化（多功能化），例如，"战斧"巡航导弹使用不同战斗部时既可反舰，又可攻击陆上装甲目标和非装甲目标，因此，这种分类法有明显的局限性。

（5）其他分类。如果按导弹的弹道特征分类，导弹可分为巡航导弹（如"战斧"巡航导弹）和弹道导弹（如"民兵-Ⅲ"洲际战略导弹）。巡航导弹外形像飞机，这种类型的导弹作为一个整体直接攻击目标；弹道导弹外形像火箭，无翼。弹道导弹飞行到预定高度和位置后，弹体和弹头分离，由弹头执行攻击目标的任务。

巡航导弹主要用于攻击运动目标（如在某海域游弋的舰艇），当目标进入导弹打击范围后，由发射器（可以是舰艇、飞机或路基载具）发射巡航导弹，然后导弹雷达自动搜索目标。如果找到目标，就飞过去实施打击，如果没有找到目标，则打击失效。弹道导弹主要用于打击已经预定好的大目标（比如要求对某城市实施核攻击），导弹从地面发射到空中，然后飞出大气层，到达预定位置或轨道后再穿过大气层击中目标（或者在目标上空多少米处引爆）。

 拓展阅读

> 巡航导弹又称飞航式导弹，"巡航"状态是其飞行状态之一。在巡航状态下，导弹以匀速等高飞行。巡航导弹的最大特点是射程远、精度高、低空突防能力强。巡航导弹一般都飞得很低，离地面或海面只有几十米，在发射前会把如何避开沿途的障碍物、防空火力区等都预先存储在导弹上，这样，在遇到山脉、高层建筑，敌人的导弹火炮阵地时，巡航导弹都可以绕开。

2. 精确制导弹药

精确制导弹药与导弹之间的主要区别是它自身无动力装置，需要借助火炮、飞机等投掷。它又细分为两类，一类是末制导弹药，在弹道末段依靠寻的器和控制系统，自动修正或改变飞行轨迹，从而不断接近并最终命中目标；另一类是末敏弹药，在目标上空被撒布时，能在较小范围内探测目标，沿探测器瞄准的方向发射弹丸，典型的如红外成像的"斯基特"，毫米波制导的"萨达姆"，都是从空中攻击集群坦克。

3. 水下制导武器

水下制导武器是指在海战使用，能在水下毁伤目标以及对抗这些武器的各种装备。海水密度是空气的800多倍，海水中航行阻力大、压力大。在海战中使用的水下制导武器自成一体，一般可分为制导鱼雷、制导水雷和制导深水炸弹等。典型的有美国的MK48DCAP制导鱼雷、意大利的MAFO2(LOLA)制导水雷等。

（三）精确制导武器对现代战争的影响

海湾战争（见图5-13）是人类历史上使用精确制导武器种类、数量最多，发挥作战效能最大的一次战争。这次战争具有明显的高技术特征，预示着高技术战争时代的到来。精确制导武器与电子战的密切配合，以精确制导武器为基本火力的空袭作战，以精确制导武器为主要压制杀伤手段的空地反装甲联合作战和纵深打击等，成为多国部队一方迅速取胜的重要因素。从海湾战争可看出，精确制导武器对未来高技术条件下的局部战争将会产生深远影响。

图 5-13　海湾战争

1. 使作战样式发生了深刻变化

（1）使超视距、多模式、多目标精确打击成为可能。海湾战争中，美军从 1 000 千米外发射 35 枚空射巡航导弹，从海上发射 288 枚"战斧"巡航导弹。前者攻击了伊拉克境内发电厂、输电设施、军用通信场站等三个目标，后者攻击了伊拉克化学武器设施、发电厂与高级领导人的指挥与控制设施。F-117A 隐身飞机的激光制导炸弹攻击了伊军防空系统，指挥通信中心，核生化武器的研制、生产和贮存设施，"飞毛腿"导弹的生产与贮存设施，以及伊军拟向其"萨达姆"防线的火壕中灌油的泵站。

（2）可以同时、连续、精确打击整个战场纵深，减少前沿的短兵相接，使前后方界线模糊。海湾战争中，交战双方投入坦克 8 000 多辆、装甲车 8 300 多辆、兵力超过120 万人。伊拉克还在科威特沙特阿拉伯边界的科威特一侧和伊沙边界伊拉克一侧构筑了由沙堤、反坦克火壕、蛇腹形铁丝网、混合雷场、障碍地带、坦克掩体构成的，纵深7～30 千米的"萨达姆"防线。但地面战斗仅 100 小时就结束，且未发生大规模坦克战和步兵格斗。主要原因就是伊军的装甲部队被美军武装直升机、对地攻击机等发射的上万枚各类反坦克导弹所摧毁。

（3）实现"外科手术式"打击，使对点目标攻击的附带杀伤、破坏降至最低程度。1991 年 1 月 18 日，美国出动两架舰载攻击机，用"斯拉姆"远程对地攻击导弹袭击伊拉克某水电站。第一枚导弹先在水电站厂房上炸开了一个直径 10 米的洞，2 分钟后第二枚导弹从洞口穿入，炸毁厂房内的设备。

（4）提高了全天候、全天时作战能力。GPS 制导系统能在恶劣气象条件下自主导航。毫米波制导系统受云、雾、烟尘影响很小，只有在大雨条件下才难以工作。合成孔径雷达不受云雾、昼夜条件的限制，能穿透树林探测到隐蔽的机动导弹发射架，透过地表发现地下数米深处的掩蔽部，或透过海水发现数百米深的潜艇，可全天候、全天时、全方位地工作。

2. 提高了作战效能

使用普通炸弹和制导炸弹的空袭效果差别很大。例如，在越南战争中，美军出动600 架次飞机投掷数千吨炸弹，损失 18 架飞机，仍未炸毁越南清化桥，后改用激光制导炸弹，只出动 12 架次飞机就将该桥摧毁。

据统计，第二次世界大战期间飞机投弹的 CEP 为 1 000 米，轰炸一个钢筋混凝土目标平均约需 9 000 枚炸弹。越战期间，飞机投弹的 CEP 为 100 米，轰炸同一目标需 200～300 枚炸弹。海湾战争期间，激光制导炸弹的 CEP 为 1 米，只需 1～2 枚即可炸毁目标。1991 年 1 月 17 日凌晨，美国 F-117A 隐身战斗机投掷的 900 千克级激光制导炸弹从巴格达伊空军司令部塔楼顶部直接突入，炸毁整座大楼。

3. 成为改变军事力量对比的杠杆

海湾战争表明，精确制导武器将成为现代战争的基本火力；精确制导武器与电子战实力的配合，将成为决定战争胜负的重要因素。精确制导武器使电子战由传统的单纯对抗电子侦察反侦察、电子干扰反干扰发展为"对抗与摧毁相结合"的新概念、新阶段，其中，精导武器承担了"电子战杀手"的角色。精确制导武器正在改变坦克、飞机、大炮、军舰等大型武器装备的传统军事价值。拥有先进的精确制导武器和电子战实力的一方，可以战胜传统武器具有数量优势但精导武器陈旧落后，又无电子战配合的一方。海湾战争中伊拉克的迅速惨败已充分证明这点。

精确制导武器在改变军事力量平衡中的作用将越来越明显和重要。例如，在阿以长期对峙的中东地区，几个阿拉伯国家装备了可直接打击以色列本土的地地战术弹道导弹（如"飞毛腿"B 型弹道导弹）后，以色列的空中绝对优势作用大大降低，于是加紧研制核武器、中程导弹和"箭"式反战术弹道导弹武器系统。

精确制导武器促进了常规威慑力量的形成。据测算，部分精确制导武器的威力已可与小型核武器相比。例如，20 世纪 90 年代初的一枚精度 92 米的常规弹头巡航导弹与 80 年代中期一枚精度为 183 米、当量为一万吨的核巡航导弹相当。2000 年时的精度高于 92 米的一枚常规弹头洲际弹道导弹可与 20 世纪 80 年代末的一枚精度 183 米、当量为 33 万吨的洲际弹道导弹相当。可见，精确制导武器已成为非核的威慑力量。

总之，精确制导技术在军事上的广泛应用，使精确制导武器成为战场上的主角，改变了传统的战争模式，大大丰富了高科技信息化战争的内涵。

（四）精确制导武器的发展趋势

当前，研制新一代精确制导武器、改进现有精确制导武器的性能是世界各国在军事技术领域角逐的焦点。从世界主要军事强国所采取的举措中可以看出，现代精确制导武器将朝着以下几个方向发展：一是进一步增大火力毁伤距离，提高弹药投送精确度和弹药威力；二是弹药引导系统由自动化向全自主过渡，以实现"发射、不用管、摧毁"的目的；三是实现战斗准备过程的自动化，扩大电子计算机和自动化控制设备在武器控制方面的使用范围；四是实现不同作战平台、不同兵种和军种间精确制导弹药的配套和标准化。

目前，国外对精确制导武器发展提出以下具体需求：① 杀伤概率提高到 100% 而弹药需求量降低到 20%～30% 的空地导弹战斗部；② 可以对付多种目标，抵抗现代化干扰，并使弹药库存需求量降低 30%～40% 的自适应战斗部；③ 侵彻能力提高 300%，可以摧毁更坚硬目标的侵彻武器；④ 使现役战斗部的杀伤力提高 20%～30%，成本比现役产品低

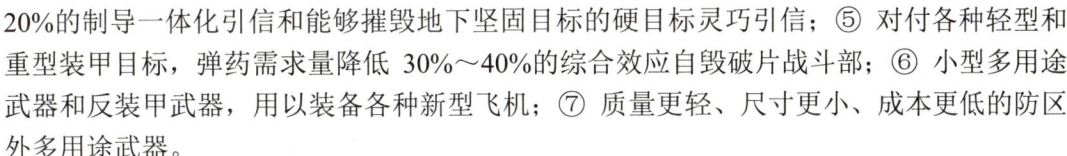
20%的制导一体化引信和能够摧毁地下坚固目标的硬目标灵巧引信；⑤ 对付各种轻型和重型装甲目标，弹药需求量降低 30%～40%的综合效应自毁破片战斗部；⑥ 小型多用途武器和反装甲武器，用以装备各种新型飞机；⑦ 质量更轻、尺寸更小、成本更低的防区外多用途武器。

二、新概念武器

新概念武器是相对传统武器而言的高新技术武器群体，它是工作原理、毁伤机理和作战运用方式与传统武器有显著不同的各类高技术武器的统称。

随着高新技术的迅猛发展和广泛应用，强国都企图加快军事技术的创新发展，进一步拉大与其他国家在军事高新技术方面的差距。因此，加速发展新概念武器，是各大强国确立军事高技术优势的重要手段之一。

（一）新概念武器的特点

新概念武器与其他传统武器有着本质的区别，这主要体现在四个方面：① 两者的基本原理不同；② 两者的杀伤机理不同；③ 两者的作战方式不同；④ 两者的使用时间不同。相应地，新概念武器具有以下四个特点。

1. 独特的杀伤机理

尽管传统武器的种类繁多，性能各异，但其杀伤破坏机理主要有两种：一是靠爆炸杀伤；二是靠直接命中。而新概念武器，则采取了完全不同的全新的杀伤破坏机理，且形式多样。例如，激光武器是靠高温烧毁、熔化直至摧毁目标；动能武器是靠强大的动能碰撞物体；微波武器通过发射强大的微波波束攻击目标，使人产生烦躁、头痛、神经混乱、记忆力减退等情况。

2. 独特的工作原理

传统武器的基本工作原理通常是点火、发射，然后依靠火药推力使弹头在空中飞行，最后击中目标爆炸。随着现代战争的发展，传统武器装备的技术性能基本达到极限，而人们却迫切需要新的合适的武器装备来应付突发事件、满足军事需要，于是新概念武器应运而生。

这些新概念武器都具有不同于传统武器的工作原理。例如，激光武器、动能武器、电磁轨道炮等，它们靠电磁或电能加热加速，速度甚至可以达到光速；而气象武器可以人为控制地震、刮风下雨等。

3. 独特的作战方式

由于新概念武器具有全新的工作原理和杀伤破坏机理，因此也具有独特的作战方式。例如，激光、粒子束、微波束等武器，无须使用弹药，却具有巨大的能量，且使用灵活方便，能同时对多个方向上的目标实施攻击，既可实施硬杀伤，也可实施软打击。

4．一定的历史阶段性

从新概念武器的定义中可以看出，新概念武器是正处于研制之中，尚未大规模装备部队或使用于战场的一类武器，它是相对于常规武器和已经装备部队的大规模杀伤武器而言的。新概念武器只是一个历史的范畴，具有一定的历史阶段性或时限性。随着科学技术和武器技术的不断发展，前一时代的新概念武器必然变为下一时代的常规武器，今天的新概念武器也许就是明天的常规武器。新旧交替是一切事物的发展规律，也是武器发展的基本规律。

（二）新概念武器的分类

1．高功率微波武器

高功率微波武器也称射频武器，是指利用定向能发射的高功率微波波束毁伤电子设备或杀伤有生力量的定向能武器。高功率微波武器可通过高功率微波摧毁敌人的电子装备或使其暂时失效，从而瓦解敌方武器的作战能力，破坏敌方的通信、指挥与控制系统，并能造成人员的伤亡。

高功率微波对人员的影响可分为"非热效应"和"热效应"两类。较低强度的微波辐射会使人的肌肤出现不同程度的急性或慢性损伤，引起神经衰弱和心血管系统功能紊乱、记忆力衰退、内分泌失调和免疫力降低等。而强微波能量则会烧伤人体的皮肤及内部组织，使人眼因白内障而失明，甚至致人死亡。

高功率微波武器主要用于攻击现代武器系统中的电子设备和电子元件，使之损坏或失效。从遨游太空的卫星到横跨大洋的洲际弹道导弹、巡航导弹；从飞机到通信器材、雷达、武器的计算机系统到其他光电器材，只要处于强微波的覆盖范围内，都会遭到毁灭性的打击。

此外，高功率微波武器还可以对付隐身飞机、隐身导弹、隐身坦克、隐身舰船等在内的"隐身武器"，具有得天独厚的优势。因为这些隐身武器主要是通过外壳采用吸波材料或涂抹吸波涂料层来吸收雷达波（微波）而达到隐身目的的，而"隐身"武器的外壳一旦受到高功率的微波照射，便会因吸收过多的微波能量而受损，甚至烧毁。

2．激光武器

激光武器是利用激光束直接毁伤目标或使目标失效的定向能武器，分为战略激光武器和战术激光武器两大类。

（1）战略激光武器。战略激光武器是用于攻击战略导弹或卫星的激光武器，作用距离通常在数百千米至数千千米。其中，攻击战略导弹的激光武器主要用于拦截敌方处于助推段飞行的战略导弹。攻击卫星的激光武器是用来摧毁敌方各种侦察卫星、预警卫星或使其失效的激光武器，作用机理主要是干扰或破坏卫星的光电系统。

（2）战术激光武器。战术激光武器是用于光电对抗和战术防空的激光武器，作用距离通常在数十千米之内。战术激光武器可致盲人眼，也可致盲光电系统。致盲人眼的激光武器以波长 0.4～1.4 微米的可见光和部分近红外波段的激光致盲效果最佳，尤其以绿色激光最为厉害。战术激光武器的突出优点是反应时间短，可拦击突然发现的低空目标。用激

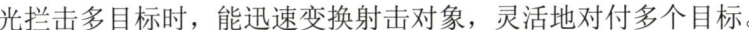

光拦击多目标时，能迅速变换射击对象，灵活地对付多个目标。

激光武器的缺点是不能全天候作战，受限于大雾、大雪、大雨等天气，且激光发射系统属精密光学系统，在战场上的生存能力有待考验。

3. 粒子束武器

粒子束武器是指通过高能加速器将电子、质子或离子加速到接近光速，利用磁场将它们聚集成密集的束流，然后直接（或去掉电荷后）射向目标，以束流的动能或其他效能杀伤或破坏目标的武器。粒子束武器也是定向能武器的一种。

高能粒子束主要有三种破坏作用：① 使目标物质结构材料气化或熔化；② 提前引爆目标中的引爆炸药或破坏目标中的炸药；③ 使目标的电路被破坏，电子装置失灵。

但目前粒子束武器仍是一种尚处在研究关键技术和论证可行性研究阶段的先进战略防御武器方案。美国和苏联是世界上从事粒子束武器技术研究的主要国家。早在 20 世纪 60 年代，苏联就开始研究利用粒子束武器作为反卫星和反导弹武器的技术可行性，已在粒子源和加速器等关键技术等方面做了大量基础性工作，并取得了一定的成果。美国也从 20 世纪 60 年代开始研究粒子束武器技术，并在 20 世纪 80 年代初将其列为星球大战计划的一个重要研究项目，在技术上也取得了一些重要进展。1989 年，美国利用小型的中性粒子束装置进行了空间试验，演示了中性粒子设备在空间工作的能力，成为第一个在空间试验中性粒子束技术的国家。如果可行的话，在未来的战争中，部署在空间轨道上的粒子束武器可以作为反卫星和反导弹的武器。

4. 动能武器

动能武器是指依靠自身足够的高速产生的动能对要攻击的目标造成毁灭性破坏的武器。这个高速，通常指具备 5 倍以上的声速（气温 0℃时为 331.36 米/秒）的速度。目前世界上采用新概念技术的动能武器主要有利用火箭推力的动能拦截器和利用电磁能推力的电磁武器。

（1）动能拦截器。动能拦截器是一种自主寻的、利用其与目标直接碰撞的巨大动能来杀伤目标的飞行器。它是在导弹技术的基础上迅速发展起来的一项新技术，高精度制导和快速响应控制是其关键技术，追求目标是"零脱靶量"。动能拦截器发射超高速飞行的具有较高动能的弹头，利用弹头的动能直接撞毁目标，可用于战略反导、反卫星和反航天器，也可用于战术防空、反坦克和战术反导作战。

（2）电磁武器。电磁武器所应用的电磁发射武器技术是一种全新原理的发射技术，主要包括电热化学炮、电磁轨道炮等技术，其中电热化学炮和电磁轨道炮技术在最近几年来取得了重大进展。美国电磁发射技术的研究已从演示验证阶段进入武器型号研制阶段。

美国还研制了天基动能武器系统，该系统全名为"上帝之杖天基动能武器系统"，由位于低轨道的两颗卫星平台组成，其中一颗卫星搭载有名为"上帝之杖"的金属棒，该金属棒由钨、钛或铀金属制成，直径 30 厘米、长 6.1 米、重量达 100 千克。天基动能武器系统将在太空发射，其攻击能力强大、打击范围广，未来用于替代核武器。"上帝之杖"从太空发射后，不依靠任何弹药，完全依赖动能撞击来对目标产生破坏力，攻击效果堪比核武器。

天基动能武器有以下优点：① 打击范围广。其打击范围可覆盖全球任何一个地区的非移动类目标。② 反应时间短。从离轨到对地面实施打击仅需 11 分钟，打击时间不及洲际弹道导弹的三分之一。③ 突防能力强。由于速度极高，可有效突破敌多层防御体系。④ 生存能力强。搭载"上帝之杖"的卫星平台通常在距离地面 1 000 千米的轨道上，远在一般飞机和导弹的攻击范围之外。⑤ 环境污染小。⑥ 相比核武器而言，该武器在道义上占有更多的主动权。

5. 环境武器

环境武器即地球物理武器，是运用现代科技手段，人为地制造地震、海啸、暴雨、山洪和山崩等各种自然灾害，以实现军事目的的一系列非常规武器的总称。它主要通过控制环境，即控制地壳固体层（岩石层）、液体层（流体层）及气体层（大气层）内的物理过程，有意识地将自然力用于军事目的。环境武器包括海洋环境武器、化学雨武器、海啸风暴武器、人工海幕武器和吸氧致命武器等。

环境武器有以下特点：① 威力大。由于环境武器所引发的是地震、海啸等自然灾害，其在破坏范围和破坏力方面，给人类带来的危害可能达到甚至超过任何一次大型核爆炸造成的破坏。② 效率高。环境武器并不直接产生杀伤力，而是通过有限的爆炸来诱发巨大的自然力。例如，一颗万吨级核弹，在某一特定区域的地下爆炸之后，可以"制造"出与千万吨核弹毁伤力相当的地震、海啸等，收到事半功倍的效果。③ 隐蔽性强。环境武器的杀伤力是由它诱发或制造的自然灾害来体现的，而且这种诱发性爆炸大多在距攻击点几百米甚至几千千米之外的地下进行，可以冲击任何一个地方，不受任何监督。正因为如此，环境武器被视为"一种既不同于一般常规武器，又不同于核武器"的新型武器。

6. 非致命武器

非致命武器也称非杀伤武器，是利用声、光、电磁及化学、生物等技术手段，使人员暂时或部分丧失作战能力的武器，可以分为反装备非致命武器和反人员非致命武器。

（1）反装备非致命武器。目前，国外发展的用于反装备的非致命武器主要有超级润滑剂、材料脆化剂、超级腐蚀剂及超级黏胶等。

① 超级润滑剂是采用含油聚合物微球、聚合物微球、表面改性技术、无机润滑剂等作原料复配而成的摩擦因数极小的化学物质。它主要用于攻击机场跑道、航母甲板、铁轨、高速公路、桥梁等目标，可有效地阻止飞机起降和列车、军车前进。

② 材料脆化剂是一些能引起金属结构材料、高分子材料、光学视窗材料等迅速解体的特殊化学物质。这类物质可对敌方装备的结构造成严重损伤并使其瘫痪，可以用来破坏敌方的飞机、坦克、车辆、舰艇及铁轨、桥梁等基础设施。

③ 超级腐蚀剂是一些对特定材料具有超强腐蚀作用的化学物质，可造成飞机和车辆的轮胎、人员的鞋底变质，破坏柏油马路及装甲车辆的金属外壳。

④ 超级黏胶是一些具有超级强黏结性能的化学物质。国外正在研究将它们用作破坏装备传感装置和使发动机熄火的武器，以及将它们与材料脆化剂、超级腐蚀剂等复配，以提高这些化学武器的作战效能。

（2）反人员非致命性武器。反人员非致命性武器可使敌方战斗减员，使敌方造成沉

重的伤员负担。目前国外正在研究的反人员非致命武器主要有化学失能剂、刺激剂和黏性泡沫等。

① 化学失能剂分为精神失能剂和躯体失能剂，能够造成人员的精神障碍、躯体功能失调，从而使其丧失作战能力。

② 刺激剂是以刺激眼、鼻、喉和皮肤为特征的一类非致命性的暂时失能性药剂。在野外，一定浓度下，人员短时间暴露就会出现中毒症状，脱离接触后几分钟或几小时后，症状会自动消失，不需要特殊治疗，不留后遗症。若长时间大量吸入可造成肺部损伤，严重的可导致死亡。

③ 黏性泡沫是一种化学试剂，喷射在人员身上会立刻凝固，束缚人员的行动。美军在索马里行动中使用了一种"太妃糖枪"，可以将人员包裹起来并使其失去抵抗能力。它可以作为军、警双用途武器使用，目前美国已研发出了第二代肩挂式黏性泡沫发射器。

7. 基因武器

基因武器是指通过基因编辑技术修改致病微生物的基因编码，而研制出的新一代生物武器，能够从基因层面对敌发动攻击。简单来说，基因编辑技术就相当于一把基因"剪刀"，可以按照主观意愿将一种生物的基因片段"剪接"到另一种生物上，从而改变其生理特征。基因武器正是通过这种方式修改基因获得新的致病微生物，从而使对方的疫苗库失效。美国情报机构因此把基因编辑技术列为潜在的大规模杀伤性武器。

基因武器具有如下的特点。

（1）与传统生物武器一样，基因武器具有体积小、造价低、不破坏非生命物质等特点。使用者不必兴师动众，只要通过人工、飞机、导弹等运载方式将基因武器投放到敌方区域，就能达成军事目的。显然，基因武器具有很多传统生物武器不可比拟的优势。

（2）基因武器的传染性及杀伤力更强。例如，通过移植繁殖能力强的基因片段，可以将致命病菌的繁殖扩散力增加数倍；通过移植致病能力强的基因片段，可将致死率提高至 100%左右。

（3）基因武器隐蔽性极强。针对不同的军事目的、环境及攻击目标，使用者可以人为设计基因武器的潜伏期。也就是说，人们可以把基因武器做成一种"定时炸弹"，并且"倒计时"最长可达十年之久。这是基因武器与传统生物武器、化学武器最主要的区别。

（4）基因武器的不可控性较强。基因武器的"屠杀"不分军民，会带来严重的政治和道义上的风险，后果不可估量。而且，如果操作不当或者运气不佳，运输过程中一旦发生泄漏，伤到自己人，无异于"搬起石头砸自己的脚"。

长远来看，基因武器更多的是起到战略威慑作用。在现实世界里，人类对生命秘密的探索不过是冰山一角，肆意滥用基因武器必将给全人类带来不可预测的灾难。

8. 次声武器

次声武器能发射频率低于 20 赫兹的次声波，将频率和强度控制在一定范围内，可令人心烦意乱、头晕目眩、恶心呕吐甚至神志不清、疯癫狂躁，从而丧失战斗力。此类装备要成为实用性武器，尚需进一步提高次声波强度，解决好定向聚焦和小型化等问题。

目前研制的次声波武器分神经型和内脏器官型两种：前者能使人神志不清、疯癫狂躁；

后者能使人体脏器发生共振，全身产生剧烈不适感，进而失去战斗力。由于次声波能穿透建筑物和车辆，因而躲在工事和装甲车里的人员也不能幸免。在波黑战争中，美军就曾使用次声发生器发射次声波，几秒钟内使对方大批人员丧失了战斗力。

次声波武器的优点是隐蔽性强、传播速度快、传播距离远、穿透力强、不污染环境和破坏设施等。但其也有一定的缺点，次声波不易聚焦成束，声波长，定向聚焦发射相当困难，容易敌我不分，且在空旷的环境中较难产生高强度的强次声波。

由于次声武器对自然生物及非战斗人员所产生的巨大的破坏作用，如何投入实战仍然值得商榷。

（三）新概念武器将重塑未来战争

新概念武器是科学技术和军事理论发展到一定阶段的必然产物。新概念武器的出现，不仅将使整个武器装备系统产生革命性的变化，也将对战争理论的发展及作战方式的变更产生巨大影响。

1. 武器装备系统将产生革命性的变革

新概念武器系统的研究将是今后一段时间内世界各国重点研究的领域，新概念武器装备的发展将代表武器装备发展的主要方向。新概念武器大部分涉及前沿学科，对武器装备建设具有巨大的带动作用，会使整个武器装备系统产生革命性的变革。

2. 未来战争形式将发生重大变化

随着各种新概念武器在战场中的应用，太空战、环境战、气象战、"零死亡"战等新的战争形态将会陆续登上战争舞台。未来战场上可能看不到士兵，没有作战界线，甚至没有国界之分。例如，激光武器主要是在太空发挥作用，太空没有国界；计算机病毒武器主要在网上，网络是国际性的；基因武器、环境武器等均看不到战场。新概念武器的出现，使得战场前方和后方的区别更加模糊，战场情况更加难以掌握和控制。

3. 军事理念将会有重大变化

传统意义的进攻和防御将会有新的解释。"消灭敌人"将不再以毁灭对方肉体为最高标准，使敌人失能将可能成为"消灭敌人"所追求的最佳目标。抵御侵略不仅是抗击敌人的兵力、火力入侵，同时还包括抵御和防范敌人的基因入侵、计算机病毒入侵及气象入侵等。

4. 作战方式将出现重大改革

兵力突击、火力打击将不再是作战的主要手段，作战行动将在广泛的领域中展开。"未见敌动，已遭敌袭；未见敌攻，已受其害"将成为敌对双方的重要作战样式。

5. 军队体制将产生重大变革

军队将改革目前的大兵团编成，作战单位将变小，编制内的战斗员额将大大减少；军队中军兵种成分将有较大变化，天军、机器人军团、网络战部队等新型兵种将出现在未来战场。

未来士兵不再是昔日的单纯枪手，而必须具备某些物理学家、数学家、化学家、计算机专家和通信工程师等的品质。数字化士兵的性命不再取决于是否被击中，而取决于某只硅电板是否损坏。

三、核生化武器

（一）核武器

核武器是指利用爆炸性核反应释放出的巨大能量对目标造成杀伤破坏作用的武器。爆炸性核反应是利用能自持进行的原子核裂变或聚变反应，瞬间释放出巨大能量产生的核反应爆炸而形成巨大杀伤破坏效应。

核武器具有光辐射、冲击波、早期核辐射、放射性沾染和核电磁脉冲等杀伤破坏效应。按结构原理，分为原子弹、氢弹（含特殊性能核武器）；按作战使用，分为战略核武器和战术核武器；按投掷发射方式，分为核导弹、核炸弹、核炮弹、核地雷、核鱼雷和核深水炸弹等。核武器在国际冲突、军事斗争中具有重要的战略威慑作用。

1. 核武器分代

核武器按其原理可分为四代。

（1）第一代：原子弹（裂变弹）。20 世纪四五十年代利用铀 235 或钚 239 等易裂变重原子核裂变反应瞬时释放巨大能量的核武器称为原子弹或裂变弹，为第一代核武器。

1945 年 7 月 15 日凌晨 5 时 30 分，世界上第一颗原子弹试验成功。

1945 年 8 月 6 日，美国投到日本广岛的原子弹，代号为"小男孩"，如图 5-14 所示，其重量约 4 100 千克，直径约 71 厘米，长约 305 厘米。核装药为铀 235，爆炸威力约为 14 000 吨 TNT 当量。

图 5-14　美国投到日本广岛的代号为"小男孩"的原子弹

1945 年 8 月 9 日，美国投于日本长崎的原子弹（代号为"胖子"），重量约 4 500 千克，弹最粗处直径约 152 厘米，弹长约 320 厘米。核装药为钚 239，爆炸威力约为 20 000 吨 TNT 当量。

1949 年 9 月 23 日，苏联试爆第一颗原子弹成功。

1964 年 10 月 16 日下午 3 时，巨大的蘑菇云在新疆罗布泊荒漠腾空而起，中国第一颗原子弹爆炸成功。中国正式迈进原子核时代。

（2）第二代：氢弹（聚变弹）。20 世纪 50 年代以后，人们利用氢的同位素氘、氚等轻原子核的聚变反应，研制了瞬时释放出巨大能量的核武器——氢弹，又称聚变弹、热核弹，即第二代核武器。氢弹的杀伤破坏因素与原子弹相同，但威力比原子弹大得多。原子弹的威力通常为几百至几万吨级 TNT 当量，氢弹的威力则可大至几千万吨级 TNT 当量。还可通过设计增强或减弱氢弹的某些杀伤破坏因素，其战术技术性能比原子弹更好，用途也更广泛。

1942 年，美国科学家在研制原子弹的过程中，推断原子弹爆炸提供的能量有可能点燃氢核，引起聚变反应，并想以此来制造一种威力比原子弹更大的超级弹。1952 年 11 月 1 日，美国在马绍尔的埃尼威托克珊瑚岛试爆了世界上第一颗氢弹装置"迈克"。该装置高 6 米，直径为 1.8 米，重达 65 吨，看上去像个大暖瓶，爆炸威力达 1 040 万吨 TNT 当量，相当于广岛原子弹的 500 倍。从 20 世纪 50 年代初至 20 世纪 60 年代后期，美国、苏联、英国、中国和法国都相继研制成功氢弹，并装备部队。

1967 年 6 月 17 日上午 8 时 20 分，中国西部地区新疆罗布泊上空，中国第一颗氢弹爆炸成功（见图 5-15）。这次试验是中国继第一颗原子弹爆炸成功后，在核武器发展方面的又一次飞跃，标志着中国核武器的发展进入了一个新阶段。

图 5-15　中国第一颗氢弹爆炸成功

（3）第三代：特定功能核武器。特定功能核武器，就是突出利用核武器爆炸产生的强冲击波、光辐射、核辐射、核电磁脉冲、放射性沾染等核效应中的某一种，对其加以增强或"剪裁"而对其他效应加以削弱的小当量、高精度、用以达成特定作战目的的核武器。

具有代表性的特定功能核武器主要有以下四种：一是以高能中子为主要杀伤因素的中

子弹或增强辐射弹；二是以冲击波为主要杀伤因素、放射性污染小的冲击波弹；三是增强核射线能量的核电磁脉冲弹；四是钻入地下爆炸，利用巨大冲击波效应破坏地下物体的核钻地弹，它主要用来摧毁加固的导弹发射井、地下指挥中心等重要目标。

（4）第四代：一般是指利用超激光、强 X 射线、磁压缩、反物质等前沿技术对核弹的触发装置进行改进，并激发核聚变的新一代核武器。换句话说，这类核武器不再需要放射性裂变材料、并以裂变产生辐射的方式引发核聚变，因此被看成是"纯热核武器"。

由此，第四代核武器具备了三大特点：一是没有剩余核辐射，不产生放射性污染危害环境，可视为"干净"甚至"绿色"核武器；二是可对核聚变过程进行某种程度的干预和控制，如调节释放能量的大小，使爆炸威力适中；三是不必进行核爆炸试验，只需利用前期核武器的经验和成果，通过计算机模拟即可研制。

目前公开报道的在研第四代核武器中，最具代表性的被认为有两种，即反物质武器和核同质异能素武器。前者是利用物质和其反物质的相互作用（也叫湮灭反应）所产生的能量或者激励出的 X、γ 射线等，引发核聚变的一种核武器；后者是通过核同质异能素这种特殊核素转变为稳态时产生的能量，引发核聚变的一种核武器。这两种核武器结构简单、可靠性高，且易于引爆、单位爆炸力强、便于小型化，可用来制造反导拦截弹弹头或微型导弹弹头，成为反舰、反潜等的有效武器。

由于第四代核武器涉及的理论超前、技术难度大，很难在短期内取得较大进展。但由于第四代核武器的性能优势十分明显，且作战应用灵活和方便，可"速造速成"地作为"常规武器"使用，所以一旦"修成正果"并投入实战，必将对未来战争产生重大的影响。

2. 核武器的发展趋势

进入 21 世纪以来，虽然国际形势总体趋于缓和，但是核武器仍是国家战略威慑力量的重要组成部分，是国家安全的基石。各主要核武器国家都在根据国情，调整核政策，采取措施确保其核力量的有效性。在当今世界主要核武器国家的核政策都有所调整的影响下，21 世纪核武器的发展将会出现以下趋势。

（1）如何保证日渐老化的核武库的长期安全性和可靠性，将成为核武器国家今后一段时间内面临的突出问题。全面禁止核试验的条件，要求将核武器的研究从以核试验为基础转移到以科学为基础的轨道上来。为此，一方面要大力加强实验室实验和次临界实验，发展计算机模拟与仿真能力；另一方面要加强库存监测技术和关键部件老化机理的研究。此外，为适应多变的国际形势，还要加强具有灵活反应能力的核武器研究和生产基础设施的建设。

（2）发展突防技术是提高核武器突破对方导弹防御的方向之一。战略防御力量在战略威慑体系中的能力将成为今后核武器发展的重点。进攻性核威慑力量及导弹防御技术正面临严峻的挑战。为应对这一挑战，在弹头和导弹的设计中将采取更有效的突防措施或手段，如先进诱饵、电子干扰装置、隐身、机动变轨和抗核加固等。

（3）研发具有新型作战能力的核武器将成为今后一个时期内核武器发展的可能方向。具有新型作战能力的武器，如打击深埋加固目标的钻地核武器、可使生化武器失效的"除剂武器"、能使电子系统失灵的增强核电磁脉冲武器等，都可以适应信息化战争的需

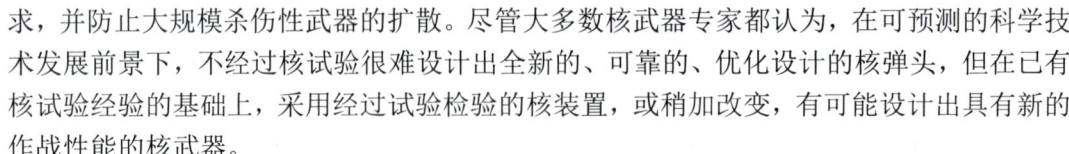

求，并防止大规模杀伤性武器的扩散。尽管大多数核武器专家都认为，在可预测的科学技术发展前景下，不经过核试验很难设计出全新的、可靠的、优化设计的核弹头，但在已有核试验经验的基础上，采用经过试验检验的核装置，或稍加改变，有可能设计出具有新的作战性能的核武器。

（二）生物武器

生物武器也称细菌武器，是以生物战剂杀伤有生力量或破坏植物生长的各种武器、器材的总称。生物武器的施放装置包括炮弹、航空炸弹、火箭弹、导弹弹头，以及航空布洒器、喷雾器等。

1. 生物武器的发展过程

20 世纪初至第一次世界大战结束是生物武器发展的第一阶段。这一阶段的生物武器主要是德国研制的生物战剂，里面包含了几种人畜共患的致病细菌，如炭疽杆菌、鼠疫杆菌等，其生产规模小，施放方法简单，能够污染水源、食物或饲料。第一次世界大战期间，德军曾以炭疽与马鼻疽病菌袭击协约国军队和马匹，造成了大量的伤亡。作为报复，法军和英军也先后使用了有毒武器。1925 年 6 月 17 日，为了禁止使用产生不必要痛苦（使战斗员丧失战斗力、造成极度痛苦甚至死亡）的武器、投射物或物质，各国在日内瓦签订了《禁止在战争中使用窒息性、毒性或其他气体和细菌作战方法的议定书》。

20 世纪 30 年代至 70 年代是生物武器发展的第二阶段。这一阶段的生物战剂种类增多，生产规模不断扩大，主要施放方法为用飞机播撒带有生物战剂的媒介物。这一阶段是世界历史上生物武器使用最多的年代。例如，第二次世界大战期间，一些国家成立了专门的生物武器研究所，迫害其他国家的人民；侵华日军的"731"部队和关东军化学部第"516"部队将带有伤寒、霍乱、菌痢、炭疽、马鼻疽、鼠疫、破伤风、气性坏疽等病原微生物的生物战剂大规模用于战场上，主要通过投放细菌炸弹、飞机喷雾和人工散布等方式散播，给中国人民造成了严重的伤害。

20 世纪 70 年代中期是生物武器发展的第三阶段。这一阶段的生物技术迅速发展，DNA 重组技术得到广泛应用，生物武器进入"基因武器"阶段。

鉴于生物武器给人类带来的巨大痛苦，1971 年 12 月 16 日，联合国第 26 届大会通过了《禁止细菌（生物）及毒素武器的发展、生产及储存以及销毁这类武器的公约》（即《禁止生物武器公约》，下称"公约"）。公约自 1975 年 3 月起生效，截至 2018 年 10 月共有 182 个缔约国。中国于 1984 年 11 月 15 日加入公约。公约对于禁止和销毁生物武器、防止生物武器扩散发挥了不可替代的重要作用。

2. 生物武器的分类

生物武器的种类很多，可以作为生物战剂的致命微生物约有 160 种之多，但具有引起疾病能力和传染能力的为数不多。

生物武器的分类方式有以下几种。

（1）根据生物战剂对人的危害程度划分。

↗ **致死性战剂**：病死率在 10% 以上，甚至达到 50%～90%，主要包括炭疽杆菌、

霍乱弧菌、野兔热杆菌、伤寒杆菌、天花病毒、黄热病毒、东方马脑炎病毒、西方马脑炎病毒、斑疹伤寒立克次体、肉毒杆菌毒素等。

➔ **失能性战剂**：病死率在 10%以下，如布鲁氏杆菌、Q 热立克次体、委内瑞拉马脑炎病毒等。

（2）根据生物战剂有无传染性划分。

➔ **传染性生物战剂**：如天花病毒、流感病毒、鼠疫杆菌和霍乱弧菌等。

➔ **非传染性生物战剂**：如土拉杆菌、肉毒杆菌毒素等。

（3）根据生物战剂的形态和病理划分。

➔ **细菌类生物战剂**：主要有炭疽杆菌、鼠疫杆菌、霍乱狐菌、野兔热杆菌、布氏杆菌等。

➔ **病毒类生物战剂**：主要有黄热病毒、委内瑞拉马脑炎病毒、天花病毒等。

➔ **立克次体类生物战剂**：主要有流行性斑疹伤寒立克次体、Q 热立克次体等。

➔ **衣原体类生物战剂**：主要有鸟疫衣原体。

➔ **毒素类生物战剂**：主要有肉毒杆菌毒素、葡萄球菌肠毒素等。

➔ **真菌类生物战剂**：主要有粗球孢子菌、荚膜组织胞浆菌等。

随着微生物学和有关科学技术的发展，新的致病微生物不断被发现，生物战剂的种类也在不断增加。近些年来，人类利用微生物遗传学和遗传工程研究的成果，运用基因重组技术界限遗传物质重组，定向控制和改变微生物的性状，从而有可能产生新的致命力更强的生物战剂。

（三）化学武器

化学武器是以毒剂的毒害作用杀伤有生力量的各种武器、器材的总称。它是一种大规模杀伤性武器，一般通过爆炸的方式释放有毒化学品，素有"无声杀手"之称。

1. 化学武器的发展过程

化学武器的大规模使用始于第一次世界大战，使用的毒剂有氯气、光气、双光气、氯化苦、二苯氯胂、氢氰酸、芥子气等，多达 40 余种，毒剂用量达 12 万吨，伤亡人数约130 万，占战争伤亡总人数的 4.6%。

第二次世界大战全面爆发前，意大利侵略阿比西尼亚时使用了芥子气和光气，仅在1936 年的 1 月到 4 月间，中毒伤亡的人数即达 1.5 万人，占作战伤亡人数的 1/3。

第二次世界大战期间的欧洲战场，交战双方都加强了化学战的准备，化学武器贮备达到了较高水平。同时，各大国除加速生产和贮备原有毒剂及其弹药以外，还加强了新毒剂的研制，其中取得实质性进展的是神经性毒剂。在亚洲战场，日军在中国各地发动化学战，制造毒气喷雾，对中国人民犯下了滔天罪行。

从第二次世界大战结束至今，世界上局部战争和大规模武装冲突不断发生，其中被指控和证实使用了化学武器的有美侵朝战争、美侵越战争等。20 世纪 80 年代初的两伊战争中，伊拉克也对伊朗军民动用了化学武器。

2. 化学武器的分类

（1）毒剂。毒剂又称化学毒剂、化学战剂、军用毒剂，是军事行动中以毒害作用杀伤人畜的化学物质，它是化学武器的基础，对化学武器的性能和使用方式起着决定作用。按毒剂的毒害作用可以把化学武器分为 6 类，即神经性毒剂、糜烂性毒剂、全身中毒性毒剂、失能性毒剂、刺激性毒剂、窒息性毒剂。

→ **神经性毒剂：**为有机磷酸酯类衍生物，分为 G 类和 V 类神经毒。G 类神经毒是指甲氟膦酸烷酯或二烷氨基氰膦酸烷酯类毒剂，主要代表物有塔崩、沙林、棱曼。V 类神经毒是指 S-二烷氨基乙基甲基硫代膦酸烷酯类毒剂，主要代表物有维埃克斯（VX）。

→ **糜烂性毒剂：**主要代表物是芥子气、氮芥和路易斯气。

→ **全身中毒性毒剂：**一类破坏人体组织细胞氧化功能，引起组织急性缺氧的毒剂，主要代表物有氢氰酸、氯化氢等。

→ **失能性毒剂：**一类暂时使人的思维和运动机能发生障碍从而丧失战斗力的化学毒剂。主要代表物是 1962 年美国研制的毕兹（BZ），该毒剂为无嗅、白色或淡黄色结晶，不溶于水，微溶于乙醇。战争使用状态为烟状，主要通过呼吸道吸入中毒。中毒症状有瞳孔散大、头痛幻觉、思维减慢、反应呆痴等。

→ **刺激性毒剂：**一类刺激眼睛和上呼吸道的毒剂。按毒性作用分为催泪性和喷嚏性毒剂两类，催泪性毒剂主要有氯苯乙酮、西埃斯；喷嚏性毒剂主要有亚当氏气。

→ **窒息性毒剂：**一类损害呼吸器官、引起急性中毒性肺气而造成窒息的毒剂，主要代表物有光气、氯气、双光气等。

（2）各种化学弹药和毒剂布洒器。化学弹药是指战斗部内主要装填毒剂的弹药，主要有化学炮弹、化学航弹、化学手榴弹、化学枪榴弹、化学地雷、化学火箭弹和导弹的化学弹头等。有的化学弹药中还会装填二元化学武器毒剂前体。二元化学武器毒剂前体是无毒或低毒的化学物质，分装在弹体中由隔膜隔开的容器内。在投射过程中或爆炸时，二元化学武器毒剂前体借助弹体的旋转运动和爆炸力量冲破膜片，多种毒剂前体混合到一起发生化学反应，从而生成毒剂。

化学弹药按毒剂分散方式可分为以下 3 种基本类型。

→ **爆炸分散型：**借炸药爆炸使毒剂成气雾状或液滴状分散，主要有化学炮弹、航弹、火箭弹、地雷等。

→ **热分散型：**借烟火剂、火药的化学反应产生的热源或高速热气流使毒剂蒸发、升华、形成毒烟（气溶胶）、毒雾，主要有装填固体毒剂的手榴弹、炮弹及装填液体毒剂的毒雾航弹等。

→ **布洒型：**利用高压气流将容器内的固体粉末毒剂、低挥发度液态毒剂喷出，使空气、地面和武器装备染毒，主要有毒烟罐、气溶胶发生器、布毒车、航空布洒器和喷洒型弹药等。

思考题

1．指挥控制系统对现代战争有哪些影响？
2．精确制导武器对现代作战的影响表现在哪些方面？
3．简要阐述新概念武器对未来战争的影响。

第六章 共同条令教育与军训

第一节 共同条令教育

条令是以简明条文规定，并通过命令颁布的关于军队战斗、训练、生活、勤务活动的行动准则。条令主要依据军队战斗、训练和管理的经验，武器装备和组织编制的状况，以及军事研究的成果等制定。

一、共同条令概述

《中国人民解放军内务条令》（以下简称《内务条令》）、《中国人民解放军纪律条令》（以下简称《纪律条令》）和《中国人民解放军队列条令》（以下简称《队列条令》）统称共同条令，亦称三大条令，是中央军委向全军颁布的命令。

（一）《内务条令》简介

《内务条令》是规定军人基本职责、军队内部关系和日常生活制度的法规，是军队生活的准则、行政管理的依据。其目的在于建立和维护团结统一的内部关系、紧张有序的生活秩序、严整的军容、优良的作风和严格的组织纪律，以巩固和提高战斗力，保证作战及其他任务顺利进行。

军队有关内务的要求通常是与作战、训练、纪律等内容结合在一起予以规定的。我军历来重视内务管理。1936年，《中国工农红军暂行内务条令》颁布施行，这是我军最早的《内务条令》。从1936年至2010年，中央军委先后颁布过12部规范内务制度的法规。

新一代共同条令在全军和武警部队引起强烈反响

2018年4月，中央军委主席习近平签署命令，发布新修订的《中国人民解放军内务条令（试行）》，自2018年5月1日起施行。其内容如下：总则，军人宣誓，军人职责，内部关系，礼节，军人着装，军容风纪，与军外人员的交往，作息，日常制度，日常战备，军事训练和野营管理，日常管理，国旗、军旗、军徽的使用管理和国歌、军歌的奏唱，附则。

新修订的《中国人民解放军内务条令（试行）》，由原来的21章420条，调整为15章325条，明确了内务建设的指导思想和原则，坚持政治建军、改革强军、科技兴军、依法治军，聚焦备战打仗，着眼新体制新要求，调整规范军队单位称谓和军人职责，充实日常战备、实战化军事训练管理内容要求；着眼从严管理科学

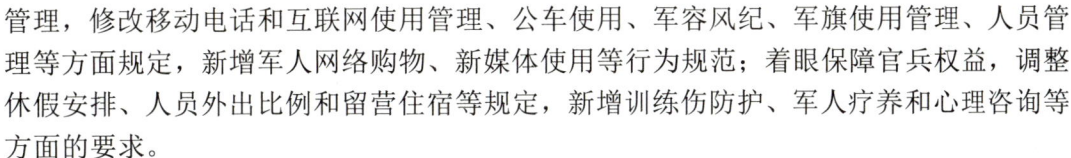

管理，修改移动电话和互联网使用管理、公车使用、军容风纪、军旗使用管理、人员管理等方面规定，新增军人网络购物、新媒体使用等行为规范；着眼保障官兵权益，调整休假安排、人员外出比例和留营住宿等规定，新增训练伤防护、军人疗养和心理咨询等方面的要求。

（二）《纪律条令》简介

《纪律条令》是中国人民解放军维护纪律、实施奖惩的基本法规，适用于中国人民解放军现役军人和单位，以及参战、支前的预备役人员。《纪律条令》的目的在于培养军人高度的组织性、纪律性，巩固和提高部队战斗力，保证部队训练、作战等任务的顺利进行。

中国人民解放军在创建初期就制定了《三大纪律六项注意》，后发展为《三大纪律八项注意》。2018 年 4 月，中央军委主席习近平签署命令，发布新修订的《中国人民解放军纪律条令（试行）》，自 2018 年 5 月 1 日起施行。其内容如下：总则，纪律的主要内容，奖励，表彰，纪念章，处分，特殊措施，控告和申诉，首长责任和纪律监察，附则。

新修订的《中国人民解放军纪律条令（试行）》，由原来的 7 章 179 条，调整为 10 章 262 条，围绕听党指挥、备战打仗和全面从严治军，提出了政治纪律、组织纪律、作战纪律、训练纪律、工作纪律、保密纪律、廉洁纪律、财经纪律、群众纪律、生活纪律等 10 个方面纪律的内容要求；充实思想政治建设、实战化训练、执行重大任务、科技创新等奖励条件；新增表彰管理规范，对表彰项目、审批权限、时机等做出规范，同时取消表彰与奖励挂钩的相应条款；充实违反政治纪律、违规选人用人、降低战备质量标准、训风演风考风不正、重大决策失误、监督执纪不力等处分条件；调整奖惩项目设置、奖惩权限和承办部门，增加奖惩特殊情形的处理原则和规定。

（三）《队列条令》简介

《队列条令》适用于中国人民解放军现役军人和单位，以及参训的预备役人员，是规定队列动作、队列队形和队列指挥的法规，是全军队列训练的依据。

2018 年 4 月，中央军委主席习近平签署命令，发布新修订的《中国人民解放军队列条令（试行）》，自 2018 年 5 月 1 日起施行。其内容如下：总则，队列指挥，队列队形，单个军人的队列动作，分队、部队的队列动作，分队乘坐交通工具，国旗的掌持、升降和军旗的掌持、授予与迎送，阅兵，仪式，附则和附录。

新修订的《中国人民解放军队列条令（试行）》，由原来的 11 章 71 条，调整为 10 章 89 条，着眼进一步激励官兵士气、展示我军良好形象、激发爱国爱军热情，新增誓师、组建、凯旋、迎接烈士等 14 种仪式，规范完善各类仪式的时机、场合、程序和要求；调整细化阅兵活动的组织程序、方队队形、动作要领；调整队列生活的基准单位和武器装备操持规范，统一营门卫兵执勤动作等内容。

课堂互动

新的共同条令有如下变化：取消了"军人非因公外出应当着便服"的规定；取消了因工作需要并经团以上单位首长批准方可使用移动电话的限定条件，明确"基层单位官兵在由个人支配的课外活动时间、休息日、节假日等时间，可以使用公网移动电话。不使用时，通常集中保管。具体使用时机和管理办法，由旅（团）级以上单位结合实际制定"。

你如何看待共同条令的新变化？

二、共同条令对学生军训的要求

共同条令是军队建设的基本准则，也是高校学生军训时必须遵循的原则和标准。

第一，每一个军训学生都要认真学习条令内容，把握条令精神，紧密结合自身实际，切实将理论与实践相结合，把条令精神融入学习、训练、生活和工作中，使共同条令真正成为军训生活中的行为准则。

第二，高校管理部门要搞好条令教育，增强条令意识。高校学生来自全国各地，在思想、文化、观念和素质等方面具有一定的差异。据此，高校管理部门要坚持以教育为导向，采取集中教育与分散教育、集体教育与个别教育、管理教育与思想教育等多种形式并举的方法，转变思想观念，真正把思想和行动统一到条令精神上来。

第三，高校要抓好条令落实，促进学生全面发展。军事技能训练要认真贯彻"严格训练，严格要求"的"两严"方针，通过认真落实条令，让广大参训学生从军事技能训练的实践中领悟条令丰富而深远的育人内涵，激发学生科技强军、知识报国、振兴中华的自信心和责任感，促进学生素质与能力的全面发展。

三、落实共同条令的重要意义

中国人民解放军是人民的军队，是中华人民共和国的武装力量，是人民民主专政的坚强柱石，肩负着巩固国防、抵抗侵略、捍卫祖国的历史重任。我军的性质和任务，要求其必须要有高度统一的组织纪律和行动。我军的广大干部、战士来自祖国的四面八方和社会各个不同阶层，在生活习惯、文化水平、人生经历、道德素养等方面的差异较大，如果没有一个从生活到工作、从管理到训练，统一、严格的行动准则予以规范，部队就会失去应有的凝聚力和战斗力，也就不可能圆满完成以军事训练为中心的各项工作任务，作为军人也就不可能成为一名优秀的干部、战士。

共同条令依据我军性质、宗旨，以立法的形式规定了军队日常活动，包括战备、训练、工作、生活等最基本的行动规范。它是全体军人必须遵照执行的法规，是我军建立正规生活秩序、巩固纪律、培养优良作风、保证部队完成训练和作战等各项任务的根本法典。因此，军队的各项工作和军人的一切行动都必须以条令为准绳，并达到条令所规定的标

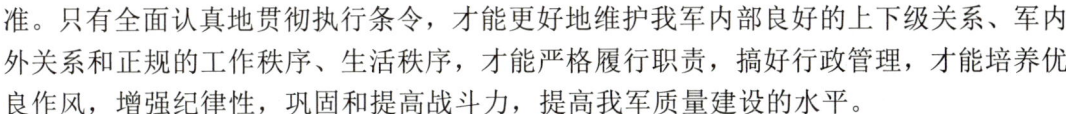

准。只有全面认真地贯彻执行条令，才能更好地维护我军内部良好的上下级关系、军内外关系和正规的工作秩序、生活秩序，才能严格履行职责，搞好行政管理，才能培养优良作风，增强纪律性，巩固和提高战斗力，提高我军质量建设的水平。

按照教育部、中央军委国防动员部颁发的《普通高等学校军事课教学大纲》的要求，在普通高等学校开展学生军训工作，进行中国人民解放军共同条令教育训练，对于增强学生的组织纪律性，塑造学生良好形象，提高学生综合素质，加强和维护校园正常的学习、生活和工作秩序，促进校园文明建设，将起到积极的推动作用。

第二节　班、连、排的队列动作

一、集合、离散

（一）集合

集合是一种使单个军人、分队、部队按照规范队形聚集起来的队列动作。

集合时，指挥员应当先发出预告或信号，如"全体注意""三排注意"，然后站在预定队形前的中间位置成立正姿势，并下达"成××队——集合"的口令。所属队员听到预告或信号，应跑步到预定队形的指定位置（在指挥员后侧的人员，应当从指挥员右侧绕过），然后面向指挥员，自行对正、看齐，成立正姿势。

1．班集合

（1）口令：成班横队（二列横队）——集合。

要领：基准兵迅速到班长左前方适当位置，成立正姿势；其他士兵以基准兵为准，依次向左排列，自行看齐。

成班二列横队时，单数士兵在前，双数士兵在后。

（2）口令：成班纵队（二路纵队）——集合。

要领：基准兵迅速到班长前方适当位置，成立正姿势；其他士兵以基准兵为准，依次向后排列，自行对正。

成班二路纵队时，单数士兵在左，双数士兵在右。

2．排集合

（1）口令：成排横队——集合。

要领：基准班在指挥员前方适当位置，成班横队迅速站好；其他班成班横队，以基准班为准，依次向后排列，自行对正、看齐。

（2）口令：成排纵队——集合。

要领：基准班在指挥员右前方适当位置，成班纵队迅速站好；其他班成班纵队，以基准班为准，依次向右排列，自行对正、看齐。

3．连集合

（1）口令：成连横队——集合。

要领：队列内的连指挥员或基准排在指挥员左前方适当位置，成横队迅速站好；各排和连部成横队，以连指挥员或基准排为准，依次向左排列，自行对正、看齐。

（2）口令：成连纵队——集合。

要领：队列内的连指挥员或基准排在指挥员前方适当位置，成纵队迅速站好；各排和连部成纵队，以连指挥员或基准排为准，依次向后排列，自行对正、看齐。

（3）口令：成连并列纵队——集合。

要领：队列内的连指挥员或基准排在指挥员左前方适当位置，成纵队迅速站好；各排和连部成纵队，以连指挥员或者基准排为准，依次向左排列，自行对正、看齐。

4．营集合

营集合通常会规定集合的时间、地点、方向、队形、基准分队，以及应当携带的武器、器材和装具等事项。

各连按照规定，由连值班员整队带往营的集合地点，随即向基准分队取齐，然后，跑步到距主持集合的营值班员5～7步处报告人数，营值班员整队后，向营长报告人数，如"营长同志，×连应到××名，实到××名，请指示"。营集合也可以由连长整队带往集合地点，直接向营长报告。

营长以口令指挥集合时，参照班、排、连集合的有关规定实施。

（二）离散

离散是一种使列队的单个军人、分队、部队各自离开原队列位置的队列动作。

1．离开

口令：各营（连、排、班）带开（带回）。

要领：队列中的各营（连、排、班）指挥员带领本队迅速离开原列队位置。

2．解散

口令：解散。

要领：队列人员迅速离开原列队位置。

二、整齐、报数

（一）整齐

整齐是一种使列队人员按照规定的间隔、距离，保持行、列平齐的队列动作。整齐分为向右（左）看齐和向中看齐。

1．向右（左）看齐

口令：向右（左）看——齐；向前——看。

要领：基准兵不动，其他士兵向右（左）转头（持枪时，听到口令迅速将枪稍提起，看齐后自行放下；持120反坦克火箭筒时，听到口令，左手握提把，右手握握把，提起发射筒，看齐后自行放下），眼睛看右（左）邻士兵腮部，前四名能通视基准兵，自第五名起，以能通视到本人以右（左）第三人为度；后列人员，先向前对正，后向右（左）看齐；听到"向前——看"的口令，迅速将头转正，恢复立正姿势。

2. 向中看齐

口令：以×××为准，向中看——齐；向前——看。

要领：当指挥员指定"以×××为准（或者以第×名为准）"时，基准兵答"到"，同时左手握拳高举，大臂前伸与肩略平，小臂垂直举起，拳心向右，如图 6-1 所示；听到"向中看——齐"的口令后，其他士兵按照向左（右）看齐的要领实施；听到"向前——看"的口令后，基准兵迅速将手放下，其他士兵迅速将头转正，恢复立正姿势。

一路纵队看齐时，可以下达"向前——对正"的口令。

（二）报数

口令：报数。

要领：横队按照从右至左、纵队按照由前向后的顺序依次以短促洪亮的声音转头报数（纵队向左转头），最后一名

图 6-1 向中看齐时基准兵的举手姿势

不转头；数列横队时，后列最后一名报"满伍"或"缺×名"；连集合时，由指挥员下达"各排报数"的口令，各排长在队列内向指挥员报告人数，如"第×排到齐"或"第×排实到××名"。

必要时，连也可以统一报数。

要领：连实施统一报数时，各排不留间隔，要补齐，成临时编组的横队队形。报数前，连指挥员先发出"看齐时，以一排长为准，全连补齐"的预告，尔后下达"向右看——齐"口令，待全连看齐后，再下达"向前——看"和"报数"的口令，报数从一排长开始，后列最后一名报"满伍"或"缺×名"。

三、出列、入列

（一）单个军人出列、入列

1. 出列

口令：×××（或第×名），出列。

要领：出列军人听到呼点自己姓名或序号后应当答"到"，听到"出列"的口令后，应当答"是"，然后，进到指挥员右侧前适当位置或指定位置，面向指挥员成立正姿势。

（1）位于第一列（含一列横队）的军人出列，按上述规定执行。

（2）位于中列（路）的军人出列，向后（左）转，待后列（左路）同序号的军人向右后跨1步（左后退1步）让出缺口后，按照上述规定从队尾（纵队时从左侧）出列；位

于"缺口"位置的军人，待出列军人出列后，即复原位。

（3）位于最后一列的军人出列，先退 1 步（右跨 1 步），然后，按照有关规定从队尾出列。

2. 入列

口令：入列。

要领：出列军人听到"入列"口令后，应当答"是"，然后，按照出列的相反程序入列。

（二）班（排）出列、入列

1. 出列

口令：第×班（排），出列。

要领：听到"第×班（排）"的口令后，由出列班（排）的指挥员答"到"，听到"出列"的口令后，由出列班（排）的指挥员答"是"，并用口令指挥本班（排），按照有关规定，以纵队形式从队尾（位于第一列的班取捷径）出列。

2. 入列

口令：入列。

要领：听到"入列"的口令后，由入列班（排）指挥员答"是"，并用口令指挥本班（排），以纵队形式从队尾（位于第一列的班取捷径）入列。

四、行进、停止

横队和并列纵队行进以右翼为基准，纵队行进以左翼为基准（一路纵队行进以先头为基准）。

（一）行进

指挥员应当下达"×步——走"的口令。听到口令，基准兵向正前方前进，其他士兵向基准翼标齐，保持规定的间隔、距离行进。纵队行进时，排、连通常成三路纵队，也可成一、二路纵队。行进中需要时，可高呼"一二一"（调整步伐的口令）、"一二三四"（呼号）或唱队列歌曲，以保持步伐的整齐并振奋士气。

（二）停止

指挥员应当下达"立——定"的口令。军人听到口令，按照立定的要领实施，分队的动作要整齐一致。停止后，听到"稍息"的口令，先自行对正、看齐，再稍息。

五、方向变换

方向变换是改变队列面对的方向的一种队列动作。

（一）横队和并列纵队方向变换

停止间通常是左（右）转弯或左（右）后转弯，必要时可以向后转。

停止间口令：左（右）转弯，齐（跑）步——走，或者左（右）后转弯，齐（跑）步——走；向后——转，齐（跑）步——走。当需要向后转走时，应当先下"向后——转"的口令，待方向变换后，再下"齐步——走"或"跑步——走"的口令。

行进间口令：左（右）转弯——走，或者左（右）后转弯——走。

要领：一列横队方向变换时，轴翼士兵踏步，并逐渐向左（右）转动，同相邻士兵动作协调；外翼第一名士兵用大步行进并逐步变换方向，其他士兵用眼睛的余光向外翼取齐（愈接近轴翼者，其步幅愈小），并保持规定的间隔和排面整齐，转到 90°或者 180°时踏步并取齐，听口令前进或停止。

数列横队和并列纵队方向变换时，第一列轴翼士兵停止间用踏步、行进间用小步，外翼士兵用大步行进，保持排面整齐，边行进边变换方向，转到 90°或者 180°后，听口令前进或者停止；后续各列按照上述要领，保持间隔、距离，取捷径进到前一列转弯处，转向新方向跟进。

（二）纵队方向变换

停止间口令：左（右）转弯，齐（跑）步——走，或者左（右）后转弯，齐（跑）步——走；向后——转，齐（跑）步——走。

行进间口令：左（右）转弯——走，或者左（右）后转弯——走。

要领：一路纵队方向变换，基准兵在左（右）转弯时，按照单个军人行进间转法（停止间，左转弯走时，左脚先向前一步）的要领实施，在左后转弯时，用小步边行进边变换方向，转到 90°或者 180°后，照直前进；其他士兵逐次进到基准兵的转弯处，转向新方向跟进。

数路纵队方向变换时，按照数列横队和并列纵队方向变换的要领实施。

六、队形变换

队形变换是列队后由一种队形变为另一种队形的队列动作。

（一）横队和纵队的互换

（1）横队变纵队。

停止间口令：向右——转。

行进间口令：向右转——走。

（2）纵队变横队。

停止间口令：向左——转。

行进间口令：向左转——走。

要领：停止间，按照单个军人向右（左）转的要领实施；行进间，按照单个军人向右（左）转走的要领实施。分队动作要整齐一致，队形变换后，排以上指挥员应当进到规定的列队位置。

（二）停止间班横队和班二列横队，班纵队和班二路纵队互换

1. 班横队变班二列横队

口令：成班二列横队——走。

要领：变换前，先报数。听到口令，双数士兵左脚后退1步，右脚（不靠拢左脚）向右跨1步，左脚向右脚靠拢，站到单数士兵之后，自行对正、看齐。

2. 班二列横队变班横队

口令：间隔1步，向左离开；成班横队——走。

要领：听到"间隔1步，向左离开"的口令，取好间隔；听到"成班横队——走"的口令，双数士兵左脚左跨1步，右脚（不靠拢左脚）向前1步，左脚向右脚靠拢，站到单数士兵左侧，自行看齐。

3. 班纵队变班二路纵队

口令：成班二路纵队——走。

要领：变换前，先报数。听到口令，双数士兵右脚右跨1步，左脚（不靠拢右脚）向前1步，右脚向左脚靠拢，站到单数士兵右侧，自行对正、看齐。

4. 班二路纵队变班纵队

口令：距离2步，向后离开；成班纵队——走。

要领：听到"距离2步，向后离开"的口令，取好距离；听到"成班纵队——走"的口令，双数士兵右脚后退1步，左脚（不靠拢右脚）站到单数士兵之后，自行对正。

（三）连纵队和连并列纵队的互换

1. 连纵队变连并列纵队

停止间口令：成连并列纵队，齐步——走。

行进间口令：成连并列纵队——走。

要领：连指挥员或基准排踏步，其他排和连部逐次进到连指挥员或基准排左侧踏步并取齐，然后，听口令前进或停止。

连、排指挥员位置的变换方法：听到口令，连长左脚继续踏1步，右脚向右前1步，进到政治指导员前方仍踏步，政治指导员继续踏步，副连长向前2步（未编有副政治指导员时，副连长向左前2步），进到连长左侧，副政治指导员向左前1步，进到政治指导员左侧，排长、司务长进到预定列队位置，继续踏步并取齐。

2. 连并列纵队变连纵队

停止间口令：成连纵队，齐步——走。

行进间口令：成连纵队——走。

要领：连指挥员或基准排照直前进，其他排和连部停止间和行进间均踏步，待连指挥员或基准排离开原位后，各排按照司务长的口令依次跟进。

连、排指挥员位置的变换方法：听到口令，连长向左前1步，进到副连长前方踏步，政治指导员向前2步，进到连长右侧继续踏步，副政治指导员向右前1步，进到副连长右侧继续踏步（未编有副政治指导员时，副连长右跨半步并踏步），排长、司务长进到预定列队位置继续踏步，取齐后照直前进。

（四）营横队（营并列纵队）和营纵队互换

1. 营横队（营并列纵队）变营纵队

停止间口令：成营纵队，齐步——走。

行进间口令：成营纵队——走。

要领：营指挥员或营部照直前进，各连按照连长的口令变为连纵队，依次跟进；营并列纵队变为营纵队，营指挥员或营部照直前进，各连按照连长的口令依次跟进。

2. 营纵队变营横队（营并列纵队）

停止间口令：成营横队（营并列纵队），齐步——走。

行进间口令：成营横队（营并列纵队）——走。

要领：营指挥员或营部踏步，各连依次进到营部左侧变为连并列纵队踏步，并向基准分队取齐，然后听口令前进或者停止。营纵队变为营并列纵队，营指挥员或营部踏步，各连依次进到营部左侧踏步，并向基准分队取齐，然后听口令前进或停止。

营指挥员位置的变换方法，按照连、排指挥员位置变换方法的有关规定实施。

思考题

1. 什么是共同条令？
2. 贯彻落实共同条令的意义是什么？
3. 队列动作训练包括哪些内容？

第七章　射击与战术训练

第一节　轻武器射击

一、轻武器基本知识

轻武器又称"轻兵器"，是指枪械及其他各种由单兵或班组携行战斗的武器。轻武器广泛装备于各个军种和兵种，其主要作战用途是杀伤有生力量，毁伤轻型装甲车辆，破坏其他武器装备和军事设施。

轻武器质量轻、体积小、便于携带、使用方便，特别适用于近战，是军队中装备数量最多的武器。轻武器的主体是枪械，通常包括手枪、冲锋枪、步枪、机枪和特种枪（霰弹枪、防暴枪、救生枪、信号枪）等。其中，手枪是近距离歼敌的自卫武器；冲锋枪、步枪、机枪是步兵分队在近战中歼敌的主要武器；特种枪是非常规枪械，是具有特殊用途的武器。

（一）95 式自动步枪

1. 战斗性能

95 式自动步枪

95 式自动步枪是近战中消灭敌人有生力量的自动武器和步兵分队反装甲目标的辅助武器，能够让射手具有全面杀伤和反装甲的能力。95 式自动步枪能用实弹直接从枪管发射 40 毫米枪榴弹，对 400 米内的单个目标的射击效果最好，集中火力可射击 500 米内的敌人飞机、伞兵及集团目标。

95 式自动步枪的供弹方式为弹匣供弹，每支枪配有 5 个弹匣。

- → **射击方法**：可实施短点射（2～5 发），还可实施长点射（6～10 发）和单发射。
- → **战斗射速**：点射每分钟 100 发，单发射每分钟 40 发。
- → **枪管寿命**：10 000 发。

2. 主要诸元

口径：5.8 毫米。

初速：920 米/秒。

有效射程：400 米。

表尺射程：500 米。

瞄准基线长：325 毫米。

枪全重（含一个弹匣）：3.5 千克。

枪全长（不装刺刀）：764 毫米。

刺刀长（不含刀鞘）：320 毫米。

刺刀宽：35 毫米。

刺刀重（不含刀鞘）：360 克。

弹匣容弹：30 发。

3. 各部机件

95 式自动步枪由刺刀、枪管、导气装置、瞄准装置、护盖、枪机、复进簧、击发机、枪托、机匣和弹匣组成，如图 7-1 所示，另有一套附品。

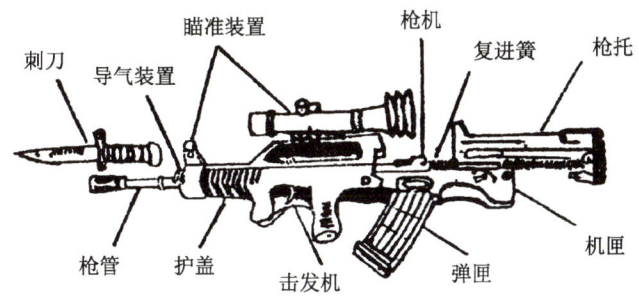

图 7-1　95 式自动步枪部件

（二）武器的分解结合

1. 目的和要求

分解结合是为了擦拭、上油、检查和排除故障，要求做到以下几点。

（1）分解前必须验枪。

（2）分解结合应按顺序和要领进行，不要强敲硬卸。

（3）分解下来的机件应按次序放在干净的物体上。

（4）除所讲的分解内容外，未经许可，不准分解其他机件。

（5）结合后，应拉送枪机数次，检查机件结合是否正确。

2. 具体步骤

（1）打开握把盖取出附品筒。

（2）卸下弹匣：左手掌心向上握下护盖前端，使枪面稍向左，右手握弹匣，拇指按压弹匣卡笋（也可右手掌心向上握弹匣，以手掌肉厚部分推压卡笋），前推使弹匣凹槽脱离弹匣卡笋，再向后下方取下弹匣。

（3）卸下枪托：右手握枪托底下部，拇指用力压住枪托底中部偏下部位，左手拇指从左向右将枪托销顶出；左手将枪托销向右拉到尽头，然后左手托握机匣，右手握枪托并且向后拉，取下枪托。

（4）取出击锤、枪机及复进簧：右手向后拉动击锤取下，抽出复进簧，再向后拉出枪机。

（5）取下机头：左手向左旋转机头，待机头开闭锁凸笋对准机体上的让位槽时，向前拉出机头。

（6）卸下上护盖：左手握机匣尾部，右手先将上护盖向后移动 5～8 毫米，然后向上提起上护盖后部，让过瞄准镜座，继续向后上方提拉取下上护盖。

（7）卸下气体调节器：按压气体调节器卡笋，使其退出定位槽，然后转动气体调节器，当其向上两平面处于水平位置时，向外抽拉，卸下气体调节器。

（8）取出活塞及活塞簧：用手捏住活塞向前推动，当活塞头部露出导气箍时，取出活塞及活塞簧。

结合时，按分解的相反顺序进行。

（三）轻武器的爱护与检查

1. 爱护武器的要求

（1）爱护武器是军人的重要职责，必须做到勤检查、勤擦拭、不碰摔、不生锈、不损坏、不丢失，使武器、子弹保持完好状态。

（2）使用武器必须按操（携）枪要领进行，不得违章操作。

（3）行军、作战和训练时，应尽量避免将武器磕碰或沾上污物，注意防止机件和子弹生锈，防止灰沙进入枪内。

（4）严禁随意拆卸武器各部件和强敲硬卸。

（5）使用武器后，应折回枪刺，松回击锤，关上保险，游标定在常用表尺分划上。

2. 擦拭上油

（1）训练、演习、实弹射击后，应适时地用干布和油布进行擦拭，并给武器上油。

（2）擦拭前，应有组织地验枪、验弹，并分解武器，准备擦拭用具。

（3）擦拭时，应先擦拭枪膛和其他细小部件，后擦拭枪表面，擦拭干净后，用布条或鬃刷涂油。

（4）擦拭后，应拉送枪机数次，检查是否结合正确，然后松回击锤，关上保险。

3. 检查

（1）检查外部。主要检查金属部分是否有污垢、锈痕和碰伤，木质部分有无裂缝和碰伤，各部机件号码是否一致，准星是否弯曲和松动等。

（2）检查枪膛。检查枪膛是否有污垢、生锈和损伤。

（3）检查机能。装上数发教练弹，拉送枪机数次，检查送弹、闭锁、各部件机能是否正常。

二、射击学原理

（一）发射与后坐

1. 发射及其过程

火药气体压力将弹头从膛内推送出去的现象，称为发射。

发射的过程大致如下：击针撞击子弹底火，起爆药起火，火焰通过导火孔引燃发射药，产生大量火药气体，在膛内形成很大的压力，迫使弹头脱离弹壳，沿膛线旋转加速前进，

直至推出枪口。

发射的过程极为短促，现象却很复杂，整个过程可分为 4 个阶段：准备阶段、基本阶段、气体膨胀阶段和火药气体作用的最后阶段，如图 7-2 所示。根据发射过程可以看出，膛压的变化规律是从小急剧增大，而后逐渐下降；弹头速度的变化规律是由静到动，由慢到快，始终是加速运动。

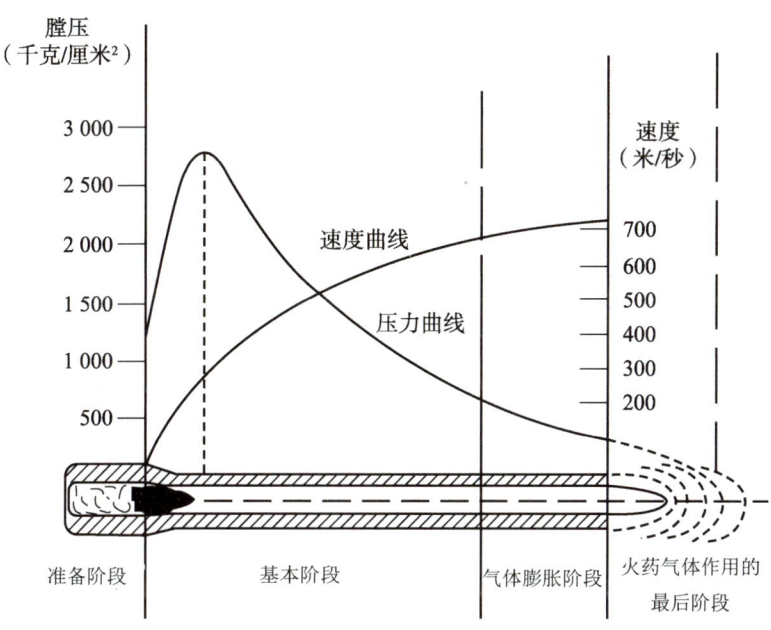

图 7-2 发射的 4 个阶段

2．初速

弹头脱离枪口前切面瞬间的速度，称为初速，初速以"米/秒"为单位。决定初速大小的条件有弹头的质量、装药的质量、枪管的长度、发射药燃烧的速度。

初速是判定武器战斗性能的重要因素之一。初速大，就能增加弹头的飞行距离，减少外界条件对弹头飞行的影响，从而加大弹头的贯穿力和杀伤力。

3．后坐

（1）后坐的形成。发射时，武器向后运动的现象，称为后坐。其形成的原因是在弹头脱离枪口的瞬间，大量火药气体随弹头的后部从膛内向外喷出，产生的气体同时作用于各个方向（作用于膛壁周围的压力为膛壁所抵消，向前作用于弹头后部的压力推送弹头前进，向后作用于弹壳底部的压力经过枪机传给整个武器），使武器向后运动，形成了反作用力。武器的后坐和弹头的运动是同时开始的。

（2）后坐对命中的影响。后坐对单发射击的命中影响极小。因为弹头在脱离枪口时是正直向后运动的，且弹头在膛内运动的时间极短（约千分之一秒），加之有射手衣服和肌肉作为缓冲，所以对射击的影响极小。射手感觉到的后坐，主要是弹头在脱离枪口的瞬间，火药气体猛烈向枪口外喷出形成的反作用力造成的。

后坐对连发射击的命中有一定的影响。因为连发射击时，第一发子弹发射后，后坐变动了原来的瞄准线，所以对第二发以后的射弹命中有一定的影响。但是，只要射手据枪要领正确，适应连发武器射击时的后坐规律，就能减少后坐对连发命中的影响，提高射击精度。

（二）弹道

弹道是弹头在飞行时变化的轨迹。弹头脱离枪口后，如果没有地心引力和空气阻力的作用，它将保持其所获得的速度，沿着发射线无止境地成匀速直线行进。但实际上，弹头在空气中飞行时，会同时受到地心引力和空气阻力的作用，速度和高度都逐渐下降，这样就形成了一条弧线，且上升弧线较长较直，下降弧线较短较弯曲。

弹道具备的各种要素，称为弹道要素，具体如图 7-3 所示。

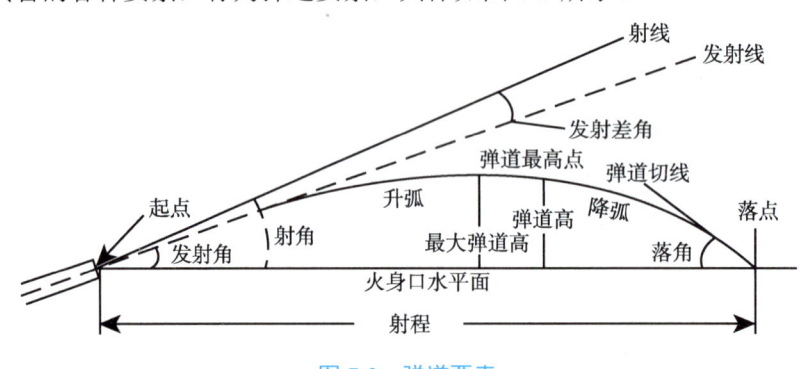

图 7-3　弹道要素

（三）表尺分划和瞄准点

了解瞄准具的作用，学会正确地选定表尺分划和瞄准点，以及观察弹着点和修正偏差的方法是射击的重要前提。

1. 瞄准具的作用

为使弹头射向目标，必须在水平面上和垂直面上赋予火身轴线以一定的角度，为此所做的各种动作称为瞄准。在水平面上赋予火身轴线以方向角的动作，称为方向瞄准。在垂直面上赋予火身轴线以高低角的动作，称为高低瞄准。

由于地心引力和空气阻力的作用，如果用枪管瞄向目标射击，射弹就会打低。为了命中目标必须将枪口抬高，使火身轴线与瞄准线之间形成一定的角度，即瞄准角。

瞄准角的大小，是根据射弹在不同距离上的降落量来确定的。距离越远，降落量越大，所需要的瞄准角也就越大；距离越近，降落量越小，所需要的瞄准角也就越小。

瞄准具是根据上述原理设计的。由于缺口上沿到火身轴线的高度大于准星尖到火身轴线的高度，射击时，是通过缺口上沿中央和准星尖的平正关系来对目标进行瞄准的，这样就抬高了枪口，使火身轴线与瞄准线之间构成了一定的瞄准角，如图 7-4 所示。表尺位置高，瞄准角较大，相应的射击距离就远；表尺位置低，瞄准角较小，相应的射击距离就近。各种枪的表尺板上都刻有不同的表尺（距离分划），装定表尺（距离）分划就是改变表尺的高低位置，也就是装定瞄准角。

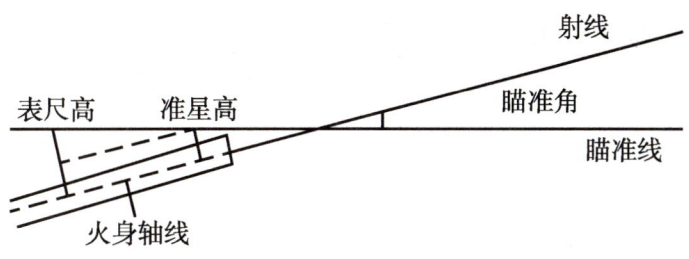

图 7-4　瞄准角的构成

由此可见，瞄准具的作用，就是对一定距离上的目标射击时赋予武器相应的瞄准角和射向。正确地选定表尺分划，对准确命中目标有着决定性的意义。

2. 瞄准要素

瞄准要素（见图 7-5）包括瞄准基线、瞄准线、瞄准点、高低角、弹道高、落点、弹着点、命中角、射线、瞄准角、表尺距离、实际射击距离等。

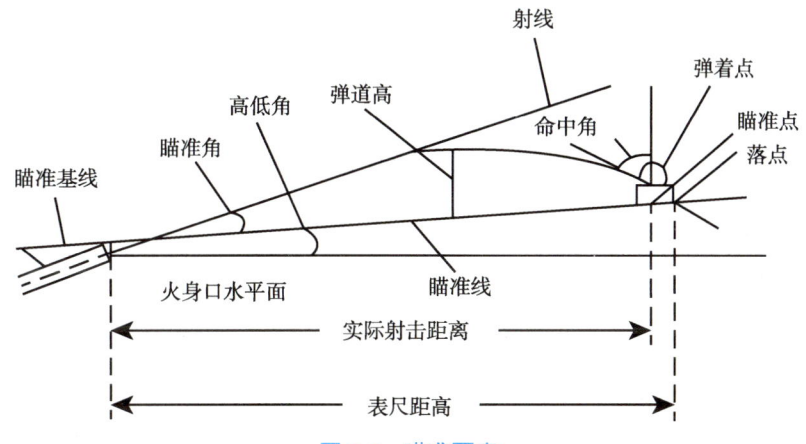

图 7-5　瞄准要素

→　**瞄准基线**：缺口的上沿中央到准星尖的直线线段。
→　**瞄准线**：视线通过缺口上沿中央和准星尖的延长线。
→　**瞄准点**：瞄准线所指向的一点。
→　**高低角**：瞄准线与枪口水平面的夹角。
→　**弹道高**：弹道上任何一点到瞄准线的垂直距离。
→　**落点**：弹道降弧与瞄准线的交点。
→　**弹着点**：弹道与目标表面或地面的交点。
→　**命中角**：弹着点的弹道切线与目标表面或地面所夹的角。
→　**射线**：发射前火身轴线的延长线。
→　**瞄准角**：射线与瞄准线的夹角。
→　**表尺距离**：射弹起点到落点的距离。
→　**实际射击距离**：射弹起点到弹着点的距离。

3．选定表尺分划和瞄准点

为了使射弹准确地命中目标，射击时，射手应根据目标的距离、大小和武器的弹道高，正确地选定表尺分划和瞄准点，其方法如下。

（1）定实距离表尺分划，瞄目标中央。目标距离为百米（轻机枪 50 米）整数时，可根据目标的距离装定相应表尺分划，瞄准点选在目标中央。例如，冲锋枪对 100 米距离上的目标射击时，定表尺"1"，瞄准目标中央射击，即可命中目标中央，如图 7-6 所示。

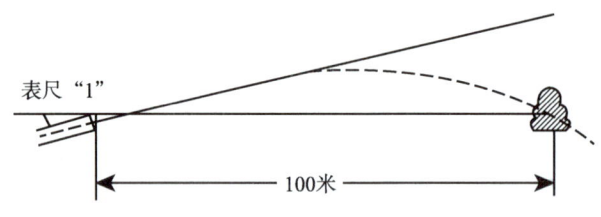

图 7-6　定实距离表尺分划射击景况

（2）定大于或小于实距离表尺分划，适当降低或提高瞄准点。目标距离不是百米（轻机枪 50 米）整数时，常选择大于实距离的表尺分划，根据武器在该距离上的弹道高，相应降低瞄准点射击。例如，冲锋枪对 250 米距离上的目标射击时（弹道高为 21 厘米），定表尺"3"，这时瞄准目标下沿中央射击，即可命中目标中央，如图 7-7 所示。

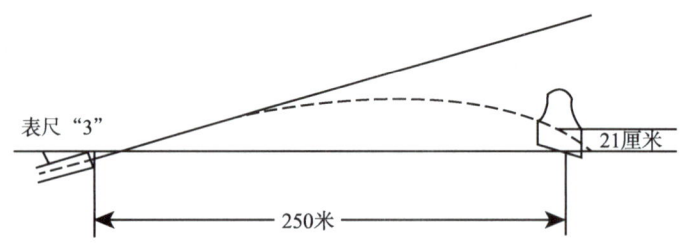

图 7-7　定大于实距离表尺分划射击景况

也可选定小于实距离的表尺分划，根据武器在该距离上的负弹道高，相应提高瞄准点射击。例如，半自动步枪对 250 米距离上的目标（高 30 厘米）射击时，定表尺"2"，在 250 米处的弹道高为负 16 厘米，这时，瞄准目标中央射击即可命中，如图 7-8 所示。

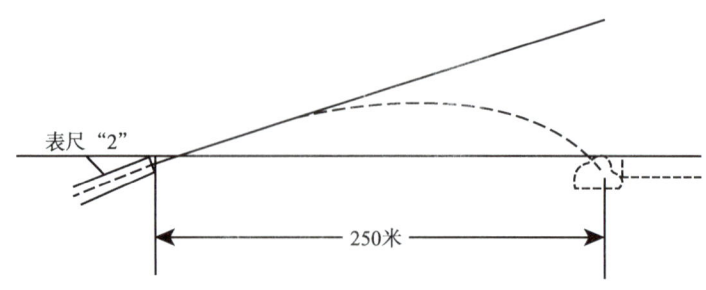

图 7-8　定小于实距离表尺分划射击景况

（3）定常用表尺分划，小目标瞄下沿，大目标瞄中央。战斗中，对 300 米距离以内的目标射击时，通常定常用表尺（表尺"3"）分划，小目标瞄下沿、大目标瞄中央射击，即可命中。

在战场上，目标出现突然，大小暴露不一，且距离不断变化，用此种方法，对 300 米以内的目标不需要变更表尺分划即可实施射击。这样可以争取时间，提高战斗射速和射击效果。因此，此种方法在实战中有着重要的实用意义，是战斗中常用的一种方法。

（四）外界条件对射击的影响及修正

1. 风对射击的影响及修正

风是一种具有速度和方向的气流，它能改变射弹的飞行方向和距离。在各种外界条件中，风对射弹的飞行影响最大。因此，必须准确地判定风的方向和风力，根据风对射弹的影响进行修正，以保证射弹准确命中目标。

（1）风向和风力的判定。按风吹的方向和射击方向所形成的角度可分为横风、斜风和纵风。

→ **横风**：从左或右与射向成 90°吹的风。

→ **斜风**：与射向成锐角（小于 90°）的风。

→ **纵风**：与射向平行吹的风。顺射向吹的风为顺风，逆射向吹的风为逆风。

风力按其大小分为强风、和风和弱风。风力的大小，可用测风仪等器材测出，也可根据人的感觉和常见物体被风吹动的景况来判定。

（2）风对射弹的影响及修正。横（斜）风能对弹头的侧面施以压力，使射弹偏向一侧，产生方向偏差。风力越大，距离越远，偏差就越大。风从左吹来，射弹偏右；风从右吹来，射弹偏左。

为运用方便，可以将在横和风条件下，对 400 米内目标射击时的瞄准景况归纳为如下口诀：一百不用修，二百瞄耳线，三百瞄边沿，四百边接边，强风加一倍，弱（斜）风各减半，如图 7-9 所示。

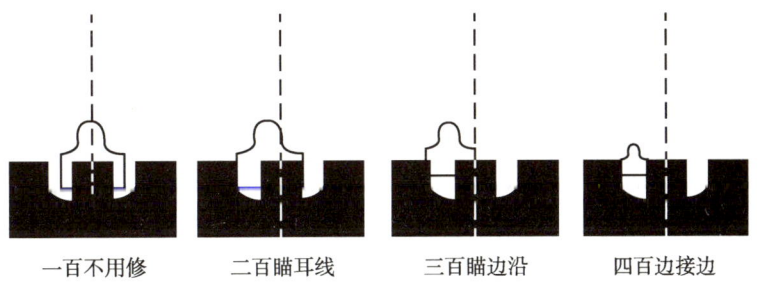

| 一百不用修 | 二百瞄耳线 | 三百瞄边沿 | 四百边接边 |

图 7-9 横和风修正景况

纵风能影响射弹的飞行距离，顺风时，空气阻力减小，使射弹打远（高）；逆风时，空气阻力增大，使射弹打近（低）。但在近距离内（400 米以内）可不修正。如对远距离目标射击时，应适当降低或提高瞄准点。

2. 阳光对瞄准的影响及克服方法

（1）阳光对瞄准的影响。由于阳光照射作用，在阳光下瞄准时缺口部分会产生虚光，形成 3 层缺口，即虚光部分、真实缺口和黑实部分，如图 7-10 所示。如果不注意辨清真实缺口的位置，就容易产生误差。如果用虚光部分瞄准，射弹偏向阳光照来的方向，射弹偏低。如果用黑实部分瞄准，射弹就偏向阳光照来的相反方向，射弹偏高。

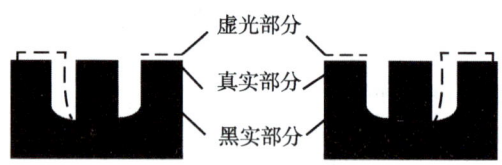

虚光部分
真实部分
黑实部分

图 7-10　缺口部分产生虚光形成 3 层缺口

（2）克服方法。为了克服阳光对瞄准的影响，可在不同方向的阳光照射下练习，采取遮光瞄准不遮光检查，或不遮光瞄准遮光检查的方法，反复练习，辨清真实缺口的位置和正确瞄准的景况。在阳光下瞄准的时间不宜过长，避免眼花而产生误差，平时也要注意保护好瞄准具，不使其磨亮而反光。

3．气温对射击的影响及修正

气温升高时，空气密度减小（稀薄），射弹飞行中所受的空气阻力就小，射弹就打得高（远）。气温降低时，空气密度增大（稠），射弹飞行中受到的空气阻力就大，射弹就打得低（近）。

由于在不同的地区和季节中，气温也不同，很难与标准气温（15℃）条件相符。射击时，若气温与标准气温差别不大，在 400 米内对射弹命中的影响较小，不必修正；若气温与标准气温差别很大，应适当提高或降低瞄准点。

气温降低时，提高瞄准点或增加表尺分划；气温升高时，降低瞄准点或减小表尺分划。

三、武器操作与实弹射击

（一）验枪

验枪是一项保证安全的重要措施。使用武器前后及必要时，均应验枪。验枪时，严禁枪口对人。

口令："验枪""验枪完毕"。

要领：听到"验枪"口令后，右手将枪提起，以右脚掌为轴，身体半面向右转，左脚顺势向前迈出一步（两脚约与肩同宽），同时右手将枪向前送出；左手接握下护木，左大臂紧靠左肋，枪托贴于胯骨，枪刺尖约与眼同高；右手打开弹仓盖，移握机柄。

当指挥员检查时，拉枪机向后，验过后，自行送回枪机，关上弹仓盖，打开保险，扣扳机，关保险，移握枪颈。

听到"验枪完毕"口令后，右手移握上护木，身体半面向左转，在右脚靠拢左脚的同时，恢复持枪姿势。

（二）装退子弹及定复表尺

1. 卧姿装退子弹及定复表尺

口令："卧姿——装子弹""退子弹——起立"。

要领：听到"卧姿——装子弹"口令后，右手将枪提起稍向前倾，左脚向右脚尖前迈出一大步（也可右脚顺脚尖方向迈出一大步），左手在左（右）脚尖前支地，顺势卧倒，以身体左侧、左肘支撑全身；右手将枪向目标方向送出；左手接握表尺下方，枪托着地，右手拉枪机到定位。解开弹袋扣，取出一夹子弹，插入弹夹槽，以食指或拇指将子弹压入弹仓（单发装填时，不应将第一发子弹压在右侧），取出弹夹，送弹上膛，将弹夹装入弹袋并扣好。右手拇指和食指捏压游标卡笋，移动游标，使游标前切面对正所需要的表尺分划。右手移握枪颈，全身伏地，两脚分开与肩同宽，身体与射向成30°，枪刺离地，目视前方，准备射击。

听到"退子弹——起立"口令后，稍向左侧身，右手解开弹袋扣，打开弹仓盖，接住落下的子弹，装入弹袋，拇指拉机柄向后，食指和中指夹住从膛内退出的子弹，送回枪机，将子弹装入弹袋并扣好，关上弹仓盖，打开保险，扣扳机，关保险，复表尺，移握上护木，将枪收回；同时左小臂向里合，屈左腿于右腿下。以左手和两脚撑起身体，右脚向前一大步，左脚再向前一步，在右脚靠拢左脚的同时，恢复持枪姿势。

2. 跪姿装退子弹及定复表尺

口令："跪姿——装子弹""退子弹——起立"。

要领：听到"跪姿——装子弹"口令后，右手将枪提起，左脚向右脚前方迈出一步，右手将枪向目标方向送出；左手接握表尺下方，同时右膝向右跪下，臀部坐在右脚根上，左小腿略垂直，两腿约成90°，左小臂放在左大腿上；枪刺尖约与眼同高。然后，按要领装子弹，定表尺，右手移握枪颈，目视前方，准备射击。

听到"退子弹——起立"口令后，按要领退出子弹，打开保险，扣扳机，关保险，复表尺，右手移握上护木，左脚尖向外打开的同时起立，在右脚靠拢左脚的同时，恢复持枪姿势。

3. 立姿装退子弹及定复表尺

口令："立姿——装子弹""退子弹——起立"。

要领：听到"立姿——装子弹"口令后，右手将枪提起，以右脚掌为轴，身体大半面向右转，左脚顺势向前迈出一步（两脚与肩同宽，成外八字），体重落在两脚上，右手将枪向目标方向送出；左手接握表尺下方，左大臂紧靠左肋，枪托贴于胯骨，枪刺尖约与眼同高。然后，按要领装子弹，定表尺，右手移握枪颈，目视前方，准备射击。

听到"退子弹——起立"口令后，按要领退出子弹，打开保险，扣扳机，关保险，复表尺，右手移握上护木，身体大半面向左转，在右脚靠拢左脚的同时恢复持枪姿势。

（三）据枪、瞄准、击发

据枪、瞄准、击发是相互联系和相互影响的动作。稳固持久的据枪、正确一致的瞄准、均匀正直的击发是准确射击的关键。

1. 据枪

要领：将枪的下护木放在依托物上，身体右侧与枪略成一线；右手虎口向前紧握握把，食指第一节靠在扳机上，右肘尽量内合着地前撑；左手虎口向前握弹匣，左肘着地外撑；两肘保持稳定，胸部挺起，身体前倾，上体自然下塌，使枪托抵于肩窝，头稍前倾，自然贴腮。

2. 瞄准

要领：右眼通视缺口与准星，使准星位于缺口中央，准星尖与缺口上沿平齐，指向目标；瞄准时，应集中精力，看清楚缺口与准星的平正关系，并将目标看得模糊一些。使瞄准线自然地指向目标，若未指向目标，不可强行挪动枪身，必须调整姿势。需要修正方向时，可左右移动身体或两肘。需要修正高低时，可前后移动整个身体或两肘里合、外张，也可适当移动左手的托枪位置。

3. 击发

要领：击发时，用右手食指第一节均匀正直地向后扣压扳机，其他手指力量不变。当瞄准线接近瞄准点时，开始预扣扳机，并减缓呼吸；当瞄准线指向标准点时，应停止呼吸，继续增加对扳机的压力，直到击发。击发瞬间应该保持正确的瞄准，若偏离瞄准点，待修正或换气后，再继续扣压扳机，一直至击发。操纵点射时，应稳扣快松，从扣到底到松开一般有 2～3 发子弹。

（四）实弹射击

实弹射击是射击训练的重要组成部分，是检验射手是否掌握射击动作要领的有效方法。如果实弹射击组织不好，容易发生事故，甚至出现人员伤亡。因此，周密的组织、严格的安全措施和纪律规定十分重要。

1. 实弹射击的组织

实弹射击要成立领导小组，制定实弹射击方案，组织好实弹射击和搞好射击保障。实弹射击前，必须进行思想动员和安全教育，并对参加实弹射击的所有人员规定各种信号、记号，宣布射击场工作人员的组成及其职责。

射击场应设总指挥员、地段指挥员、靶壕指挥员、警戒人员、信号员、示靶员、发弹员、记录员、后勤保险人员等，这些人员的职责如下。

（1）总指挥员：负责设置场地、派遣勤务，组织指挥射击，监督全体人员遵守射击场的各项规定和安全规则，处理有关问题。

（2）地段指挥员：负责本地段的指挥。

（3）靶壕指挥员：负责组织设靶、示靶、报靶、补靶及处理有关问题。

（4）警戒人员：负责全场警戒，严禁任何人员和牲畜进入警戒区。发现险情，应立即发出信号并向射击场指挥员报告。

（5）信号员：根据射击场指挥员的命令发出各种信号，负责警戒区内的观察，发现险情立即报告。

（6）示靶员：负责设靶、示靶、报靶和补靶工作。

（7）发弹员：根据指挥员的命令，按规定弹种、弹数发给射手子弹，收回剩余子弹。射击终止后，负责清查弹药和收回弹壳。

（8）记录员：负责记录射手的成绩和统计单位成绩。

（9）后勤保险组：主要负责实弹射击人员进退射击场的组织、交通运输、饮食保障、医疗及安全等事宜。

上述各类人员均属总指挥员领导。

2. 实弹射击场的安全规则

射击场必须有可靠的靶档，并构筑确保安全的示靶壕。射击场应区分出发地线和射击地线。无关人员不得超过出发地线。

射击前，射击指挥员应向全体人员明确戒严、开始射击、停止射击、报靶、射击终止等信号规定。

射击前后必须严格检查武器（验枪），进入射击场后，不管枪内有无子弹，严禁枪口对人，不准私带子弹入靶场。

射击信号发出后，示靶员、报靶员绝对禁止出壕或探头观望。

射击时，如遇武器发生故障，除指挥员指定专人排除外，严禁他人自行处理。报靶时，严禁向靶区瞄准，无关人员不得进入射击地带摆弄武器。

当指挥员下达停止射击的命令后，射手应立即停止射击，放下武器并关上保险。

靶场全体工作人员只能在规定的区域内活动，不得擅自行动。所有人员离开规定区域必须经领导批准后方可行动。对靶场违纪行为，指挥员应予以制止，并将视情况采取措施。枪支弹药必须由专人负责，不得失控。靶场各级各类工作人员，必须忠于职守，尽职尽责，确保实弹射击的安全顺利实施。

3. 报靶

报靶杆圆头（直径15～20厘米，一面红或黑，一面白），放在靶板（靶子）的不同位置表示环数。

报靶规则如下：

→ 左下角为1环正下方为2环。

→ 右下角为3环左中间为4环。

→ 右中间为5环左上角为6环。

→ 正上方为7环右上角为8环。

→ 在靶板（靶子）中央上下移动为9环。

→ 在靶板（靶子）中央左右摆动为10环。

为了报出弹着点的偏差，报出环数后，应将报靶杆圆头放在靶子中央（白面朝外），再慢慢向偏差方向（弹着点）移出靶板（靶子）2次。

课堂互动

进入大学后，大学生都会进行少则半月，多则一月的军事化训练。不过，在很长的一段时间里，大学生的军训内容只是一些简单的队列训练。2019年2月，教育部、中央军委国防动员部印发了新的《普通高等学校军事课教学大纲》，要求新入学的大学生必须参加军事技能培训，其中射击是必训科目，且射击等军事训练直接和学分挂钩。

你对军训科目的改变有哪些看法？

第二节　战术训练

一、单兵战术基础动作

单兵战术基础动作是在战场上有效地躲避敌人火力杀伤和消灭敌人的最基本动作。熟练地掌握和灵活地应用单兵战术基础动作，对于消灭敌人、保存自己、实现战斗目的具有重要意义。

（一）卧倒、起立

1. 卧倒

卧倒是一种隐蔽身体、减少敌火杀伤的最低姿势。

口令：卧倒。

要领：左脚向右脚尖前迈出一大步，左腿弯曲，上体前倾，两眼注视前方，左手顺左脚方向伸出；掌心向下，手指稍向右，以左膝、左手、左肘顺序着地，迅速卧倒，左小臂横贴于地面上，右手腕压在左手腕上；两手握拢，手心向下，两腿伸直，两脚分开与肩同宽，脚尖向外。

携枪卧倒时，右手提枪并握背带，其余要领同徒手；卧倒后，右手将枪轻贴于身体右侧，枪面向右，枪管放在左小臂上，如图 7-11 所示。

图 7-11　携枪卧倒

2. 起立

口令：起立。

要领：转身向右，两眼注视前方，左腿自然微弯，左小臂稍向里合，以左手、左膝、左脚支撑力将身体支起，同时右脚向前迈出一大步，左脚再迈出一步，左脚靠拢右脚，成立正姿势。携枪时，在转身向右的同时，右手提枪并握背带，然后按徒手要领起立，成持枪或肩枪立正姿势。

（二）直身、屈身前进

1. 直身前进

在距敌较远，地形隐蔽，敌观察、射击不到时采用。

口令：向××——直身前进——。

要领：目视前方，右手持枪，大步或快步前进。

2. 屈身前进

在遮蔽物略低于人体时采用。

口令：向××——屈身前进——。

要领：目视前方，右手持枪，上体前倾，头部不要高出遮蔽物，两腿弯曲（屈身程度视遮蔽物高低而定），大步或快步前进，如图 7-12 所示。

图 7-12　屈身前进

（三）匍匐前进

在通过敌步兵火力封锁较短地段或利用较低的遮蔽物前进时采用。根据遮蔽物的高低分为低姿匍匐、侧身匍匐、高姿匍匐和高姿侧身匍匐 4 种。

1. 低姿匍匐

低姿匍匐（见图 7-13）是身体平趴于地面并降低至最低程度的运动方式，一般是在前方遮蔽物高约 40 厘米时采用。

要领：低姿匍匐携自动步枪的方法有两种。一种是右手掌心向上，虎口卡住机柄，五指握枪身和背带，将枪置于右小臂内侧；另一种是右手食指卡握枪背带上环处，并握枪管，余指抓背带，机柄向上，将枪置于右小臂外侧。行进时，身体正面紧贴地面，头稍微抬起，屈回右腿，伸出左手，用右脚的蹬力和左手的扒力使身体前移，然后再屈回左腿，伸出右手，用左脚的蹬力和右手的扒力使身体继续前移，依次交替前进。徒手的低姿匍匐动作与持枪的动作基本相同。

图 7-13　低姿匍匐

2．侧身匍匐

侧身匍匐（见图 7-14）是前方的遮蔽物高约 60 厘米时所采用的一种运动方式，其特点是运动的速度稍快，但姿势偏高。

要领：携自动步枪运动时，右手前伸移握护木将枪收回，同时侧身，使身体左侧左大腿着地，左小臂前伸着地，左大臂支撑身体，左腿弯曲，右脚收回靠近臀部着地，以左大臂的扒力和右脚的蹬力带动身体前移。徒手侧身匍匐动作与持枪侧身匍匐动作大体相同。

图 7-14　侧身匍匐

3．高姿匍匐

高姿匍匐（见图 7-15）一般是在前方的遮蔽物高约 80 厘米时采用。

要领：携自动步枪前进时，应左手握护木，右手握枪颈，将枪横托于胸前，枪口离地，用两肘和两膝支撑身体，然后，依次前移左肘和右膝、右肘和左膝，如此交替前移。有时，也可采取低姿匍匐的携枪方法。徒手的高姿匍匐动作与持枪高姿匍匐动作基本相同。

图 7-15　高姿匍匐

4. 高姿侧身匍匐

高姿侧身匍匐（见图7-16）通常在遮蔽物高80～100厘米时采用。

要领：持枪前进时，应左手和左小腿外侧着地，右手提枪，以左手的支撑力和右脚掌的蹬力使身体前移。

图 7-16　高姿侧身匍匐

（四）跃进和滚进

1. 跃进

跃进一般在敌火下迅速通过开阔地时采用。

要领：跃进要做到跃起快、前进快、卧倒快。跃进前，应先观察前方地形，选择好前进路线和暂停位置，尔后，迅速突然地前进。前进时，右手持枪目视敌方，屈身快跑。跃进的距离和速度应根据敌火和地形而定，敌火越烈，地形越开阔，跃进的距离应越短，速度应越快，每次跃进距离通常为15～30米。当进到暂停位置遭敌猛烈射击时，应迅速隐蔽或卧倒。卧倒后，如果无射击任务，则不据枪，做好继续前进的准备。

2. 滚进

滚进是在卧姿时，为避开敌人观察、射击而左右移动或通过棱线时采用的运动方法。

要领：将枪关上保险，左手握枪表尺上方，右手握枪颈附近或两手握上护木，枪面向右，顺置于胸、腹前抱紧，两臂尽量向里合，两脚腕交叉或紧紧并拢，全身用力向移动方向滚进，如图7-17所示。

图 7-17　滚进

运动中，也可在卧倒的同时向移动方向滚进。

要领：左（右）脚向前一大步，左手在左（右）脚前着地，身体尽量下塌；右手将枪挽于小臂内，身体向右（左），枪面向右；在右（左）肩臂着地的同时，向右（左）滚进；滚进时，右（左）腿伸直，左（右）腿微屈，滚进距离长时可两腿夹紧。

二、战斗类型

战斗是敌对双方的兵团、部队和分队，为了达到一定的战术目标，在较短的时间和较小的空间内所进行的有组织的作战行动。这种作战行动是为了实现一定的战术目的，消灭或击溃敌方的战术集团，攻占或扼守某些重要地区和目标。战斗活动的时间和空间受战术集团的编制装备、战斗能力、行动目的和行动对象的制约，它是一种内容极其纷繁复杂的战争现象。

战斗类型是按战斗性质所作的分类。我军高技术条件下战斗的基本类型，分为进攻战斗和防御战斗。各级指挥员是战斗活动的组织者和领导者，必须熟悉不同类型战斗的特点，研究其指导规律，并根据战斗企图和敌情、任务，恰当选用战斗类型。

（一）进攻战斗

进攻战斗是主动攻击敌人的战斗，是战斗基本类型之一。其目的是歼灭敌人，攻占重要地区和目标。

1．进攻战斗的优越性
进攻战斗较防御战斗而言，其优越性主要体现在以下几点。

（1）进攻者掌握行动的主动权，可以主动选择攻击目标、方向、时间和方法。

（2）进攻者可以形成兵力兵器对比的优势，可以集中绝对或相对优势力量，选敌弱点，实施主要突击，运用灵活的战术手段，给敌以决定性打击。

（3）进攻者可以预先做好战斗准备，进行周密的组织计划，建立正确的兵力部署，全面准备夺取胜利的条件。

（4）进攻者可以达成战斗的突然条件，在敌意想不到的时间、地点，捕捉或创造战机，给敌以出其不意的攻击。

2．进攻战斗的基本任务
进攻战斗的基本任务可为下列各项之一。

（1）突破敌人阵地，消灭防御之敌，夺占重要地域或目标。

（2）攻歼驻止、运动之敌。

（3）破袭敌人的交通运输线或重要目标

（4）夺占敌纵深要点，割裂敌部署，断敌退路，阻敌增援，配合主力围歼敌人。

3．现代进攻战斗
现代进攻战斗，将是在高技术局部战争条件下进行的诸军兵种合同战斗。高技术武器大量运用于实战，使得现代战斗的军事技术水平空前提高。因此，进攻战斗将面临核武器、化学武器的威胁，并在激烈的电子对抗、信息对抗、远程火力打击环境下，于地面和空中、

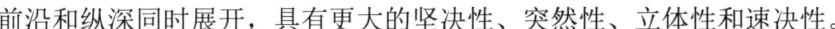

前沿和纵深同时展开，具有更大的坚决性、突然性、立体性和速决性。

分队进攻时，为克敌制胜，必须灵活地运用袭击、强攻或强攻与袭击相结合的战法，善于疏散、隐蔽、迅速地接近敌人，集中兵力火力，突然勇猛冲击，大胆穿插分割，坚决消灭敌人。

（二）防御战斗

防御战斗是抗击敌人进攻的战斗，是战斗的基本类型之一。通常由战术兵团、部队和分队在保卫重要地区或目标，阻敌增援、突围或退却，掩护主力集中、机动或休整，巩固占领地区或阵地等情况下组织实施。目的是杀伤、消耗、迟滞敌人，扼守阵地，争取时间，为直接转入进攻或保障其他方向的进攻创造条件。

1. 防御战斗的优点

防御战斗通常是以相应兵力抗击敌人的进攻，因而战斗行动受进攻一方的制约较大。但是，防御战斗之所以能同超过自己数倍的敌人作战，其主要原因就是它具有进攻战斗所不能具备或不能完全具备的许多优点，具体如下。

（1）防御者能够依托有利的地形和阵地条件进行战斗，为实施战斗创造有利的阵地条件，弥补自己的兵力、火力不足，使战斗效能大为提高。

（2）防御者可利用阵地的自然条件和各种伪装器材，采取各种手段隐真示假，造成敌人在判断和行动上的失误。

（3）防御者通常是先于敌人占领战斗地区，依托有利地形和工事，等待敌人进攻，而进攻者通常要经过运动和逐次展开，精力和体力消耗大。

（4）防御者对战斗地域内的地形比较熟悉，在一定程度上比进攻一方更有条件灵活地机动兵力兵器，适时以积极的攻势行动杀伤、消耗敌人的优势兵力，或破坏敌人进攻。

2. 防御战斗的基本任务

防御战斗的基本任务，可为下列各项之一。

（1）保卫重要地区或目标。

（2）迟滞、消耗、牵制、吸引敌人，创造歼敌的有利战机或掩护主力进攻。

（3）阻敌增援、突围或退却。

（4）巩固占领的地区，抗击敌人反冲击或保障主力翼侧安全。

（5）掩护主力集中、机动或休整。

3. 现代防御战斗

现代防御战斗，将是在高技术局部战争条件下，抗击优势敌人进攻的诸军兵种合同战斗。战斗将面临敌人核武器、化学武器和高技术兵器的严重威胁，在防御全纵深、地面和空中同时展开，连续进行。防御战斗行动的快速性、机动性明显增强，隐蔽防御企图、保存有生力量、指挥与协同更加困难。

分队防御时，必须充分发挥兵力、火力和有利地形、障碍的作用，建立稳定的防御体系，加强伪装防护措施，隐蔽防御企图，保存有生力量，以顽强积极的战斗行动，挫败敌人的进攻。

三、战斗基本原则

战斗基本原则是组织与实施战斗的根本法则，是一切战斗行动的基本依据和指南。它客观地反映了战斗的一般规律，揭示了进行战斗所必须遵循的基本原理，具有实践性、普遍性和系统性的特征。

（一）知彼知己，正确指挥

"知彼知己，正确指挥"，使主观指导符合客观实际情况，是夺取战斗胜利的前提和基础。指挥员必须周密组织并亲自进行现地侦察、勘察，切实查明当面敌情和战斗地区的地形、气象、水文、社会等情况，判明敌人的战斗能力、特点、行动规律、强点和弱点，分析战场环境对敌我双方战斗行动的影响；熟知所属分队的战斗能力和特长，了解本分队任务及上级、友邻可能的支援与配合等情况；通过对各方面情况进行综合分析判断，比较完成任务的利弊条件，找出克敌制胜的方法，据此定下正确的决心，并组织分队实现决心。战斗中，指挥员应当随时掌握敌我情况的发展变化，适时补充、修正决心或定下新的决心，力求使分队的战斗行动符合不断变化的情况。情况紧迫时，指挥员应当边行动边查明情况，果断地指挥分队行动，能动地夺取战斗的胜利。

（二）消灭敌人，保存自己

"消灭敌人，保存自己"，是一切战斗的基本目的，是一切战斗行动的着眼点，也是贯彻战斗始终的指导原则。我军战斗的基本精神是以消灭敌人为主，因此，无论是进攻或防御，都应当树立积极消灭敌人的思想，发扬勇敢战斗、不怕牺牲的精神，灵活运用战法，主动、积极、坚决地消灭敌人。在积极消灭敌人的同时，也要注意保存自己，力求以尽可能小的代价，消灭尽可能多的敌人。

（三）集中力量，各个击破

"集中力量，各个击破"，是我军克敌制胜的根本法则和基本战法之一。无论进攻或防御，每战都必须集中兵力、火力、电子对抗力量及其他物质的和精神的战斗力要素，并充分发挥其综合效能和整体威力，在同一时间内重点打击一个主要目标。进攻时，应实施重点突击，力求首先歼灭当面之敌一部，再转移力量，歼敌之另一部，直至夺取战斗的全面胜利。防御时，应依托阵地，抗反结合，以顽强抗击和积极的攻势行动，不断消耗、歼灭敌人，挫败敌人进攻，以保持防御稳定。

（四）迅速准备，快速反应

"迅速准备，快速反应"，是夺取战斗胜利的基本条件。分队必须在精神、物质和组织上随时保持戒备，及时预见可能发生的情况，预先计划，预做多手准备，特别是复杂、困难情况下的战斗行动准备；接到上级号令后科学计算和分配时间，突出重点，分工负责，

迅速完成准备，不失时机地对突发情况做出反应；紧急情况下，应当边行动边准备，以弥补战前准备的不足。

（五）隐蔽突然，出敌不意

"隐蔽突然，出敌不意"，是指战斗中要采取各种有效措施，切实隐蔽自己的行动企图，灵活迅速地机动兵力、火力，在敌意想不到的时间和地点，运用敌意想不到的战法和手段，向敌突然发起攻击，克敌制胜。"隐蔽突然，出敌不意"可以打敌措手不及，有效歼灭敌有生力量和技术力量，保持己方的优势和主动。

分队贯彻运用这一原则，应掌握敌人规律，发现和利用敌之弱点；切实隐蔽行动企图，突然勇猛攻击；严密防范，防敌突然袭击。

（六）灵活机动，力争主动

"灵活机动，力争主动"，是指战斗中为争取主动，必须灵活地实施兵力和火力机动，及时、迅速地占领有利位置，巧妙地变换战术，不失时机地向重要的目标实施坚决突击，陷敌于被动地位。其核心是"灵活机动"。在战斗中，这是造成优势、夺取和保持主动的重要条件。

分队贯彻这一原则必须做到正确选择兵力、火力机动的方式、方法和时机，并善于机动行事。

（七）注重近战，善于夜战

近战、夜战是我军的传统战法，也是我军在高技术条件下扬长避短的有效战法。必须看到，虽然敌人强调远战，但其地面部队特别是步兵最终还是要与我军直接接触，因而近战仍是一种客观存在。同时，虽然夜视器材有良好的夜视效能，但它并不能使整个战场、整个夜间完全白昼化，因而夜战歼敌，仍然具有重要意义。

（八）密切协同，主动配合

"密切协同，主动配合"，是指战斗中必须严格遵守协同动作原则，认真执行上级协同动作的计划和指示，为完成同一任务，按照战斗目的（目标）、时间、地点准确行动，步兵分队与各兵种分队之间、步兵分队之间、分队内部之间相互主动支援和配合，协调一致地打击敌人。进攻时要积极支援最前方的分队，防御时要积极支援处于要害部位或处境最困难的分队。要注意强化整体意识，实施统一指挥，坚持全程协调。

（九）勇敢顽强，积极战斗

"勇敢顽强，积极战斗"，是我军传统的优良作风，也是夺取战斗胜利的重要因素。高技术条件下，战斗激烈、残酷，人员精神压力和体力消耗明显增大。尤其是战斗分队，与敌短兵相接，长时间处于敌密集火力的直接威胁下，战斗环境险恶，因而更需要发扬勇敢顽强的战斗精神。战斗中，各级指挥员要发挥模范带头作用，特别是在态势对我军极为不利的情况下，应在保证对分队指挥与控制的基础上，身先士卒、勇敢顽强，将智慧与谋略相结合，积极带领分队坚决完成战斗任务。

（十）加强保障，及时补充

"加强保障，及时补充"，是顺利组织与实施战斗，保持持续战斗能力的重要保证。在战斗或行军、宿营中，除上级采取的保障和管理措施外，分队还应当周密组织自身的侦察、警戒、防护、通信联络、工程、伪装等战斗保障，物资补给、卫生勤务、战场维修等后勤、技术保障，以及维护战场纪律和管好武器装备、阵地、民工、战俘等为主要内容的各项战场管理。这是发挥武器装备效能和顺利实施战斗的重要条件。

思考题

1. 95 式自动步枪的 11 大部件是哪些？
2. 弹道要素有哪些？
3. 如何选定表尺和瞄准点？怎样修正外界条件对射击的影响？
4. 武器射击的动作要领主要有哪些？
5. 简要介绍实弹射击的组织与实施。
6. 战斗基本原则包括哪些方面？

第八章　防卫技能与战时防护训练

第一节　格斗基础

一、格斗训练的意义

格斗是以克敌制胜为目的，以技击动作为主要内容，以套路和搏击为基本形式的军事体育项目。格斗是近战歼敌的有效手段，对提高单兵作战能力有着重要的积极意义。

军体格斗训练是提高部队战斗力的重要方法，格斗训练不仅能培养迅速、准确、协调、勇猛、顽强的个人战斗风格和单个完成各项艰巨任务的能力，而且对部（分）队、班（组）集体行动的战斗作风有较大的影响。单个人员的战斗素质，是部队整体战斗力的基础。对单兵进行严格的格斗训练，对提高整体战斗集团的素质、提高部队战斗力有很大的促进作用。

二、格斗基本功

格斗由拳打、脚踢、摔打等搏击、散打的基本动作组成。练习格斗，能使全身各部位得到比较全面的活动，能提高上下肢肌肉的爆发力、各关节的灵活性和柔韧性，以及快速反应能力。此外，格斗还有自卫和制敌的作用。

（一）手型

（1）拳：四指并拢握紧，拇指扣在食指的第二节上，通常分为立拳、反拳和平拳3种，如图8 1所示。

立拳　　　　　反拳　　　　　平拳

图8-1　立拳、反拳、平拳

（2）掌：四指并拢伸直，拇指弯曲紧扣于虎口处，分为立掌、横掌、插掌和八字掌4种，如图8-2所示。

| 立掌 | 横掌 | 插掌 | 八字掌 |

图 8-2　立掌、横掌、插掌、八字掌

（3）勾：五指第一节捏拢在一起，屈腕，如图 8-3 所示。

（4）爪：五指的第一、二关节向掌心方向弯曲并用力张开，分为虎爪和鹰爪两种，如图 8-4 所示。

| | 鹰爪 | 虎爪 |

图 8-3　勾　　　　　　　　图 8-4　鹰爪、虎爪

（二）步法

（1）马步：两脚平行拉开（约本人脚长的 3 倍），脚尖正对前方，屈膝半蹲，膝部不超过脚尖，大腿接近水平，全脚掌着地，身体重心落于两腿之间，挺胸、塌腰，两拳握于腰间，拳心向上。

（2）弓步：两拳抱于腰间，拳心向上，左（右）脚向前上步，左（右）腿屈膝半蹲，右（左）腿在后挺直，脚尖内扣。

（3）虚步：两脚前后分开（约为本人脚长的 2.5 倍），前脚掌着地，腿微屈；后腿屈膝半蹲，后脚掌着地，脚尖外撇 45°；体重大部分落于后脚。左脚在前为左虚步，右脚在前为右虚步。

（4）仆步：两脚左右分开，一腿全蹲，脚尖外展；另一腿伸直平仆，脚尖里扣，两脚全部着地，上体挺胸塌腰。仆左腿为左仆步，仆右腿为右仆步。

（三）拳法

1. 预备式

要领：身体稍向左转时，右脚向右后撤一步，略比肩宽，右膝微屈，右脚尖外斜 45°，脚跟稍抬起；左脚尖稍里扣，重心落于两脚之间；两臂在胸前，前后拉开，左臂微屈，左掌心向右下，指尖朝右上，高与下颌齐；右臂弯曲，肘尖自然下垂，右拳置于腹前约 10 厘米处，拳眼向上，下颌微收，收腹含胸，目视前方。

2．直拳

左直拳要领：在预备姿势基础上，右脚蹬地，使身体重心稍前移，上体微向右转，左拳向前内旋击出，力达拳面，目视前方，然后迅速收回。

右直拳要领：在预备姿势基础上，右脚蹬地，上体稍向左转，转腰送肩，右拳向前用力击出，力达拳面，目视前方，然后迅速收回。

3．摆拳

左摆拳要领：在预备姿势基础上，左脚蹬地，使身体稍向右转，左拳向左前伸出转向右下横击，左拳内旋，拳心向左稍向下，力达拳面；右拳收于右腮。

右摆拳要领：在预备姿势基础上，右腿蹬地，上体稍向左转，右拳向外、向前、向里横击，右拳内旋，力达拳面，目视前方。

4．勾拳

（1）平勾拳：分为左平勾拳和右平勾拳。

左平勾拳要领：在预备姿势基础上，上体稍向右转，左肘关节外展抬起，大臂和小臂约成90°，左拳经左向右下方击出，拳心向下，左脚跟外转，出拳后左臂迅速向胸靠拢，成预备姿势。

右平勾拳的要领同左平勾拳，动作方向相反。

（2）上勾拳：分为左上勾拳和右上勾拳。

左上勾拳要领：在预备姿势基础上，身体稍左转，微沉肘，重心略下沉，左脚蹬地，腰突然向右转，以蹬地、扭腰、送胯的合力，左拳由下向前上猛力击出，力达拳面，目视前方，然后迅速收回成预备姿势。

右上勾拳要领：在预备姿势基础上，身体稍向右转微向前倾，右脚蹬地、扭腰、送胯，右拳向内，由下向前上猛击，力达拳面，然后迅速收回成预备姿势。

（四）腿法

1．正蹬腿

左正蹬腿要领：在预备姿势基础上，重心后移，左腿屈膝抬起，勾脚尖，由屈到伸，向前猛力蹬出，力达脚跟，左臂自然下摆于体侧，右拳护面，目视前方。做左正蹬腿时可配合垫步前蹬。

右正蹬腿要领：在预备姿势基础上，右脚蹬地，重心前移，右腿屈膝抬起，勾脚尖，以脚为力点，由屈到伸，向前猛力蹬出，右臂自然下摆于体侧，左拳收回到头部左侧，目视前方。动作完成后迅速收回成预备姿势。

2．侧踹腿

左侧踹腿要领：在预备姿势基础上，重心稍后移，身体向右转，左腿屈膝抬起，勾脚尖向左方猛力踹出，力达脚底，身体向右倾斜，左臂自然下摆体侧，右拳收于下颌处，目视踹腿的方向，然后左脚迅速收回，落地成预备姿势。

右侧踹腿要领：在预备姿势基础上，重心前移，右腿屈膝抬起，身体向左转，勾脚尖向右侧猛力踹出，力达脚底，右臂自然下摆于体侧，左拳收于下颌处，目视踹腿的方向，然后右脚迅速收回，落地成预备姿势。

3．鞭腿

左鞭腿要领：在预备姿势基础上，上体稍向右转侧倾，同时左腿屈膝抬起，大小腿折叠，脚尖绷直，右腿支撑身体，左脚向右上方猛力弹踢，力达脚背或小腿下端左臂自然下摆助力，右拳收于下颌处，目视前方，然后左脚迅速收回，落地成预备姿势。

右鞭腿要领：在预备姿势基础上，上体稍左转，同时右腿屈膝抬起，脚面绷直，膝关节弯曲大于90°，右脚向左前方猛力弹踢，右臂自然下摆助力，左拳收于下颌处，目视前方，然后右脚迅速收回，落地成预备姿势。

三、捕俘拳

捕俘拳

（一）上挡冲拳

要领：起右脚原地猛力下踏，左脚向左侧跨出一步，在左转身的同时，左臂上挡，拳心向前，右拳从腰际旋转冲出，拳心向下，成左弓步。注意踏脚时要全脚掌着地，有爆发力。

（二）削臂绊腿

要领：左拳变掌向前击右拳背，右拳收回腰际，右脚前扫；左手挡抓、拧、拉于腰际，同时右脚后绊，右拳猛力旋转冲出。注意前扫、后绊时要协调有力，重心要稳。

（三）上架弹踢

要领：上右脚步成右弓步，同时两拳变掌，沿小腹向上叉掌护头；两拳变钩猛力向后击，同时起左脚，大腿抬平，脚尖绷直，猛力向前弹踢，再迅速收回。注意两大臂要挟紧，猛踢快收，重心要稳。

（四）下砸上挑

要领：两手变拳，左拳由上猛力下砸，与膝同高，同时左脚向前跨步，成左弓步；右拳由前上挑护头，拳心向前，起右脚大腿抬平，脚绷直，头向左甩。注意起身要快，重心要稳。

（五）交叉侧踹

要领：上体正直下蹲，右脚猛力下踏，两小臂上下置于胸前，左臂在上拳心向下，右臂在下拳心向上；迅速起身，两拳交错外格，起左脚大腿抬平，脚尖里勾，向左猛踹，迅速收回。注意踏脚要有爆发力，下蹲起身要快。

（六）顺手牵羊

要领：左脚向前落地屈膝，两拳变掌起在左前方，成抓拉姿势；两手向右后猛拉，同时右脚前扫。注意后拉前扫要协调有力，重心要稳。

（七）上挡抱膝

要领：右脚向前落地同时，左手变拳，小臂上挡；左转身屈膝下蹲，两手合力后抱，两掌相对，掌心向内，略低于膝，右肩前顶成右弓步。注意转体合抱要协调一致。

（八）下拨上勾

要领：左拳下拨后摆，左转身的同时，右拳由后向前猛力上击，拳心向内，与下颌同高，同时右脚向右自然移动，成左弓步。注意转身要快，勾拳要猛。

第二节 战场医疗救护

一、救护基本知识

（一）战伤救护及其原则

战伤救护，是在战斗现场对负伤人员实施的急救、隐蔽、集中和搬运等救护措施的总称。大学生军训应结合卫生知识教育，广泛开展战伤救护知识和技术的宣传、学习和训练，以帮助大学生认识战伤救护的重要意义。

战伤救护的原则有以下几点。

1. 先抢后救的原则

应先使伤员脱离火线或危险区，再进行抢救，以免伤员再次受到伤害。

2. 全面验伤、科学分类、分级救护的原则

对伤员进行验伤、分类，判明伤情，力求准确把握伤类、伤部、伤因、伤势、伤情，及时采取有效的救护措施，减少漏诊和误诊，提高救治效率。同时遵循分级治疗、治送结合的科学原则，加强火线抢救力量，尽量减少救治阶梯，以便使伤员在最短的时间内尽早得到有效的救护。

 拓展阅读

分级治疗也称为阶梯治疗，指战时的伤员分别由战术后方（作战区）、战役后方和战略后方的各级医务组织负责救治。

在战争中，由于战伤伤员数量大，并受战场环境中各种不利条件的影响和限制，许多伤员不可能留在战区内或战场附近进行治疗，必须经过简单、必要的抢救处理之

后，尽快撤离战场，在后送过程中逐步得到完善的治疗，最后到达远离战区、设备较完善、技术条件较好的医疗单位进行治疗，这个过程就是伤员的分级治疗。

分级治疗是在战争环境下救治伤员必须采取的特殊组织形式和阶梯式治疗方式。为了保证医疗质量，各级医疗单位必须明确分工，前后配合，互相衔接，这样才能保证医疗救治的完整性。

3．连续性监护与医疗后送的原则

现代战争中战伤伤情变化快，因此后送途中必须严密监护，实施不间断的治疗。救护措施必须做到前后继承、相互衔接，并要注意防止遗漏和重复。

4．早期清创、延期缝合的原则

战伤伤口一般都有不同程度的污染和组织坏死，为防止伤情恶化和感染性休克，必须尽早实施清创手术，且初次清创后不宜立即缝合。

5．先重后轻，防治结合的原则

按伤势轻重将伤员分为轻、中、重三类，应优先对重伤员进行抢救，尽力挽救他们的生命；同时重视中、轻度伤员的早期有效救治，积极预防并发症，提高治愈率，减少伤残率。

6．整体治疗的原则

把局部处理和整体功能调整、外科处理和内科治疗、生理修复和心理康复结合起来，从整体出发，采取综合的治疗和护理措施，使伤员早日康复。

（二）战伤救护的组织与后送

1．战时医疗后送体系

战时伤员医疗后送组织体系是一个从前方到后方，按照分区分级、建制性与区域性保障相结合的原则，呈梯次配置，可有地方卫生机构参与的医疗救治机构体系。

根据作战部队配备的医疗设备、条件，决定各级医疗机构的救治范围和分工，目前我军分级救治的机构如下。

（1）战术后方救治机构：指连、营、团和师各级救护单位以及海军舰船、码头救护所和空军的两级救护站。各级救治单位分工负责伤员的处理。

（2）战役后方救治机构：指军、兵种和战区的医院，分两线负责伤员的治疗。一线医院靠近战斗前沿，与师救护所保持衔接。二线医院设置在基地，能够基本完成战伤治疗。

（3）战略后方救治机构：指组织战略后方军队医院和地方医院，主要治疗来自战役后方的伤员。

2．伤员分类

伤员分类是指卫生人员根据伤员伤情的紧急程度、医疗后送需要与可能条件，将伤员划分为不同处置类型。伤员分类能够迅速安排伤员救治的先后顺序，以保证大多数伤员能得到必要的救治。分类工作组织得好与否，将直接影响救治的质量和数量。

（1）分类的标志。分类的标志是战时表示伤病员分类结果的标志物，用于准确传递分类信息。必须给伤病员标出分类结果，以避免分类、救治、后送诸环节的重复和遗漏。

标志物有伤标和分类牌两种。伤标用有色布条或塑料条制成，其颜色和样式全军统一规定：红色表示出血（为伤员扎有止血带时，伤标上须注明扎带时间），白色表示骨折，黑色表示传染病，蓝色表示放射损伤，黄色表示毒剂中毒。分类牌用不同形状、颜色、孔洞和文字注记表示分类结果，各救治机构可自行设计制作。

（2）根据伤情的不同，可以将伤员分为以下几类。

→ 伤情严重，需要立即实施手术抢救的伤员。伤员有活动性大出血、开放性气胸、张力性气胸、休克、昏迷和窒息等情况，都属于此类。

→ 需要早期手术的伤员。伤员有四肢开放性骨折、严重的软组织损伤、腹腔内脏损伤、颌面部火器伤和大关节火器伤等情况，都属于此类。

→ 伤情较稳定，可以稍迟进行手术的伤员。伤员有一般软组织损伤、烧伤、脊髓损伤、无压迫症状的颅脑损伤等情况，都属于此类。

→ 伤情较轻，不需要手术治疗的伤员。伤员有多处浅层的火器伤、小面积浅部烧伤或不需要手术的挫伤、扭伤等情况，都属于此类。

负责伤员分类工作的医护人员需按伤员的伤情、病情，迅速给予分类，并将分类标志牌按不同伤员的种类挂在伤员身上显而易见的地方，以便迅速将伤员运送到各个病区，使之得以及时治疗。

3．伤员的后送

伤员后送的基本方式包括前接和后转两种。

→ **前接**：上级救治机构派出运输力量，接回下一级救治机构的伤病员。前接多在战况比较稳定，上下级联络通畅，伤病员较多而运力又不够充足的情况下采用。前接又可分为逐级前接和越级前接。

→ **后转**：下一级救治机构利用自己掌握的运输工具将伤病员送至上一级救治机构。此种方式多在战况不稳定，部队机动频繁，伤病员数量少或卫生运输力量比较充足的情况下采用。后转又可分为逐级后转和越级后转。

伤员的后送，不只是后送方法和运输力量由谁掌握使用的问题，最重要的是明确上下级救治机构的责任。我军伤员后送以逐级前接为主，前接与后转相结合，个别情况下，采用越级前接、越级后转的方式。

二、意外伤的救护

意外伤是指人员在军事训练中发生的意外损伤。掌握军事训练意外伤的预防措施及救护方法，能防止损伤的发生，缓解伤情恶化，减轻痛苦，为进一步就医提供方便。

（一）常见意外训练伤的种类及救护

1．挫伤

挫伤是外力直接作用身体所致的闭合性损伤。其症状如下：皮肤无裂口，局部青紫、

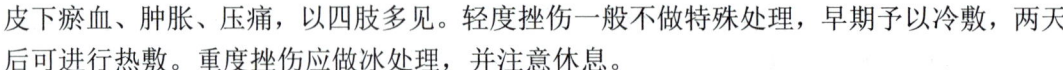

皮下瘀血、肿胀、压痛，以四肢多见。轻度挫伤一般不做特殊处理，早期予以冷敷，两天后可进行热敷。重度挫伤应做冰处理，并注意休息。

2. 扭伤

扭伤是关节的活动超过正常承受范围，造成韧带撕裂的急性损伤。扭伤多发生于踝、腕、腰、膝等部位，受伤部位常呈现肿胀、瘀斑、功能障碍、压痛等症状。早期应冷敷治疗，局部可做理疗或热敷。

3. 擦伤

擦伤是指皮肤的表皮剥落。轻者可用清水冲洗，并涂抹碘伏即可。擦伤创面较重时，应由医生处理。

4. 刺伤

刺伤是指长而尖的器物刺入人体引起的损伤，伤口一般小而深。若刺入的器物较小、不靠近主要器官，可在当时拔出器物，并用碘酒或酒精消毒，然后用纱布包扎伤口；如果当时无法判断是否刺伤主要器官，或刺入的器物较大时，不要拔除器物，应到医院处理，以免发生危险。若被锈蚀的钉子刺伤，处理完伤口后，还应注射破伤风抗毒素。

5. 肌肉拉伤

肌肉拉伤通常是因肌肉过度拉紧导致肌纤维撕裂，伤后局部肿胀、疼痛、肌肉紧张或痉挛、活动受限。早期可用冷敷、抬高伤肢等方法处置。若疼痛较重，可进行理疗、按摩。

6. 脱臼

脱臼是指关节脱位，伤后会出现关节周围肿胀、疼痛剧烈、关节变形、功能障碍等症状。无论何处关节脱臼，均不可活动和揉搓，应立即送医治疗。

7. 骨折

骨折有两种，一种是闭合性骨折，其特点是皮肤没有伤口，断骨不与外界相通；另一种是开放性骨折，即骨头的断端穿出皮肤，有伤口。骨折后，要立即进行包扎和固定，并及时送医治疗。

（二）预防意外训练伤的一般措施

1. 严格遵守规范

要按照规定的动作要领和操作规范进行训练，既要有勇猛顽强的作风，又要有扎实细致的态度，做到动作快捷而准确。同时，应注意遵守训练纪律，保证训练场所的秩序。

2. 遵循训练规律

要按照自身的接受能力和训练程度参加训练，克服争强好胜或信心不足等不良心理，既不急于求成，又不畏手畏脚，按照循序渐进的原则确定训练强度和难度。

3. 做好准备活动

训练前的身体准备活动要充分并具有针对性，一般不少于 10 分钟，切不可做样子，否则会因肌肉僵硬、身体灵活性和协调性差而造成损伤。

4. 掌握保护方法

要学会自我保护和互相保护的方法，特别是在一些难度高、危险性大，动作复杂、不易掌握的科目训练中，更要注意做好保护，以防发生意外事故。

5. 坚持训前检查

训练前，要认真检查训练器械、设备有无损坏，安装是否稳固。训练场地内如有石块、砖瓦等容易造成人员损伤的物体，要及时清除。

三、急救的基本技术

战伤救治一般是在火线上（即发生损伤的现场）进行和实施的。急救的基本技术主要包括通气、止血、包扎、固定和搬运，这五项技术对于保证战伤救治工作的顺利进行，防止和减少战伤并发症，降低死亡率和伤残率，提高治愈率和归队率，争取伤员良好的预后，有着十分重要的意义。

（一）通气

呼吸道一旦发生阻塞，伤员在数分钟内就会因窒息、缺氧而死亡。因此，当呼吸道发生阻塞时，必须分秒必争地消除各种阻塞因素，使气道通畅（见图8-5）。

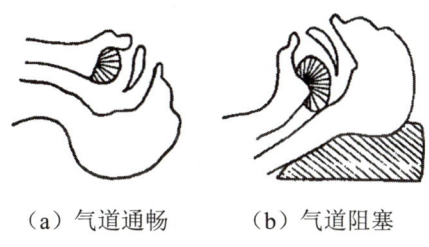

（a）气道通畅　　　（b）气道阻塞

图8-5　气道示意图

伤员的鼻腔和气管被血块、泥沙、呕吐物等堵塞，以及伤员昏迷后舌后坠，均可造成伤员窒息。此时，救护人员应立即选用下列方法，使伤员的呼吸道尽快恢复通气。

→　**指抠口咽法**：救护人员一只手用拇指、食指拉出伤员舌头，另一只手的食指伸入伤员的口腔和咽喉部，迅速将血块、异物等取出。

→　**击背法**：使伤员上半身前倾或半俯卧，救护人员一只手支托其胸骨前，另一只手的手掌猛击伤员背部两肩胛骨之间，促使其咳嗽，从而咳出上呼吸道的堵塞物。

→　**垂俯压腹法**：救护人员从伤员背部用双臂环抱伤员上腹部，将伤员提起，使伤员上半身垂俯，然后用双臂的力量按压伤员的腹部，促使伤员吐出或咳出上呼吸道的堵塞物。

→　**托颌牵舌法**：由于昏迷伤员的舌后坠堵塞声门，救护人员应用手从下颌骨后方托向前侧将舌牵出，使伤员的声门通气。

此外，如果伤员因开放性气胸而严重影响呼吸循环，应立即用敷料或干净的衣、布等堵塞胸壁伤口，使之成为闭合性气胸。

（二）止血

战场急救中常用的止血方法有绷带加压包扎止血法、指压止血法和止血带止血法。

1. 绷带加压包扎止血法

当伤员静脉、毛细血管或小动脉出血时，救护人员应先将敷料盖在伤口上，然后用三角巾或绷带加压缠绕，从而达到止血的目的。缠绕的松紧度以能达到伤口止血又不影响其远端血运为宜。

2. 指压止血法

当较大动脉出血时，临时用手掌或手指压迫伤口近心端的动脉，将动脉压至深部的骨头上（见图 8-6），阻断血流的畅通，可以达到临时止血的目的。其要领口诀可总结为"熟悉血行线，牢记压迫点，手压近心处，压力向骨面，迅速把它摸，千万莫迟延"。

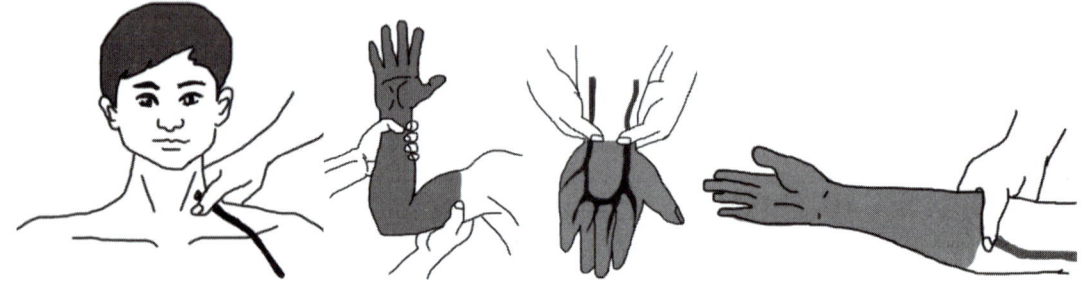

图 8-6　指压止血法

→ **头顶部出血**：一侧头顶部出血，用食指或拇指压迫同侧耳前方的颞浅动脉止血。

→ **颜面部出血**：一侧颜面部出血，可用食指或拇指压迫同侧下颌骨下缘，下颌角前方约三厘米处面动脉止血。

→ **头面部出血**：一侧头面部出血，可用拇指或其他四指压迫同侧气管外侧与胸锁乳突肌前缘中点之间的颈总动脉，将血管压至颈椎止血。

→ **肩腋部出血**：可用拇指压迫同侧锁骨上窝中部的锁骨下动脉，将动脉压至深处的第一肋骨止血。

→ **前臂出血**：可用拇指或其他四指压迫上臂内侧肱二头肌与肱骨之间的肱动脉止血。

→ **手部出血**：可用两手拇指分别压迫手腕横纹稍上处内外侧尺、桡动脉止血。

→ **大腿以下出血**：可用双手拇指重叠用力压迫大腿上端腹股沟中点稍下方的股动脉止血。

→ **足部出血**：可用两手食指或拇指分别压迫足背中部脚腕的胫前动脉和足跟内侧与内踝之间的胫后动脉止血。

3. 止血带止血法

止血带止血法是指以止血带缠绕在有效部位以阻断动脉血流、制止出血的方法，适用于四肢大出血的情况。目前常用的止血带有两种：其一是带压力表的充气止血带，其充气压力高于动脉收缩压（50～80 毫米汞柱），能完全或基本控制股、肱动脉出血；其二是橡

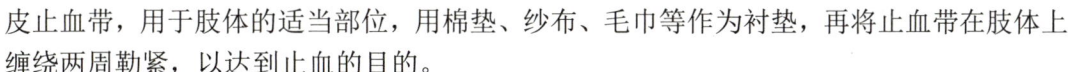

皮止血带，用于肢体的适当部位，用棉垫、纱布、毛巾等作为衬垫，再将止血带在肢体上缠绕两周勒紧，以达到止血的目的。

使用止血带应注意以下几点：① 止血带与皮肤之间要加垫敷料或衣服，不能将止血带直接扎在皮肤上；② 上止血带的伤员必须做好标记，写明上止血带的时间；③ 止血带每隔 1 小时（冬季半小时）松开一次，每次松开 2～3 分钟，以暂时改善血液循环；④ 止血带松开时应逐渐放松，如有出血，应再扎上止血带；若不再出血，可以改用三角巾包扎伤口。

（三）包扎

包扎伤口可以压迫止血，保护伤部，防止污染，有利于伤口尽早愈合。在进行伤口包扎时应做到：动作要轻巧，伤口要全包，打结避伤口，包扎要牢靠，松紧要适宜。

包扎的材料主要有绷带、三角巾、四头带，并配有敷料（用以清洁和保护伤口的纱布、纱布条、棉花球和棉垫等），经消毒灭菌后密封在急救包内。下面主要介绍三角巾包扎法。

在进行包扎时，首先把急救包沿箭头指向处撕开，将敷料盖在伤口上，然后进行包扎。

1. 头面部伤的包扎

头面部伤是战伤中比较严重和多见的损伤。

（1）风帽式包扎法：在三角巾顶角和底边中部各打一个结，形似风帽，顶角结放在额前，底边结放于枕后，包住全头，两底角向下拉紧，底边向外反拆成带状包绕下颌，拉到枕后打结固定。

（2）下颌包扎法：将三角巾由顶角折至底边呈 3～4 横指宽，取 1/3 处放在下颌前方，长端经耳前拉到头顶部，绕至对侧耳前与另一端交叉，两端分别经额部与枕部，在另一侧打结。

（3）面部包扎法：三角巾顶角打一结，兜住面部，然后拉紧两底角，在枕后交叉，绕至额前打结。包好后，在眼、口、鼻处剪小口，让眼、口、鼻露出。

2. 四肢伤的包扎

战伤中四肢伤最为多见，主要包扎方法如下。

（1）包扎上肢：将三角巾一底角打结后套在伤侧手，结之余头留上一些备用；另一角沿手臂后侧拉至对侧肩上；顶角包裹伤肢，前臂屈至胸部，拉紧两底角打结。

（2）包扎手（脚）：将手放在三角巾中央，手指指向顶角；拉顶角盖住手背，两底角左右交叉压住顶角绕手腕打结。包扎脚部方法与此相同。

（3）包扎小腿和脚：脚趾朝向三角巾底边，把脚放在近一底角边的一侧，提起顶角与较长一侧的底角交叉包裹小腿打结，再将脚下底角折到脚背，绕脚腕与底边打结。

（4）包扎肘、膝：将三角巾折成适当宽度的带形，将带的中段斜放于伤部，取带两端分别压住上下两边，绕肢体一圈打结。

3. 胸（背）部伤的包扎

对胸部轻伤包扎时，将三角巾的顶角放在伤侧胸部肩上，把左右两底角拉到背后打结，再与顶角相结。背部的包扎与此相同。

4. 腹（腰）部伤的包扎

包扎腹（腰）部时，把三角巾顶角朝下，放在一侧大腿根下方，用一底角包绕大腿与顶角打结，另一底角提起绕腰部与底边打结。

（四）固定

骨折固定的方法

骨折临时固定，使骨折端无法随便移动，可以避免锐利的骨折端刺破皮肤、周围组织、神经和大血管等，减轻疼痛，防止休克和感染，同时便于后送。

1. 骨折临时固定的注意事项

（1）有伤口和出血时，应先止血、包扎伤口，再固定骨折。如有休克，应先进行休克处理。

（2）骨折临时固定是为了制动，保证伤员安全后送。因此，对骨折畸形不要整复，只做一般矫正后固定即可。在处理开放性骨折时，不要把刺出皮肤外的骨折端送回伤口，以免加重感染。

（3）夹板的长度和宽度要与伤肢相称，其长度要超过骨折部的上、下两个关节。

（4）夹板不能与皮肤直接接触，应用棉花或其他如衣服等平整的软物垫在夹板和皮肤之间，尤其要垫好夹板两端、骨突出部和空隙部位，以防局部受压或不适。

（5）上夹板时，除固定骨折的上下两端外，还应固定上下两关节，以保证骨折部的固定。

（6）固定应做到牢固可靠，不可过松或过紧。

（7）四肢骨折固定时，应露出指（趾）端，以便观察血液循环。

2. 骨折固定的方法

（1）上臂骨折固定法：在上臂的外侧放好夹板，垫好后用两条布带将骨折上下端固定，再用三角巾将前臂悬吊在胸前（见图8-7），然后用三角巾将上臂固定于左肋或右肋。

（2）前臂骨折固定法：把两块夹板分别放在前臂掌侧和背侧，垫好后用绷带或三角巾固定，再用三角巾将前臂悬吊在胸前（见图8-8）。

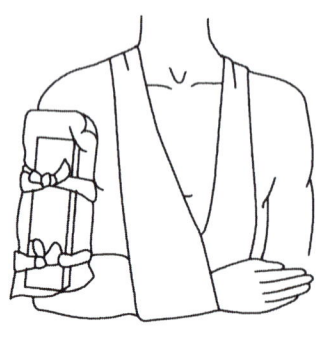

图8-7　上臂固定

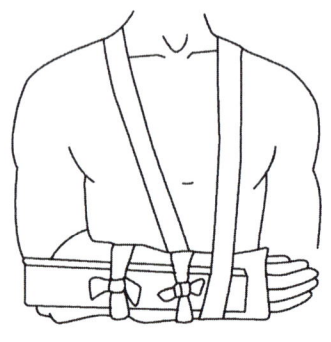

图8-8　前臂固定

（3）小腿骨折固定法：将夹板（长度约自大腿中部到脚跟）放于小腿外侧，垫好后用布带分段固定，在脚部应用"8"字形绷带固定，使脚与小腿呈直角。

（4）大腿骨折固定法：把夹板或木板（长度约自腋下至脚跟）放在伤肢外侧，关节及空隙部位加垫，用三角巾、绷带等分段固定，脚部用"8"字形绷带固定，使脚与小腿呈直角。

（五）搬运

搬运伤员是把伤员转移到隐蔽地方，避免再次负伤，并及时安全后送，使伤员得到进一步治疗。

1. 搬运伤员的方法

搬运伤员的方法应根据伤情、战斗进行情况、地形地物等选用（见图8-9）。火线上的伤员搬运必须防避敌人火力，且无法使用平时的搬运工具。因此，通常采用背、夹、拖、抬、架等方法。

- ➜ 背：背伤员匍匐前进；或用背带加短木，让伤员骑坐其上，然后背走。
- ➜ 夹：夹持伤员，侧身前进。
- ➜ 拖：用大衣、雨衣、布单等包裹伤员，拴绳索或皮带于其腋下，然后拖拉运走。
- ➜ 抬：两人用担架或徒手抬送伤员。
- ➜ 架：就地取材制成临时担架，搬运伤员。应注意的是，对骨折的伤员，特别是脊柱损伤的伤员，搬运时必须保持其伤处固定，切勿弯曲或扭动；对昏迷的伤员，搬运时必须保证其呼吸道通畅。

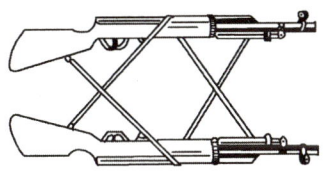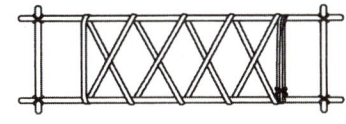

图 8-9　担架

2. 搬运的注意事项

救援人员必须迅速搬运伤员，为了不加重伤员的疼痛或伤情，搬运时必须注意以下几点。

（1）搬运前先进行初步的检查和急救处理。

（2）根据伤员的伤情，采用适当的搬运方法。

（3）搬运伤员时，动作要轻、稳、迅速，避免震动。

（4）搬运时应随时注意伤员的病情、伤情变化。

四、心肺复苏

（一）胸外心脏按压

进行胸外心脏按压前，应先通过触摸伤员的颈动脉判断其心脏是否骤停。触摸颈动脉判断心跳的具体方法是，使伤员仰头，救援人员一手按住伤员的前额，另一手的食指和中指并拢，找到喉结或气管，向左右任一侧滑动，找到气管与胸锁乳突肌之间的沟内即可触及颈动脉（见图 8-10）。

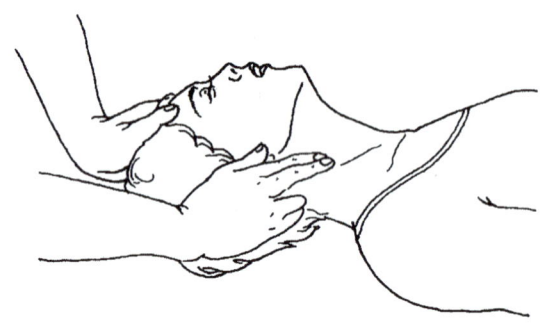

图 8-10　心脏停搏的判断

1. 胸外心脏按压原理

双手着力点位于胸骨中下 1/3 处，将心脏向后压于胸椎，被动将心室内血液泵出，为脑和其他重要器官提供一定的血液及氧气。

2. 操作方法

伤员仰卧在地上或硬板床上，救援人员站立或跪在伤员右侧，解开伤员衣服，露出胸部（或仅留一件贴身衣服），左手掌根部放在伤员胸骨体下段（见图 8-11），右手掌重叠放在左手手背上，双手十指分开并相扣，两手手指翘起，两臂伸直，利用上半身重力垂直向下按压，按压幅度至少 5 厘米，每分钟至少 100 次（见图 8-12）。应注意的是，按压时，要用力均匀、有规律，不可中断，也不可用力太大、太猛；放松时，手不要离开伤员胸部。

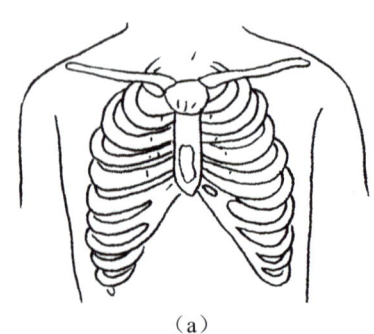

（a）

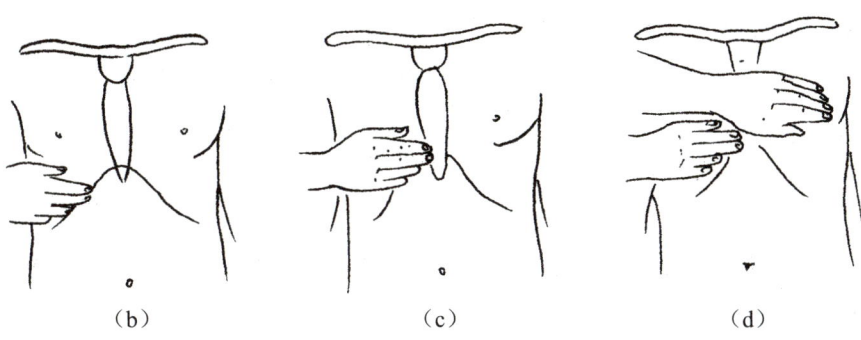

（b） （c） （d）

图 8-11　胸外心脏按压部位定位方法

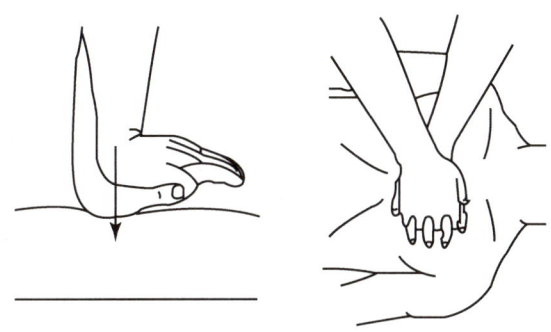

图 8-12　手指交叉按压法

3．注意事项

（1）胸外心脏按压应与人工呼吸配合进行，每按压 30 次，要做 2 次口对口人工呼吸。

（2）肘关节伸直，上肢呈一条直线，两肩正对双手，以保证每次按压的方向与胸骨垂直（见图 8-13）。如果按压时用力方向不垂直，则会影响按压效果。

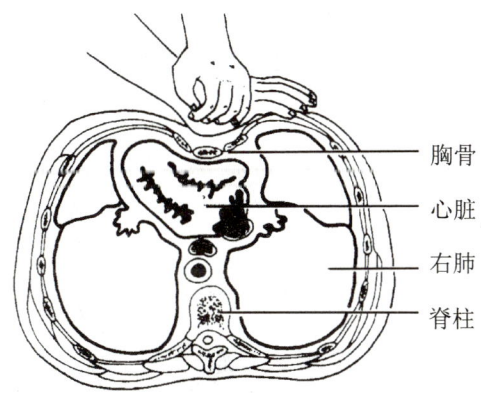

胸骨
心脏
右肺
脊柱

图 8-13　按压方向示意图

（3）每次按压后，手放松使胸骨恢复到按压前的位置（胸廓回弹），血液在此时可回流到胸腔。放松时，双手不要离开胸壁，一方面使双方位置保持固定，另一方面减少对胸骨本身的直接冲击力，以免发生骨折。

（4）按压与放松间隔比为1：1，可使大脑和心脏得到有效的血液供应。

（二）人工呼吸

当伤员无呼吸或者不能正常呼吸时，则需要进行人工呼吸。人工呼吸的方法有以下几种。

1．口对口呼吸法

救护人员一只手托起伤员后颈部，使伤员头后仰、口张开，以保持呼吸道通畅；另一只手捏住伤员的鼻孔，并用口唇把伤员的口全部罩住，呈密封状，然后快速吹气（见图8-14）。每次吹气应持续大约1秒，每次吹入气体量约800～1 000毫升。连续吹气2 次，确保每次通气时伤员胸廓有起伏，吹完气后立即松开捏住伤员鼻孔的手，让伤员的气道通畅。

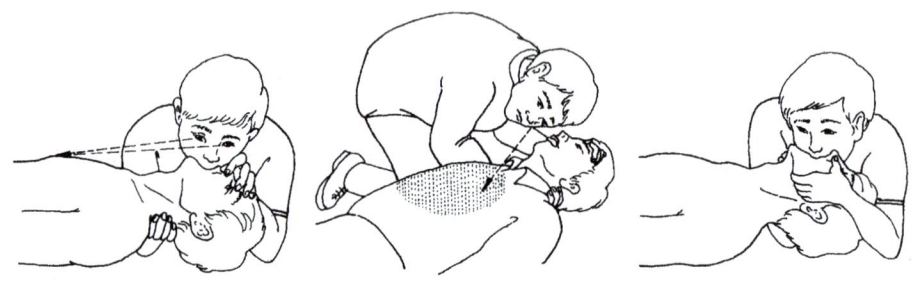

（a）口对口吹气，可见胸部抬起　　（b）观察胸部下沉　　（c）再次口对口吹气

图8-14　口对口人工呼吸

2．口对鼻呼吸法

对于牙关紧闭、张口困难、口唇创伤的伤员，可采用口对鼻呼吸法。救护人员一只手抬起伤员后颈部，另一只手抬其下颌，并用手指按住伤员口唇，使伤员口唇紧闭。然后用口罩住伤员的鼻子，用力吹气，之后口离开鼻子，并松开按住伤员口唇的手，让气体自动排出（见图8-15）。

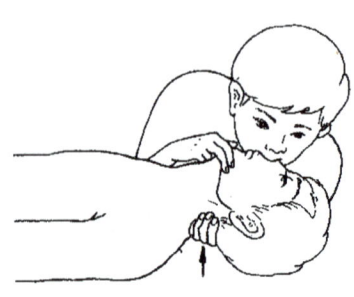

图8-15　口对鼻呼吸法

3．俯卧压胸人工呼吸法

此法主要用于溺水者，便于呼吸道和胃中的水流出。

（三）现场心肺复苏有效和终止的指标

1．心肺复苏有效的指标

经现场心肺复苏后，可根据以下几条指标判断是否有效。

（1）瞳孔：若瞳孔由大变小，说明复苏有效；反之，瞳孔由小变大、固定、角膜混浊，说明复苏无效。

（2）面色：由发绀转为红润，说明复苏有效；变为灰白或陶土色，说明复苏无效。

（3）颈动脉搏动：按压有效时，每次按压可摸到 1 次搏动；如停止按压，脉搏仍跳动，说明心跳恢复；若停止按压，搏动消失，应继续进行胸外心脏按压。

（4）意识：伤员有眼球活动，并出现睫毛反射和对光反射，少数伤员开始出现手脚活动，说明复苏有效。

（5）呼吸：出现自主呼吸，说明复苏有效；若呼吸仍微弱，应继续进行口对口人工呼吸。

2．终止心肺复苏的指标

一旦进行现场心肺复苏，救援人员应负起责任，不能无故中途停止。若在心肺复苏过程中，出现了上述指标中的有效指标，或进行了 30 分钟以上的心肺复苏，可考虑终止心肺复苏。

第三节　核生化防护

尽管核生化武器对人员具有巨大的杀伤破坏作用，但是只要防护得当，就可以有效地防止其对人员的杀伤。因此，了解"三防"知识具有重要意义。

一、核武器防护

（一）核武器杀伤破坏效应

核武器爆炸后，能产生五种杀伤破坏因素：光辐射、冲击波、早期核辐射、核电磁脉冲和放射性核沾染。前四种杀伤破坏因素一般只出现在爆炸后几十秒内，因此统称为瞬间杀伤破坏因素。放射性核沾染持续的时间较长，可持续几天或更长时间，因此称为缓效杀伤破坏因素。

1．光辐射

光辐射又称热辐射，是爆炸后 1～10 秒内的闪光及几千万摄氏度以上的高温火球辐射出来的强光和热。其杀伤破坏因素包括"烧"和"爆"。光辐射若直接照射无隐蔽人员，则会造成烧伤；如果用眼睛看核爆炸的火球，则会产生闪光盲或造成眼底烧伤；爆炸中心附近的人员吸入被光辐射加热的空气，会造成呼吸道烧伤。光辐射能引起大面积火灾，引燃、引爆其他易燃易爆物，从而间接造成人员伤害。

2. 冲击波

冲击波是核爆炸时（几十秒内）高温高压火球猛烈膨胀压缩周围空气而形成的高速高温高压气浪，对人员、物体形成挤压、抛掷作用。挤压作用会造成严重内伤，如肺、胃、肝脾等出血；抛掷作用会造成外伤，如皮肉撕裂和骨折。冲击波可造成建筑物倒塌、砖瓦抛掷、交通堵塞，从而间接造成人员伤害。

3. 早期核辐射

早期核辐射又称贯穿辐射，是核武器所特有的杀伤破坏因素。早期核辐射是核爆炸最初十几秒内放射出来的人眼看不见的射线。早起核辐射作用于人体时，能破坏人的组织细胞，使人得急性放射病。此外，早期核辐射还能使光学玻璃变暗、化学药品失效、电子仪器性能受影响等。

4. 核电磁脉冲

核电磁脉冲是核爆炸瞬间产生的一种强电磁波。其作用半径可达几千千米，对人员没有直接的杀伤作用，但能消除计算机上储存的信息，使自动控制系统失灵，家用电器受到干扰和破坏。

5. 放射性核沾染

放射性核沾染是核爆炸后，从蘑菇状烟云中散落下来的放射性物质。它像尘埃一样，随风飘移，逐渐沉降，使爆心周围和下风方向地区的物体、空气和地面等受到沾染。

放射性核沾染的程度和分布情况与天气、地形、爆炸方式有关。地面爆炸时，地面沾染严重、范围大、作用时间长，对人员行动影响大。空中爆炸时，地面沾染轻、范围小、作用时间短，对人员行动影响小，甚至没有影响。此外，风速大、风向不稳定，沾染的范围就大；放射性灰尘可随雨、雪迅速沉降，加重地面沾染。

放射性核沾染通过射线起杀伤破坏作用，作用时间比早期核辐射要长，在沾染较严重的地区，通常是几个月以上。放射性灰尘的沉降，会造成爆区附近空气、水、食物、武器等的放射性核沾染。

放射性核沾染能够对人员造成三种伤害：① 当放射核沾染随空气、水、食物通过呼吸道、消化道和伤口进入人体时，可引起内照射损伤；② 人员处在被沾染的环境中，人体周围被沾染的物体向人体发出射线会造成外照射损伤；③ 皮肤沾上放射性灰尘或接触沾染严重的物体，会引起皮肤灼伤。

（二）核武器防护

一旦发现爆炸闪光、烟雾骤起或遭遇核武器袭击时，室内、室外人员必须在杀伤破坏因素到达之前，迅速准确地进行防护，以求生存机会。

1. 室内人员防护

室内人员防护的原则是利用坚固的建筑部位和家具，减少暴露，设置屏障，保护重点部位，减少碎片杀伤。

当室内人员发现闪光后，应立即卧倒，最好在靠近墙角的桌下或床下卧倒。尽可能避开门窗和易燃易爆易碎物，以免造成间接伤害。冲击波过后，应立即抖落身上的尘土，迅速进入人防工程进行防护。若没有人防工程，也可以进入冲击波袭击后未倒塌的建筑物内，关闭门窗，防止放射性灰尘进入室内。

2. 室外人员防护

室外人员防护的原则是减少暴露表面，争取重型屏障，重点保护头部，减少碎片杀伤。

当室外人员发现爆炸闪光后，应忌看火球，迅速进入各种人防工程进行防护，且不要随意进出或走动，来不及进入人防工程时，要迅速（2秒内）卧倒。附近有较大的地形地物时，要横向卧倒；地形地物较小时，要面向爆心卧倒；无地形地物可利用时，要背向爆心卧倒。卧倒时，应双手交叉垫于胸前，脸部尽量夹于两臂之间，两肘前伸，双腿伸直并拢，闭眼、闭口，憋气15～20秒。核爆炸时，如果身边有江河、湖泊或池塘，应立即潜入水中防护。有条件的情况下，尽可能利用浅色衣物遮盖身体，尤其是皮肤暴露部位。

利用地形地物进行防护时应注意：必须利用地形地物背向爆心的一侧，尽量利用坚固、稳定的地形地物，避开易倒塌、易燃烧、易爆炸的物体，以免造成间接伤害（见图8-16）。

图8-16 室外人员防护方法

3. 放射性核沾染区人员防护

在人员沾染区行动时，应做好个人防护：戴口罩或面具、扎"三口"（即领口、袖口、裤脚口）、穿雨衣或斗篷、戴手套、穿雨靴；不要随便接触沾染物，不要坐卧和脱下防护器材；严禁在沾染区吃东西、吸烟和饮水。

行进时，应按照专业人员设置的标志，避开沾染程度较高的地域。应选择路面结实、街道较宽的背风墙侧行。人与人之间要保持适当距离，脚步要轻，尽量减少灰尘扬起；快速行进，尽量缩短在沾染区的时间。

乘车时，除做好个人防护外，要关闭车窗，盖严棚布。车上人员不要随便下车，上下车要尽量不接触车轮和挡泥板。行车时，要加大车距。

4. 全区转移人员防护

转移至安全区的人员，要有计划、有组织地采取多种措施，消除衣物和皮肤上的沾染。消除衣物上的沾染时，人员应侧风站立，人与人之间保持一定的距离，将衣物一件一件地

脱下，并进行消毒。消毒后的衣物应放在上风方向。消除衣物沾染的方法通常有拍打法、扫除法、抖拂法、洗涤法等。

若人员的皮肤受沾染，可用毛巾或纱布擦拭。擦拭时，应从上到下，顺着一个方向进行。擦一次，将毛巾翻叠一次，防止已消除部位重新沾染。若误食了被沾染的食物和水，可采取催吐、洗胃、排泄等方式排出。有条件的，可按照医生要求服吸附剂、缓泻剂，以加快放射性物体排出。

二、生物武器防护

生物武器有较强的致病性和传染性，前方和后方、军队和居民、人员和牲畜都可能受到袭击，发病后还可能互相传染。因此在组织防护时，要做到军队、地方结合，军民兼顾；军队卫生勤务与防化、工程等有关勤务部门密切配合。

生物武器的主要防护措施包括：

（1）做好经常性的防疫工作，如进行防疫、防护的宣传教育，开展群众性卫生运动，贯彻各种防疫制度，有计划地接种各种疫苗等。

（2）组织观察、侦察和检验，及时发现敌生物武器袭击。各种观察哨均兼有观察生物武器袭击的任务，若发现袭击征象，应及时通知部队进行一般防护。同时，专业防护人员应进行现场侦察，采集标本进行检验，确定生物战剂种类，并通报部队采取针对性的防护措施。

（3）做好个人防护和集体防护。若发现敌人袭击，在接到防护指令后，应立即戴上防毒面具或防菌口罩，扎紧裤脚、袖口，将上衣塞入裤腰，在颈部围上毛巾。在战斗情况允许时，可进入工事，以减少受染。

拓展阅读

生物武器消毒处理

由于生物武器的后续危害较大，对受染的人员、人员活动场所、伤员居住环境以及伤员的痰、尿、粪便进行消毒是非常必要的。对受染人的消毒，有条件时可进行淋浴，或用肥皂擦拭污染部位。清洗受污染物之前，可用消毒剂擦拭，如碘酒、来苏儿等。室外地面则根据需要，对重点地区用三合二、漂白粉处理，或用火烧、冲洗、通风日晒、铲除掩埋等方式处理。

三、化学武器防护

化学武器的防护措施主要有探测通报、破坏摧毁、防护、消毒、急救等。其中，探测通报是采用各种现代化探测手段，弄清敌方化学袭击的情况，了解气象、地形等，并及时通报。

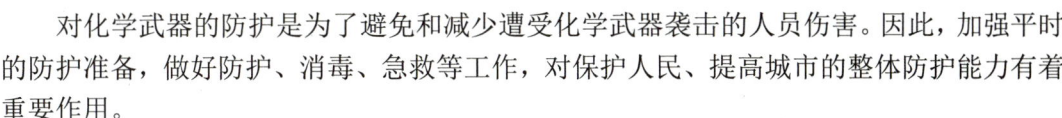

对化学武器的防护是为了避免和减少遭受化学武器袭击的人员伤害。因此，加强平时的防护准备，做好防护、消毒、急救等工作，对保护人民、提高城市的整体防护能力有着重要作用。

（一）观察与侦察

及时发现敌人使用的化学武器，迅速采取防护措施，就能避免受毒剂伤害。除使用专业装备器材进行侦察报知外，还可从下述迹象来判断化学袭击。

空中有飞机低飞，其机翼下方喷出烟雾，就像飞机布洒农药一样，并在飞机经过的地面或植物上可发现液滴或粉末；若用毒剂弹，爆炸时声音低沉、弹坑浅而小，且弹坑附近可能有液滴斑点或粉末，有时有异味。出现这种现象，表明敌方用飞机布洒毒剂。

动物、植物、昆虫同时大范围出现异常现象，如鸟、鸡、兔、狗等出现站立不稳、呼吸困难、瞳孔缩小或散大、抽筋等反应；蜂蝶、蝇等异常抖动翅膀，且飞行困难；植物叶子、花瓣卷缩、枯萎，出现异常变色斑点等。若上述现象在一定地域内同时发生，表明它们已经染毒。

当空气中出现某种刺鼻气味，或人员出现视力模糊、流泪、呼吸困难、胸闷、皮肤有灼烧的感觉时，可能是空气或地面染毒。

此外，敌方施放毒剂还会考虑气象条件和时间因素，如风向、风速适合时，拂晓黄昏时等，这些也可作为判断化学袭击的条件。只要发现有异常，都应立即采取防护措施，并进一步观察、侦察。

（二）防护

在判明敌人可能进行化学袭击后，要快速做好防护准备，不失时机地采取防护措施。

1. 遭遇化学袭击时的防护

遭遇化学袭击时的防护方法包括：利用有密闭、滤毒通风等防护设施的工事进行集体防护；利用个人防护器材进行个人防护。

利用防护工事进行防护时，应根据指挥人员的命令有组织地进入，不得随意进出，以防带入毒剂，降低防护效能。为了减少工事内氧气的消耗，工事内人员要尽可能减少各种活动。当接到化学袭击警报时，个人应迅速戴上防毒面具或其他简易防护器材进行防护，尤其是做好对呼吸道和眼睛的防护。当敌人使用持久性毒剂时，还应进行全身防护，披上防毒斗篷、雨衣或塑料布等，穿好防毒靴套或用就便材料包裹腿脚，戴好防毒手套。

2. 通过染毒地域的防护

通过染毒地域前要做好各项防护准备，按规定穿戴好个人防护器材，如防毒面具、防毒衣、防毒斗篷、靴套、手套、雨衣，或用自制器材、就便材料等进行防护。通过染毒区时，应选择地质坚硬、植物层低矮且少的道路，尽量避开弹坑和有明显液滴的地方，人员之间要拉开距离，快速通过。通过染毒区后，应背向爆心而立，将器材物品放置下风方向2～4步处，先脱去防毒衣、斗篷或雨衣，并将染毒面向内折叠放在器材物品一侧，然后脱去一只手套，取出消毒液，再戴上手套，对被染毒服装、器材、手套进行消毒，接着脱

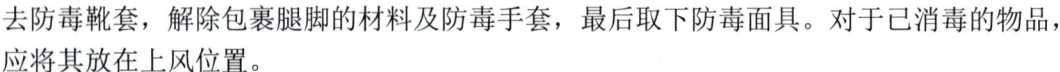

去防毒靴套，解除包裹腿脚的材料及防毒手套，最后取下防毒面具。对于已消毒的物品，应将其放在上风位置。

3．染毒地域内的防护

当需要在染毒地域内停留时，必须严格按规定戴好防护器材，尽量避免与染毒物品接触。条件允许时，应对人员经常活动区域进行消毒。在染毒区域内，个人不得随意行动，不得随便坐、卧，不得在毒气容易滞留的房屋背风处、绿化地带、低洼处停留。严禁在染毒地域内进食、饮水和吸烟，有条件时，可在有防护设施的工事内进食、饮水，但进食、饮水前必须对双手进行消毒和清洗。

（三）急救

当遭到化学武器袭击并发现有人员中毒时，一方面要给中毒人员戴好防护器材，另一方面要按先重后轻的原则快速准确地进行急救，并移出毒区。

（1）神经性毒剂中毒的急救。神经性毒剂中毒人员应立即注射神经性急救针（解磷针），并迅速清洗染毒部位；眼睛染毒，可用碳酸氢钠溶液或 1∶2 000 高锰酸钾溶液清洗；皮肤染毒，可用个人防护包内的消毒液进行擦洗，也可用 10%～15%氨水、5%～10%苏打水溶液进行擦洗；若误服染毒水或食物，应立即洗胃。

（2）糜烂性毒剂中毒的急救。对糜烂性毒剂中毒的急救主要是消毒，具体方法与上述人员消毒的方法相同。

（3）对窒息性毒剂中毒的急救。窒息性毒剂中毒人员将引起肺水肿，进而窒息致死，一般无特殊治疗方法。应注意的是，中毒人员呼吸困难时，禁止进行胸外心脏按压，应尽快送医院治疗。

（4）对失能性毒剂中毒的急救。中毒者一般不需要急救，只要离开毒区或采取防护措施，使其不再吸入毒剂，过一段时间症状会自行消失。

（5）全身中毒性毒剂中毒的急救。中毒者应迅速鼻吸亚硝酸异戊酯安瓿（戴面具者，则将捏破的安瓿塞入面罩内），如症状没有消失，可每隔 4～5 分钟使用一支，但连续使用不得超过 5 支。对呼吸困难者，还应进行人工呼吸。

思考题

1．格斗基本功包括哪些方面？

2．止血方法有哪些？简述其操作步骤。

3．胸外心脏按压法的动作要领是什么？

4．口对口人工呼吸法的动作要领是什么？

5．核武器的防护措施有哪些？

第九章　战备基础与应用训练

第一节　战备规定

战备是部队为了应付可能发生的战争或军事突发事件而在平时进行的准备和戒备行动及工作。士兵作为部队的主体，担负着作战和应付突发事件的各项任务，因此必须牢固树立战备观念，了解战备常识，搞好战备的各项训练，以保证遇到紧急情况时，能以最快的速度投入战斗，并能圆满完成任务。

士兵要重点掌握战备等级转换和"三分四定"两项内容。

一、战备等级转换

战备等级根据军队战备工作的轻、重、缓、急程度，按照一定的标准划分。我军的战备等级共分为四级，从低到高分别为四级战备、三级战备、二级战备和一级战备。

（1）四级战备，为最低一级。此时部队呈戒备状态，收拢人员，控制外出，进行必要的战备教育，以保持警惕性。

（2）三级战备，部队进入部分作战准备状态，进行战备动员和物资器材的准备。

（3）二级战备，部队进入全面作战准备状态，进行深入的战备动员，完成一切战斗行动准备。

（4）一级战备，为最高一级。此时部队呈待发状态，人员、车辆、物资器材全部准备就绪，士兵应确保武器不离身，并立即进行临战动员，一声令下，可立即出动。

通常情况下，部队应根据命令由平时状态向四级、三级、二级、一级战备状态依次转进，有时也可根据命令越级转进。士兵应按照规定保持装备完好率和人员在位率，保证随时遂行各种任务。

二、"三分四定"

"三分"，就是将个人的物资分为携行、前运、后留三部分，分别放置。携行物资是指紧急情况时自己随身带的必备物资；前运物资是指有些物资个人很需要，但自己无法随身携带，需要上级单位帮助运走的物资；后留物资是指不需要带走的个人物资，留在营房，由上级统一保管。

"四定"，即定人、定物、定车、定位。定人是指根据战备行动方案，确定每个士兵在可能出现的紧急情况中所担负的任务、归谁指挥、可能的行动等内容；定物是指确定士兵紧急出动时携带的物资数量、种类，主要规定武器装备的携带方法；定车是指确定士兵紧急出动时所乘坐的车辆（几号车）；定位是指确定士兵乘坐车辆的具体位置及在行进中可能担负的任务。

"三分四定"是战备工作的重要内容，每一个士兵平时要严格按规定做好各项工作，保证一旦有紧急情况就可立即出动。

第二节　紧急集合

紧急集合是指在紧急情况下迅速集合，应付突发情况的一种紧急行动。例如，发现和遭到敌人的突然袭击时，受到火灾、水灾、地震和台风等自然灾害威胁时，上级赋予紧急任务或发生重大意外情况时，等等。

士兵一般是根据上级的紧急战备号令实施紧急集合。士兵一旦接到紧急集合的信号或命令，应立即按规定着装，携带武器装备和器材，迅速到达规定地点集合。

紧急集合分为全副武装紧急集合和轻装紧急集合两种。全副武装紧急集合根据当时部队所处的战备等级状态确定。此时，人员的负荷量、携行的装备和器材均按战备方案和上级的规定执行。轻装紧急集合是在执行临时性的紧急任务时所采取的一种方式。着装时，为减轻士兵的负荷量，通常不背背包（或携带单兵生活携行具），以提高部队的快速机动能力。紧急集合的程序分四步：着装、整理携行生活器材、装具携带和集合。

一、着装

紧急集合通常着作训服（士兵在训练和作战时穿着的制式服装，也称野战服、作战服）。白天进行紧急集合时，一般按当时的训练着装进行。如果上级重新规定着装，士兵应立即换装。夜间进行紧急集合时，士兵应迅速起床，按照帽子、上衣、裤子、袜子、鞋子的顺序进行穿戴。

二、整理携行生活器材

没有装备生活携行具时，应打背包。背包宽30～35厘米，竖捆两道，横压三道。米袋捆于背包上端或两侧；雨衣、大衣通常捆于背包上端，大衣袖子捆于背包两侧；鞋子横插在背包背面中央或竖插两侧；锹（镐）竖插在背包背面中央，头朝上。

三、装具携带（以步兵为例）

没有装备战斗携行具的携带装具的方法分为全副武装和轻装两种。全副武装：背手榴弹袋，左肩右斜；背挎包，右肩左斜；扎腰带（机枪手先背弹盒）；披弹袋；背防毒面具，左肩右斜；背水壶，右肩左斜（见图9-1）。

　　轻装：其他装具的披带同全副武装，只是不背背包，将锹（镐）头朝下背于右肩，系绳绕腰间与背绳系紧；米袋，右肩左胁；雨衣（冬季带大衣时，将大衣袖子留在外面卷紧捆好，再将袖口对接扎紧），左肩右胁（见图9-2）。

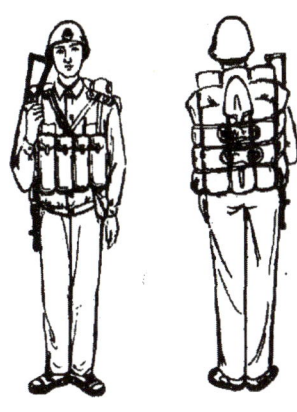

图9-1　全副武装的士兵　　　　　　图9-2　着轻装的士兵

四、集合

　　士兵披装完毕后，迅速跑步到班集合地点，向班长报告。全班到齐后，班长带领全班迅速赶到排集合场，并向排长报告。

　　士兵在紧急集合时要做到：迅速、肃静、确实、完整、安全、便于行动。这就要求每名士兵在平时应按规定放置武器、弹药、装具和衣物，这样在紧急集合时才不会手忙脚乱。

第三节　行军拉练

　　徒步行军即步行实施的行军，是军队常用的机动形式之一。徒步行军受天候、地形、道路条件的影响较小，组织简易、迅速，行动轻便、灵活，利于伪装和隐蔽企图，但机动速度较慢。

　　徒步行军分为常行军、急行军和强行军。常行军是指按正常的每日行程和时速行进的行军方式；急行军是指以最快的速度行进的行军方式，平均时速通常为7千米左右，日行程在50千米以上，通常用于执行紧急任务时；强行军是指加快时速和加大每日行程的行军方式。

一、行军的组织

（一）研究情况，拟出行军计划

指挥员在了解任务的基础上，应召集有关人员研究敌情、行军道路及其两侧的地形、本分队的任务，确定分队的行军序列，制定防护措施和各种情况的处置方案。

（二）做好思想动员

行军前，指挥员应根据本分队所担负的任务，进行深入的思想动员，保障分队顺利完成行军任务。

（三）下达行军命令

指挥员向分队下达行军命令时，应进行明确分工，正职要亲自负责行军的组织指挥。同时明确如下情况：敌情；本分队的任务、出发时间（通过出发点的时间）、行军路线、里程、大休息的地点、到达时间和地点；分队集合地点、行军序列；友邻的行军路线；行军警戒、通信联络信（记）号或口令、着装规定；完成行军准备的时限，明确起床、开饭、集合的时间；指挥员在行军中的位置；摩托化行军时，还应明确车辆情况、车辆分配、各车的车长及观察（联络）员、登车时间和地点等；单独组织行军时，还应明确具体尖兵班（车）的编成、任务、运动路线（与车队的距离）、联络方法、可能与敌遭遇的地点和各分队的行动等。

（四）组织战斗保障

（1）指定 1～2 名战士为观察员，负责对地面、对空观察。

（2）指定值班分队及火器，负责对空防御。

（3）明确遭敌核生化武器，以及敌航空兵、炮兵火力袭击时的行军方法，规定伪装方法及伪装纪律。

（4）组织以简易通信、徒步通信和无线电通信相结合的多种通信手段，确保通信联络畅通。

（五）做好物资装具准备

（1）检查携带的武器、弹药、器材、装具、给养饮水和药品等的数量，以能保障战斗、生活，又不过多增加战士的负荷量为原则。

（2）做好妥善安置伤病员的准备。

（3）进行着装检查，包括鞋袜的整理、背包的捆绑、装具的佩带等。

二、行军管理与指挥

（1）在有可能发生遭遇战的情况下行军时，各排长应随连长在先头行进，以便及时受领任务。分队在公路或乡村道路行军时，应沿道路的一侧或两侧行进；乘车时，沿道路的右侧行进。

（2）行军中应注意保持行进速度和规定的距离，听从调整哨的指挥，未经上级允许，不得超越前面的分队。经过渡口、桥梁、隘路等难以通行的地点时，指挥分队有组织的通过，防止拥挤。通过后，先头部队应适当放慢速度，避免后续部队跑步追赶。徒步行军的分队应主动给车辆、执行特别任务的分队和人员让路。

（3）强调行军纪律。出发前督促战士排队大小便，教育战士行军中听从指挥，不得擅自离队，不得丢失装具和食物等。

（4）分队按上级的指示组织休息。小休息应靠路边，并保持原队形。在第一次小休息时，应督促士兵整理鞋袜、装具等。大休息应离开道路，进入指定地区。休息时应派出警戒，必要时可占领附近有利地形，加强对地、空观察，并保持战斗准备，以防止地面和空中敌人的突然袭击。

（5）在山林地行军，通过山垭口和上下坡时应适当减速行进，以避免后续部队跑步追赶或掉队，火炮、车辆应适当加大距离。在严寒地带行军时，小休息时间不要过长，并禁止躺卧，以免发生冻伤；在炎热季节行军时，要注意防暑。

（6）遇敌空袭时，应指挥分队迅速向道路的一侧或两侧疏开隐蔽（乘车时要下车），并指定火器射击低飞敌机。如空袭情况不严重或行军任务紧迫时，分队则应疏开队形，增大距离，加快速度前进。

三、特殊情况下的行军

行军中，指挥员应当与所属单位保持顺畅的通信联络，及时了解和果断处置各种情况。

（1）遭敌空中、地面火力袭击时，应当组织部（分）队采取防护措施和加大间隔，或者就地疏散，隐蔽防护；指挥防空兵积极同敌做斗争，必要时可请求上级以战役战术导弹火力压制敌袭击兵器，掩护部（分）队前进。

（2）遭敌核、化学、生物等武器袭击时，应当迅速发出警报信号，组织部队进行防护；及时消除袭击后果，视情况将遭受袭击的部（分）队撤离袭击地域；抢修被堵塞的道路，修筑迂回道路，必要时应当在受染地域开辟通路。根据情况，局部调整行军部署和计划，并指挥部（分）队继续前进。

（3）遭敌撒布地雷阻滞或者道路遭到破坏时，应当迅速查明布雷地段或者被破坏的道路情况，及时报告上级并进行标示，按班（组）长的指示排除或绕过。对出现在行军路线上的敌侦察破坏组和机降分队，应当指挥侦察、警戒分队迅速将其歼灭。行军任务紧急时，可以让部分兵力封锁、监视机降之敌，主力则绕过敌人继续前进。

（4）与敌遭遇时，应当按照遭遇战斗的要领处置。

（5）与友邻相遇时，应当根据双方任务的缓急和行程的远近，与对方协商行进的顺序，防止拥挤和阻塞。行进中突然改变方向时，应当立即命令沿原定方向前进的侦察、警戒分队停止前进，并规定其下一步的行动方案；在新的行军方向上，应立即派出侦察、警戒分队和运动保障队、警备调整组；本队沿最短、最方便的道路按照原定队形，或者进行必要的队形调整，迅速转到新的行军路线上前进。

临近战斗地区时，应及时搜集、通报前方情况，指挥部队迅速隐蔽地进入指定地区，尽快做好战斗准备。

第四节　野外生存

野外生存是指在食宿无着的特殊环境中生存与自救的活动。现代战争的残酷性、复杂性和连续性，增加了军人在孤立无援的敌后或生疏的荒野丛林等特殊环境下完成战斗任务的难度。因此，为了自身生存与安全，军人必须学会野外生存的方法与技能。

无论军人还是学生，即使在非作战的特殊情况下，如旅游、探险等活动中，有时也会迷途于荒岛、丛林、深山、大漠，陷入困境。因此，野外生存知识掌握得越多，野外生存的概率就越大。

一、野炊

野炊即在野外用制式炊具或就便器材制作热熟食，是野外生存的一项重要技能。

（一）野炊准备

野炊通常应准备一定数量的粮食、蔬菜、油盐酱醋、野战锅灶和引火柴等。粮食通常以个人携行和运行相结合的方法保障；蔬菜通常以就地购买为主。寒区冬季可冷冻一些便于携带的食品，还可根据条件对肉类、蔬菜、豆制品进行预先加工。

（二）野炊位置的选择

野炊通常选择在隐蔽条件好，附近有良好的水源，避开独立明显的物体，卫生状况良好，避开厕所、粪坑和化学沾染地区，有一定的地幅，便于展开和减少敌火力杀伤的地方。

（三）锅灶设置

锅灶设置可采取自备野炊灶、就地挖灶和就地垒灶三种方法。

（1）自备野炊灶是部队自制的各种形式的野炊灶。

（2）就地挖灶分为散烟灶和蔽光灶，均由烧火槽、灶门、灶膛和烟道四个部分组成。构筑蔽光灶时应注意：灶门的大小要合理；烧火槽周围应用土加高，使之侧视不易看到火光；烧火槽的上方可用就便器材遮盖，防止空中发现火光；烟道可只设一条，但末端应用松土遮盖，防止火星外冒。

（3）在冻土地挖灶困难或来不及挖灶时，可利用土、石块等就地垒灶。垒灶野炊时，应加强观察、警戒，做好随时战斗和转移位置的准备。

（四）焖饭

焖饭时，加水量要适当，通常 1 千克大米加水 1.5～2 千克，严禁超量下米和下米后再加米或添冷水。

如因火小或时间短而造成饭上层夹生时，可用饭铲倒翻一次，再焖熟即可；因下米过急、火力不匀而造成饭一团一团夹生时，应在夹生部分用筷子插一些小孔，加水再焖；因水太少而造成饭严重夹生时，则应倒锅，分层加水重焖；当闻到饭的糊味时，应立即撤去大火，把锅盖揭开，将一只盛着木炭和水的碗放到饭上，也可在饭上放几片青菜叶或几根葱，再继续用小火焖几分钟，大部分糊味可被吸收。

（五）使用就便器材和材料野炊

在没有制式炊具可供使用的情况下，应利用就便器材和材料热熟食物，具体方法如下。

（1）在野外可以用石头做架，用铁丝吊挂脸盆、铁盒、钢盔等物，点火烹煮食物、烧开水等。

（2）可将食物穿插缠裹在铁丝或木棍上，放在火边烧烤熟化。

（3）用火将石板或石块烧烫后，将食物切成薄片放在上面烙熟。将若干拳头大小的石块放在火中烧热，放入一个 40 厘米深的土坑内，在热石块上铺一层大树叶，树叶上面放食物，食物上面再铺一层树叶，将剩下的热石块压在树叶上，然后盖上一层厚厚的树叶，三四个小时之后即可取食。

（4）黄泥。用和好的黄泥做一个 3 厘米厚的泥饼，上面铺一层树叶，将除去内脏、不脱毛、不褪鳞的野鸡、野兔或鱼等动物放在泥饼上，用泥饼将食物包裹成团，放在火中烧两个小时即可食用。烧熟后，动物的兽毛或鱼鳞会粘在泥块上，随着泥块脱离。

（5）竹节。砍一些粗壮的竹子，每 2～3 节砍段；将竹节的一端打通，装入 2/3 的生米，并添加水，然后将竹节放在火中烘烤，约 40 分钟可将生米煮熟。

二、野生食物的识别与食用

野战条件下，作战情况复杂多变，携带的给养有限，而野生植物和动物具有一定的营养价值，可作为辅助食物或主要食物。

（一）可食植物的识别和食用

在各种野生植物里，有毒的植物种类有限，大部分均可食用。可食用的野生植物分为野果类、野菜类、蘑菇类、海藻类等。

1. 野果类

我国南方的野生灌木丛中生长着许多可食的野果，如桃金娘、山桃、胡颓子、山荆子、稠李、山樱桃、山柿子、猕猴桃、酸藤果、茅莓、棠梨、余甘子、野栗子、椰子、木瓜等。夏秋两季这些野果都可以生食充饥。

2. 野菜类

野菜的加工食用方法有以下三种。

（1）无毒且美味的野菜，如苦菜、蒲公英、小根蒜等，洗干净后，用开水烫熟即可加调味品食用。另外，无毒并具有柔嫩组织的野菜，如马齿苋，可用开水烫3～5分钟后，将野菜捞出，挤出汁液后，加入调味品凉拌食用。

（2）无毒或无不良苦味的野菜，如刺儿菜、荠菜、野苋菜、扫帚菜、扁蓄、鸭跖草等，可将嫩茎叶择洗干净，切碎后炒食。

（3）对于一些具有苦涩味并可能具有轻微毒性的野菜，如败酱草、水芹、珍珠菜等，可采摘嫩茎叶洗净后，在开水或盐水中煮5～10分钟，捞出后在清水中浸泡数小时，并不时换水浸泡，浸泡时间随野菜的苦味大小而定，必要时可以浸泡一夜，然后炒食或做成饺子、包子等。

3. 蘑菇类

无毒可食用的蘑菇有香菇、草菇、口蘑、猴头菌、鸡菌等，一般的食用方法是炒食或做汤。在野外采食蘑菇要特别注意识别其是否有毒。

识别蘑菇是否有毒的方法如下：① 毒蘑菇多颜色各异、外观美丽，无毒蘑菇则多呈白色或茶色。② 菌盖上有肉瘤，菌柄上有菌环和菌托的蘑菇有毒，反之则无毒。③ 毒蘑菇多生长在肮脏潮湿、有机质丰富的地方，无毒蘑菇则多生长于较干净的地方。④ 毒蘑菇采集后易变色，无毒蘑菇则不易变色。⑤ 毒蘑菇的汁液似牛奶，无毒蘑菇的汁液清澈如水。⑥ 毒蘑菇的味道多辛酸苦辣，无毒蘑菇则很鲜美。⑦ 将蘑菇与灯芯草一起煮，煮熟后，如灯芯草变成青绿色，说明蘑菇有毒；如果灯芯草是黄色，则说明蘑菇无毒。

4. 海藻类

海藻通常长在海岸和岛屿上，分为绿藻、红藻、褐藻。常见的海藻有紫菜、角叉菜等。

鉴别野生植物是否有毒，还可以观察动物采食的情况。一般情况下，老鼠、松鼠、兔子、猴子等动物食用的植物对人体是无害的，但是鸟类食用的植物，人类不一定能食用。此外，用手仔细触摸，无毒的植物通常不会使皮肤产生发痒、发红、起风疹块等症状；将少量植物放入嘴里咀嚼几分钟，无毒植物一般不会有烧灼感，也无辛辣味、苦味，少量食用此类植物8小时后，若没有异常反应，则可较大量地食用。

（二）动物的食用

在野外猎食动物，应严格遵守国家的法律规定。狩猎前，要知道所要狩猎动物的生活规律。

（1）动物的处理和食用。禽类应先拔除羽毛；鱼类要把内脏和鳃取出；贝壳类可直接用火烤，待汁液冒泡、肉质变硬时就可以食用了。

（2）昆虫含有丰富的蛋白质。可食用的昆虫有知了、蟋蟀、蝗虫、螳螂等。在食用昆虫时，一定要煮熟或烤透，以免昆虫体内的寄生虫进入人体，导致中毒或得病。

三、取火

煮烤食物需要火，露营取暖需要火，发求救信号也需要火。从某种程度上说，野外生存的能力，取决于取火的能力。野外取火的方法有以下几种。

（一）枪弹取火法

取一枚子弹，将弹丸拔出，倒出 2/3 的发射药，撒在干燥易燃的枯草或纸上，然后推弹壳入膛，并向撒了发射药的引火物射击，引火物即可被点燃。

（二）透镜取火法

将放大镜或望远镜、瞄准镜、照相机上的凸透镜对着阳光，使阳光聚焦照射易燃的引火物（腐木、布中抽出的线、撕成薄片的干树皮、干木屑等）取火。利用放大镜取火最为迅速的方法是照射汽油、酒精和枪弹的发射药或导火索，1～2 秒内即可点燃引火物。

（三）击石取火法

取一块坚硬的石头（黄铁矿石最好）做"火石"，用刀背或小片钢铁向下敲击"火石"，产生火花，火花落到引火物上即可燃烧。

（四）钻木取火法

（1）将鞋带、绳子或皮带绑在强韧的树枝或竹片上，做成一个弓。在弓上缠一根干燥的木棍，用木棍在一小块硬木上迅速旋转，直至钻出黑粉末。继续钻木，这些黑粉末会冒烟并产生火花。

（2）将一根干燥的树干的一头劈开，并在裂缝中塞入引火物，将一根藤条穿在引火物后面，迅速抽动藤条，使之摩擦发热而引燃引火物。

（3）将两块软质的木头或竹片用力相互摩擦取火，可引燃棕树皮或其他易燃物。

四、寻水

（一）寻找水源的方法

在野外，可以根据野生植物的种类、生长的数量和分布范围，动物活动规律等寻找地下浅层水源。一般植物茂盛、动物经常出没的地方，容易找到浅层水源。

在南方，竹丛不仅生长在河流岸边，也常生长在与地下河有关的岩溶裂隙、落水洞等处。有些落水洞在洞口能直接看到水，有些需要进入洞内才能找到水。此外，一些特殊植物，如马兰花、拂子茅等，在植物群下不太深的地方也有水。

另外，在地下水埋藏浅的地方，泥土潮湿，蚂蚁、蜗牛、螃蟹等喜欢在此做窝聚居；青蛙、蛇等动物喜欢在此冬眠；蚊虫经常在夏天的傍晚成柱状在此盘旋飞绕。

（二）鉴定水质的方法

在没有检验设备的野外，可以根据颜色、味道、水迹等鉴定水质。

1. 通过颜色鉴定

纯净的水在水层浅时无色透明，水层深时呈浅蓝色。可以用玻璃杯或白瓷碗盛水观察，通常水越清水质越好，水越浑则说明水里的杂质越多。水的颜色因所含污染物不同而有所不同，如含有腐殖质的水呈黄色，含低价铁化合物的水呈淡绿色，含高价铁或锰的水呈黄棕色，含硫化氢的水呈浅蓝色。

2. 通过味道鉴定

清洁的水是无味的，而被污染的水带有一些异味。例如，含硫化氢的水有臭鸡蛋味，含盐的水有咸味，含铁较高的水有金属锈味，含硫酸镁的水有苦味，含有机物质的水有腐、臭、霉、腥等味。为了准确地辨别水的气味，可以用一只干净的瓶子，装半瓶水摇晃数下，打开瓶盖后立即用鼻子闻；也可以把盛水的瓶子放在约 60 摄氏度的热水中，若蒸发出来的水蒸气有怪味，则说明水不能饮用。

3. 通过水迹鉴定

用一张白纸，将水滴在上面，晾干后观察水迹。清洁的水是无斑迹的，有斑迹则说明水中杂质多、水质差。

（三）解渴的植物和应急的解渴方法

山野中有许多植物可用来解渴，如北方的桦树，南方的芭蕉茎、扁担藤等。

北方的初春，在桦树杆上钻一个深 3～4 厘米的小孔，插入一根细管（可用白桦树皮制作），每晚可收集 1～2 升汁液。但由于白桦树汁液在空气中很快就会发酵，收集后应立即饮用。

南方的扁担藤，因其形似扁担而得名。它是一种常年生的植物，通常缠绕在树干上，藤长约 5～6 米，藤面呈灰白色，叶色深绿，叶面宽 3～4 厘米，呈椭圆形，比一般树叶稍厚。砍断藤子，可以看到条条小筋的断痕，很快就会流出可供饮用的清水。

热带丛林中还有一种储水竹子，这种竹子通常生长在山沟的两旁，直径约 10 厘米，竹节长约 50 厘米。选择竹子时，应先摇晃竹竿，听听里面是否有水声。另外，要检查竹节外表是否有虫眼，有虫眼的竹节的水不能喝。取水的方法是将竹节一头砍开一个洞，将水倒入碗中饮用，也可用一根细竹管插入竹筒中吸饮。竹节内的水干净卫生，还带有淡淡的竹香。

如果找不到解渴的植物，还有一种极为简便的取水方法，即用一个塑料袋套在树枝上，将袋口扎紧，树叶蒸发出来的水分就会聚集在塑料袋里。天气越热，蒸发量越大，得到的

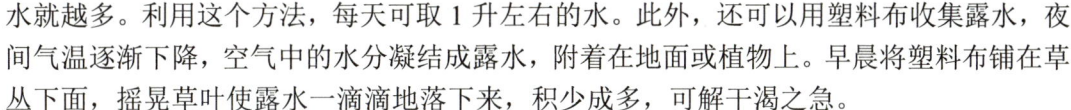

水就越多。利用这个方法，每天可取 1 升左右的水。此外，还可以用塑料布收集露水，夜间气温逐渐下降，空气中的水分凝结成露水，附着在地面或植物上。早晨将塑料布铺在草丛下面，摇晃草叶使露水一滴滴地落下来，积少成多，可解干渴之急。

五、野外常见伤病的防治

（一）昆虫叮咬的防治

在野外，为了防止昆虫的叮咬，应穿长袖和长裤，扎紧袖口、领口，皮肤暴露部位涂抹防蚊药。不要在潮湿的树荫下和草地上坐卧。宿营时，点燃艾叶、青蒿、柏树叶、野菊花等，可驱赶昆虫。被昆虫叮咬后，可用氨水、肥皂水、盐水、小苏打水、氧化锌软膏涂抹叮咬处，以消毒、止痒。

蚂蟥是危害很大的虫类。被蚂蟥叮咬后，不要硬拔，可用肥皂液、盐水、烟油、酒精滴在蚂蟥前吸盘处，或用点燃的香烟烫蚂蟥，让其自行脱落，然后压迫伤口止血，并用碘酒涂抹伤口以防感染。部队行进中，应经常查看有无蚂蟥爬到脚上。此外，在鞋面上涂抹肥皂水、防蚊油，可以防止蚂蟥上爬，每次涂抹的有效时间为 4～8 小时。

（二）中暑的预防

天气炎热时在野外行军，极易中暑，除了带上一些治疗中暑的药品，要重点预防。例如，长时间在阳光照射的炎热天气下行走，要安排充分的休息时间，同时应当注意在行进中遮阳及降温，并适当多喝水。

（三）冻疮的预防

冬季行军，要注意手、脚、耳朵等部位的保暖，以免被冻伤。例如，手要戴棉（皮）手套、脚要穿棉（皮）鞋、耳朵可以用全罩式头套、围巾或连衣帽等包起来。

（四）水泡的处理

长时间步行，脚底大多会起水泡。如果水泡不大，可以适当放松鞋子；如果水泡太大或已经到了宿营地，可以用干净的针刺破水泡，挤出脓水，并贴上创可贴。

（五）酸痛的处理

长时间行军，小腿肌肉会感到酸痛。到了宿营地，应进行腿部按摩，缓解肌肉疲劳。按摩时，可以借助毛巾和热水，也可以用专门的按摩药酒等。

（六）蜇伤的处理

如果被蝎子、蜈蚣、黄蜂等毒虫蜇伤，要先挤出毒液，然后用肥皂水、氨水等涂擦伤

口。被毒虫蜇伤后，伤口会红肿、疼痒，并伴有恶心、呕吐、头晕等症状。

（七）中毒急救

中毒的症状通常有恶心、呕吐、腹泻、昏迷等。遇到上述情况时，要立即催吐，然后吃泻药清肠，再吃解药解毒。同时应多喝水，以加速排泄。

六、野外求救

在野外身陷险境时，要及时果断、因地制宜地利用各种办法发出求救信号。救援人员一旦发现求救信号，就可利用这些信号很快找到求救者。

（一）声音求救

当陷入低洼地域、密林、塌陷物内，或遇大雾、暗夜等情况时，若位于听觉范围内，应不断呼救，若位于听觉范围外，可就地取材，利用哨声、击打声呼救。

（二）燃放烟火求救

白天可在燃火上放一些橡胶片、新鲜树叶、苔藓、蕨类植物等，生成燃烟，以便通知外界。夜晚可在开阔地带，向可能的居民区方向点三堆明火，用火光传达求救信号。

（三）光信号求救

光信号可传 16 千米之远，白天可用镜子借助阳光，向可能的居民区或空中的救援飞机反射间断的光信号。光信号求救的方法是将一只手指瞄准应传达的地方，另一只手持反光镜调整反射的阳光，并逐渐将反射光射向瞄准所指方向即可。夜晚可用手电筒，向求救方向不间断的发射求救信号。

（四）利用求救信号

国际通用的求救信号是 SOS。在荒原、草地、丛林的空地上，可以各种方式摆出"SOS"进行求救，往往可取得良好的效果。此外，随着现代科技的发展，各种现代化的工具，如手机、电脑、卫星电话等都可以发出求救信号。

（五）标记物求救

地面标记物能使救援人员了解你现在的位置，方向指示标志有助于寻找你的行动路径。方向指示标包括多种类型：① 将碎石或碎石片摆成箭头形；② 将棍棒放置在树杈间，顶部指向行动方向；③ 在一束草的中上部系上布条，使其指示方向；④ 在地上放置一根分叉的树枝，用分叉点指向行动方向；⑤ 用小石块叠成一个大石堆，在其旁边放一个小石块指向行动方向；⑥ 在树干上刻一个明显的箭头，表示行动方向。这些方法都有助于救援人员顺利到达你所在的位置。

第五节　识图用图

一、地形图基本知识

将地面的自然和社会要素，按一定的投影方法和比例关系，用规定的符号、颜色和注记综合测绘在平面图纸上的图称为地形图。它是研究地形的重要资料，是部队训练和组织指挥作战的重要工具之一。

（一）量读距离

地形图上某线段长与其相应实地水平距离之比称为比例尺。

比例尺通常以数字比例尺（如 1∶25 000）或直线比例尺（用线段长度表示实际水平距离）的形式标注在地形图图廓外，是判定地表实地水平距离在地形图上的缩小比例和根据地形图上的测量长度计算实地水平距离的依据。

要测量地形图上两点间的实地距离，可使用以下几种方法。

（1）用直尺量算。用直尺量取地形图上两点的长度，然后借助比例尺可计算出这两点间的实地水平距离。其公式如下：

实地距离=图上长×比例尺分母

例如，在 1∶50 000 地形图上，甲乙两点的图上距离为 2.4 厘米，则其相应的实地水平距离为：（2.4/100）×50 000＝1 200（米）。

（2）使用直线比例尺量读。首先用两脚规量出地形图两点间的长度，然后保持两脚规张度不变，使两脚规的一脚落在直线尺身的一个整千米数值上，再使另一脚落在尺头上，则整千米数值加上尺头上的数值，就是两点间的实地水平距离，本例为 1 000+700=1 700（米）（见图 9-3）。

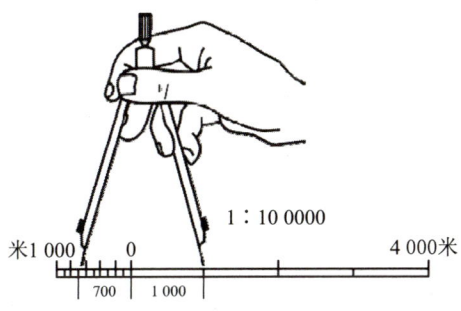

图 9-3　使用直线比例尺量读实地距离

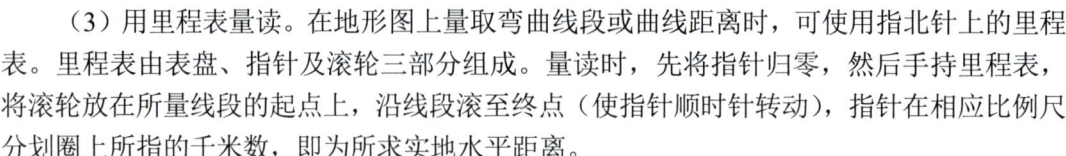

（3）用里程表量读。在地形图上量取弯曲线段或曲线距离时，可使用指北针上的里程表。里程表由表盘、指针及滚轮三部分组成。量读时，先将指针归零，然后手持里程表，将滚轮放在所量线段的起点上，沿线段滚至终点（使指针顺时针转动），指针在相应比例尺分划圈上所指的千米数，即为所求实地水平距离。

（二）地物符号

地面上的地物，在地形图上是按照《国家基本比例尺地图图式》规定的符号和注记表示的，这些符号称为地物符号。根据地物符号和注记，可以识别出实地地物的种类、性质、形状和分布情况，了解它在军事上的价值。

1. 地物符号的特点

地物符号多数是按地物的平面形状绘制的，如居民地、公路、桥梁等符号的图形与实地地物的平面轮廓相似。有的地物符号是按地物的侧面形状绘制的，如突出树、烟囱、水塔等符号的图形与实地地物的侧面形状相似。此外，还有少数地物符号是按地物的有关意义绘制的，如气象台、矿井、水井等。

2. 地物符号的分类

（1）依比例尺表示的符号。实地上面积较大的地物，如居民地的街区、森林、大江河、湖泊等，是按比例尺绘制的。在图上可量取其实地的长、宽和面积。

（2）半依比例尺表示的符号。实地上的线状地物，如道路、土堤等，其长度是按比例尺绘制的，而宽度无法按比例尺绘制。因此，对于此类地物，在图上只能量取其实地的长度，而不能量取其实地的宽度和面积。

（3）不依比例尺表示的符号。实地上有些对部队战斗行动有影响或有方位意义的较小地物，如油库、发电站、树、塔等，无法按比例尺缩绘，只能用规定的符号表示。在图上可了解实地地物的性质和位置，但不能量取其大小。

3. 地物符号的有关规定

（1）颜色的规定。为使地形图内容层次分明、清晰易读，常用不同颜色来区分地物的性质和种类。我国目前出版的地形图一般为四色图，如表 9-1 所示。

表 9-1 四色图中各种颜色的作用

颜　色		使用范围
四色图	黑色	人工物体，如居民地、独立地物、管线、垣栅、道路、境界及名称与数量注记等
	绿色	植被要素，如森林、果园等的普染；1978 年后出版的植被符号及注记等
	蓝色	水系要素，如河岸线、单河线及其注记和普染、雪山地貌等
	棕色	地理要素，如等高线及高程注记，地物符号（变形地）及其比高注记、土质特征、公路普染等

（2）定位点的规定。半依比例尺符号的定点位规定为：成轴对称的符号，如公路、土堤等在中心线上；不成轴对称的符号，如城墙、陡岸等在底线或边缘上。不依比例尺符号的定点位规定为：图形中有一点的，如三角点、亭子等在该点上；几何图形，如油库、

发电厂等在图形的中心点上；底部宽大的，如水塔、纪念碑等在底部中心点上；底部为直角的，如路标、突出阔叶树等在直角的顶点；组合图形，如石油井、泉等在主体图形中心点上；其他图形，如桥、矿井等在图形的中心点上。

（三）地貌判读

等高线地形图

在地形图中，高低不平、形状各异的地貌，通常是用等高线来表示的。用等高线表示地貌，能精确反映地面的高低、斜坡形状和山脉走向等。

1. 等高线显示地貌

（1）等高线显示地貌的原理。由高程相等的相邻各点连接而成的闭合曲线，称为等高线。设想将一座山从底到顶按相等的高度，一层一层地水平切开，在山的表面上就出现了许多大小不同的截口线，把这些截口线垂直投影到一个平面上，就呈现出一圈一圈的闭合曲线。每条曲线都代表一定的高度，显示该山的形状。地形图就是根据这个原理用等高线显示地貌的（见图9-4）。

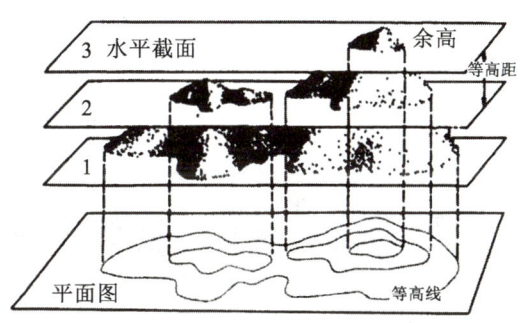

图9-4　等高线显示地貌

（2）等高线显示地貌的特点。

① 在同一条等高线上，各点的高程相等。

② 在同一幅地形图上，等高线多，山就高；等高线少，山就低。

③ 在同一幅地形图上，等高线间隔小，实地坡度陡；等高线间隔大，实地坡度缓。

④ 地形图上等高线弯曲的形状与相应的地貌形状相似。

（3）等高距的规定。

相邻两条等高线间的实地垂直距离称为等高距。各种比例尺地形图的等高距如表9-2所示。

表9-2　各种比例尺地形图的等高距

比例尺	1：2.5万	1：5万	1：10万	1：20万
等高距	5米	10米	20米	40米

（4）等高线的种类和作用。

① 首曲线：又称基本等高线，是按规定等高距描绘的细实线，用以显示地貌的基本形态。

② 计曲线：又称加粗等高线，是每隔 4 条首曲线加粗描绘的一条粗实线，用以数计图上的等高线和判读高程。

③ 间曲线：又称半距等高线，是按 1/2 等高距描绘的细长虚线，用以显示首曲线不能显示的局部地貌。

④ 助曲线：又称辅助等高线，是按 1/4 等高距描绘的细短虚线，用以显示间曲线不能显示的局部地貌。

（5）高程起算。我国规定，把 1956 年黄海平均海平面作为全国统一的高程起算面，高于该面为正，低于该面为负，故称"1956 年黄海高程系"。从这个基准平面起算的高程称为真高，也称海拔；地貌、地物由所在地平面起算的高程，称为比高；起算相同的两点间高程之差，称为高差。

2. 地貌识别

（1）山的各部形态。

山包括山顶、凹地、山背、山谷、鞍部和山脊，各个部分的形态如图 9-5 所示。

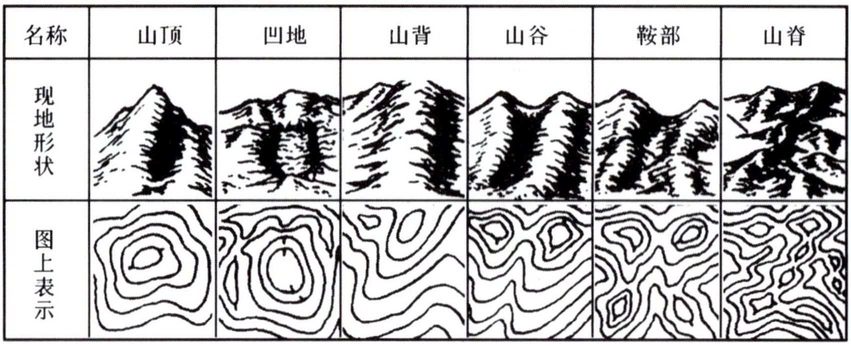

名称	山顶	凹地	山背	山谷	鞍部	山脊
现地形状						
图上表示						

图 9-5　山的各部形态

↱　山顶：以等高线中最小环圈表示，其内圈等高线的高程注记大于外圈等高线的高程注记。环圈外常绘有示坡线（与等高线垂直的短线），其与等高线相连的一端指向上坡方向。

↱　凹地：用一个或数个小环圈表示等高线，在环圈内绘有示坡线。

↱　山背：即从山顶至山脚的凸起部分。在图上表示山背的等高线是从山顶起向外凸出的部分。各等高线凸出点的连线为分水线。

↱　山谷：即两山之间的低凹部分。在图上表示山谷等高线，逐渐向山顶或鞍部方向凹入。各等高线凹入部分的顶点连线为合水线。

➢ **鞍部**：是两个山顶间形如马鞍的部分，图上用两山顶之间的部分表示，如图 9-6 所示。

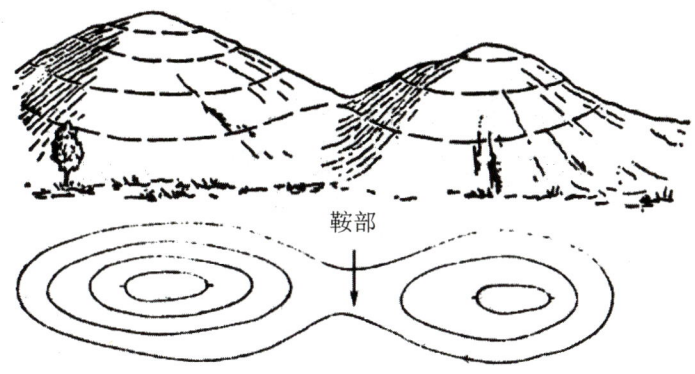

图 9-6　鞍部等高线表示

➢ **山脊**：等高线由高处向低处弯曲的部分。

（2）特殊的地貌形态。

特殊地貌是指等高线无法显示的地貌，如冲沟、陡石山、陡崖、滑坡等。这类地貌的形态在地形图上用特殊地貌符号表示。

二、地形图使用训练

现地使用地形图，就是把地形图拿到现地，将地形图与现地地形一一对应起来，以便分析研究地形，全面地熟悉、掌握地形情况，按照实际地形组织计划部队行动，充分发挥地形图的作用。

（一）现地判定方位

在现地判定东、西、南、北方向，称为现地判定方位。

军队在战斗行动中，必须随时随地辨明方向，明确敌我关系位置，判定方位的方法很多，这里只介绍几个简单常用的方法，可以因地制宜，灵活运用。

1. 利用指北针判定方位

利用指北针（见图 9-7）判定方位是一种比较准确的方法。使用时，将指北针平放，等磁针静止后，磁针涂有夜光剂的一端（或黑色尖端）所指的方向就是现地的磁北方向。

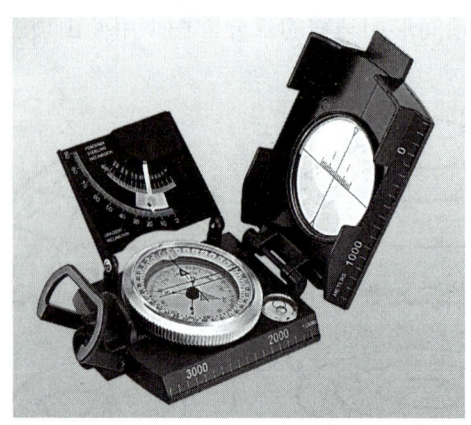

图 9-7　指北针

2．利用北极星判定方位

北极星是正北天空一颗较亮的恒星，夜间找到北极星就找到了正北方向。

北极星位于小熊星座的尾端，大熊星座（北斗七星）和女帝星座围绕北极星按反时针方向运转，通常依据这些星座与北极星的位置关系来寻找北极星。例如，大熊星座主要由 7 颗较亮的星组成，形状像一把勺子，将勺子把处的甲、乙两星连成一条直线，向勺口方向延长直线约 5 倍，此处有一颗比较亮的星就是北极星（见图 9-8）。

3．利用太阳与手表判定方位

将手表平放，让时针对准太阳，时针和表盘上 12 点之间夹角（小于 180°的夹角）的平分线所指方向即为南方（见图 9-9）。但是，应注意如下问题。

（1）该方法只适合在北回归线以北使用，若是南回归线以南，应将 12 点处对准太阳所在方向，此时时针与 12 点之间夹角的平分线指向北方。

（2）注意地方时与区时（北京时间）的差别，以上所说的 12 点应使用当地时间。

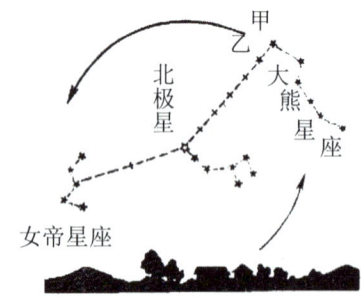

图 9-8　利用北极星判定方位

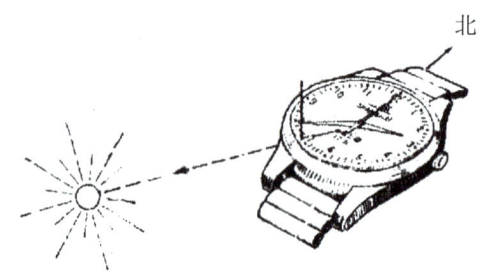

图 9-9　利用太阳和手表判定方位

（二）地形图与现地对照

现地使用地形图，要能随时确定站立点在图上的位置，了解周围地形情况，保持正确方向。因此，使用地形图时必须经常与现地对照。

1. 标定地形图

标定地形图，就是使地形图与现地方位一致。这是确定站立点和对照地形的前提。

（1）用指北针标定。在地形图的南、北内图廓线上，各绘有一个小圆圈〇+，分别为磁南（P）和磁北（P'），两点的连线就是此图的磁子午线（即 PP' 连线，有的地形图已用虚线连接）。将指北针准星朝向地形图上方，并将直尺边切于磁子午线。转动地形图，使磁针的北端精确对准方向指标，地形图就标定好了。标定地形图时，要注意避开钢铁物体，如小刀、收音机等。

（2）利用北极星标定。天空中有星星的夜晚，可利用北极星标定地形图。首先找到北极星，使地形图上方概略朝北；转动地形图，使东西内图廓线中的任意一条对准北极星，地形图就标定好了。

（3）利用直长地物标定。当站立点位于直长地物上时（如直长铁路、公路、水渠），先在图上找到现地直长地物相应的地物符号，大致对照直长地物两侧的地形，使地形图方位与现地方位大致相符；然后转动地形图，使图上的直长地物符号与现地相应的直长地物方向一致，地形图就标定好了。当实地线状地物较宽时，应以其中一个侧边或中心线为准，并以线状地物符号的相应部位进行瞄准。

（4）利用明显地形点标定。确定站立点在地形图上的位置，并在远方选一个现地和地形图上都有的地点，如山顶、独立地物等；将直尺切于图上的站立点和地形点；转动地形图，使直尺边对准现地的明显地形点，地形图就标定好了。

2. 确定站立点的方法

确定站立点在地形图上的位置，是进行地形图与现地对照的根据。

（1）利用明显地形点判定。当站立点恰好在明显地形点上时，则该地形点的符号即是站立点在图上的位置。当在明显地形点附近时，可先标定地形图，再进行对照分析，根据站立点与明显地形点的相关位置，确定站立点在图上的位置（见图 9-10）。

（2）用后方交会法确定。当站立点附近没有明显地形点，而远方能找到现地和地形图上都有的两个以上明显地形点时，可采用后方交会法确定站立点在图上的位置。其具体操作是，先标定地形图，在远方选择两个图上和现地都有的明显地形点，然后用直尺边分别切准图上两个地形点，先后向现地相应的地形点瞄准，并画出两条方向线，两线的交点就是站立点在图上的位置（见图 9-11）。

图 9-10　利用明显地形点判定站立点　　　图 9-11　用后方交会法确定

（3）用截线法确定。当站立点在线状地物上时，可用截线法确定站立点的图上位置。去具体操作是，先标定地形图，在线状地物的侧方选择一个图上与现地都有的明显地形点，然后将直尺边切准图上地形点符号的定位点，向现地相应的地形点瞄准并画方向线，方向线与线状地物符号的交点，就是站立点在图上的位置（见图9-12）。

图9-12　用截线法确定

为保证精度，使用后方交会法和截线法时，交会角一般要在30°～150°，必要时，应用第三条方向线进行检查。

3．现地对照地形

现地对照地形，应当达到两个直接目的：一是将地形图上的地物、地貌符号和现地的地物、地貌一一对照；二是通过对照，发现地形图和现地的变化情况。

通常在标定地形图、确定站立点的基础上，根据目标的方向、特征、距离、高程及相关位置等因素进行对照。

当对照某一区域地形时，通常先对照大而明显的特殊地形，再由近及远、由点到面或逐段分片地进行对照。

对照山地和丘陵地形时，可根据地貌形态、山脉走向，先对照明显的山顶、山脊，然后顺着山脊、山背、山脚和山谷的方向进行对照。对照时，要注意其前后层次的色调和透视关系。

对照平原地形时，可先对照主要的道路、河流、居民地和高大突出的建筑物，再根据地物分布规律和相关位置，逐点分片地进行对照。此类地形，变化的可能性较大，对照时，尤应注意。

（三）按地形图行进

按地形图行进，就是利用地形图选定行军路线，通过地形图选定与现地对照，以保证军队沿选定的路线到达预定地点的行进方法。

1．行进前的准备

（1）选择行进路线。即根据受领的任务、敌情、地形和部队装备等情况，在地形图上选出最佳的行进路线。选择行进路线时，应着重考虑和研究路线上与行动有关的地形因素和敌情。越野行进时，每一个转弯点都要有明显的方位物；夜间行进时，要求选

定明显突出、不易变化的目标作为方位物。

（2）在地形图上标绘行进路线。即用彩色笔将选定的行进路线和方位物醒目地标绘于图上，并按行进方向顺序进行编号，以便行进时对照检查。

（3）量取里程和计算时间。在地形图上量取行进路线上的各段里程，并计算行进时间，然后标注在图上。若行进路线上地貌起伏较大，应计算实际距离。

（4）熟记行进路线。一般按行进的顺序，熟记每段的里程、行进时间，经过的居民地、两侧方位物和地貌特征，特别是道路的转弯处、岔路口和居民地进出口附近的方位及地貌特征，力求做到"脑中有图，未到先知"。

总之，图上准备就是一选、二标、三量算、四熟记。

2. 组织行进的要领

行进的形式通常有徒步行进、乘车行进和越野行进。尽管方式不同，各具特点，但有着共同的要领，具体如下：

（1）出发前，先标定地形图。明确行进的路线和方向，按出发时间出发。

（2）行进中，随时标定地形图。按照行进方向，适时转动地形图，做到"图、路成一线，路转图也转"。

（3）对照方位物，及时做判断，随时随地根据方位物判明行进方向和道路，尤其是行进到岔路口、转弯点或进入居民地时，更应判明方向。

（4）掌握行进速度和时间。根据行军任务要求、敌情威胁和部队的行进能力，把握好行进速度，并按照行进计划，准确把握行进时间。

（5）把握夜间行进的要点。夜间行进时，能见度不良，应仔细辨别行进方向。选择方位物时，多选择前进道路上的岔路口、桥梁和临近路旁的凸出地物、透空可见的山顶、鞍部等。行进中，应力求做到"三勤"，即勤看、勤对照和勤观察各种征候（如灯光、狗叫声、流水声等），同时还要掌握行进的时间和速度。如果发现走错，应立即停止，重新标定地形图，对照现地，判明当下所在的位置及其与预定行进路线的关系，可选择近路，重新走到预定路线上来，也可原路返回，再继续按预定路线行进。

思考题

1. 战备等级有哪些分类？
2. 野外取火的方法有哪些？
3. 野外求救的方法有哪些？
4. 在野外，如果没有指北针，该如何辨别方向？试举例说明。

参考文献

［1］高锐．中国军事史略［M］．北京：军事科学出版社，1992．

［2］李宝山，何湘丽，王立国．大学生军事理论教程［M］．北京：中国财富出版社，2017．

［3］高连升，郭竞炎．邓小平新时期军队建设思想发展史［M］．北京：解放军出版社，1997．

［4］潘成清，陈进，李伟．大学生军事理论教程［M］．北京：科学出版社，2018．

［5］易贤文．强军固防 青春同行——大学生军事理论与技能训练教材［M］．成都：四川大学出版社，2018．

［6］王和中，昌冀蜀．军事理论教程［M］．北京：清华大学出版社，2002．

［7］曾峥．当代大学生军事教育教程［M］．广州：暨南大学出版社，2014．

［8］杨得志，宦乡．国防发展战略思考［M］．北京：解放军出版社，1987．

［9］许耀桐．中国基本国情与发展战略［M］．北京：人民出版社，2001．

［10］毛泽东．毛泽东选集［M］．北京：人民出版社，1991．

［11］邓小平．邓小平文选［M］．北京：人民出版社，1993．

［12］杨贵华，陈传刚．共和国军队回眸：重大事件决策和经过写实［M］．北京：军事科学出版社，1999．